Ernst v. Bertouch

Geschichte der geistlichen Genossenschaften und Ritterordnung

REPRINT – VERLAG
LEIPZIG

Die zum Teil geminderte Druckqualität ist auf den Erhaltungszustand der Originalvorlage zurückzuführen.

Die beigegebenen Tafeln wurden entnommen aus:
C. G. M. Jani, Dr. Martin Luthers abgemahltes Papstthum,
Leipzig 1848.

Bibliografische Information der Deutschen Bibliothek
Die Deutsche Bibliothek verzeichnet diese Publikation in der Deutschen Nationalbibliografie; detaillierte bibliografische Daten sind im Internet über http://dnb.ddb.de abrufbar.

Volker Hennig, Goseberg 22-24, 37603 Holzminden
www.reprint-verlag-leipzig.de
ISBN 3-8262-0220-1

Erweiterte Reprintauflage der Originalausgabe von 1888
nach dem Exemplar des Verlagsarchives

Lektorat: Andreas Bäslack, Leipzig
Einbandgestaltung: Jens Röblitz, Leipzig
Gesamtfertigung: Westermann Druck Zwickau GmbH

KURZGEFASSTE GESCHICHTE

DER GEISTLICHEN

GENOSSENSCHAFTEN

UND DER DARAUS HERVORGEGANGENEN

RITTERORDEN

„DEN ORDEN ZUR EHRE,
DEN LAIEN ZUR LEHRE.“

VON

ERNST v. BERTOUCH

Königl. Preuss. Regierungsrat und Kammerherr Sr Majestät des Deutschen Kaisers,
Rechtsritter des Johanniter-Ordens, Gross-Komthur des Pius-Ordens,
Inhaber der Grossh. Oldenburg. gr. gold. Medaille f. Wissenschaft und Kunst etc.

WIESBADEN.

VERLAG VON RUD. BECHTOLD & COMP.

Vorwort.

Dies soll kein konfessionelles Werk sein; sondern nur eine völlig parteilose Darstellung der Verhältnisse, unter denen die geistlichen Genossenschaften entstanden und zur Entwickelung kamen. Dieselben bedürfen keiner ruhmredigen Schilderung ihrer Verdienste um die übrige Menschheit. Sie tragen ihren Wert in sich selbst, den jeder erkennen kann, welcher ihre Geschichte verfolgt. Sie bedürfen aber auch keines bitteren Tadels; denn sie haben sich oft genug selbst verurteilt.

Die zahllosen Verbesserungen der Orden sind davon der schlagendste Beweis.

Es giebt auch Werke genug, welche in der erschöpfendsten Weise Gelegenheit bieten, sich mit deren Geschichte bekannt zu machen; nur werden dieselben gerade um ihrer Ausführlichkeit willen von den Wenigsten gelesen, und habe ich daher geglaubt, mich nützlich machen zu können, indem ich das Wissenswerteste daraus kurz zusammenfasste und ein Büchlein schrieb, was ich in Jedermanns Hand wissen möchte, um die vielen Irrtümer aufzuklären, welche über die geistlichen Orden allgemein verbreitet sind.

Wahrheit und Dichtung finden sich in zahlreichen Romanen und Tendenzschriften so unlöslich verbunden, dass, namentlich in protestantischen Landen der Begriff finsteren Aberglaubens mit dem alles Mönchtums völlig identisch erscheint.

Möge diese Schrift dazu beitragen, hierin etwas Licht zu bringen und einer Einrichtung jene Achtung zu verschaffen, welche sie, den Zeitverhältnissen angepasst, auch gegenwärtig noch verdient.

Dann ist mein Zweck erreicht.

Wiesbaden, im Oktober 1887.

Der Verfasser.

Systematisches Verzeichnis

der geistlichen Orden und der daraus hervorgegangenen Ritter-Orden.

Die drei Hauptrichtungen der geistlichen Orden römisch-katholischen Ursprungs.

I. Benedictiner (528).

	Stiftungsjahr
1. Cluniacenser	910
2. Camaldolenser	1012
3. Gualbertiner	1038
4. Grandmontenser	1076
5. Carthäuser	1084
6. Antoniter	1095
7. Fontevraud Orden	1096
8. Cistercienser	1098

Geistliche Orden:

a) Floriacenser	1189
b) Bernhardiner	1446
c) B Verbrüderung	1497
d) Feuillanten	1577
e) Französische Cistercienser	1615
f) Kongregation von Arragonien	1616
g) Römische Kongregation	1623
h) Kalabrische Kongregation	1633

Ritter-Orden:

i) Tempelherren	1118
k) Alicantara-Ritter	1156
l) Calatrava	1158

		Stiftungsjahr
m) St. Avis Ritter		1162
n) Deutsch-Ritter		1190
o) Schwertbrüder		1202
9. Prämonstratenser		1119
10. Johanniter		1120
11. Lazarus-Ritter		1120
12. Grabes- (heiligen) Ritter		?
13. Humiliaten		1134
14. Blassonische Nonnen		?
15. Guilbertiner		1150
16. St. Jago di Compostella		1161
17. Trinitarier		
a) ältere, Mathuriner		1200
b) Trinitarierinnen	ca.	1200
c) Trinitarier-Barfüsser		1594
d) jüngere, Nolasker		1223
e) Orden U. L. Fr. v. d. Gnade		1230
f) Barfüsser U. L. Fr. v. d. Gnade		1604
18. Coelestiner	ca.	1260
19. Olivetaner (Benedict. v. Ölberge)		1313
20. Montesa-Ritter		1316
21. Christus-Ordens-Ritter		1317
22. Benedictiner von St. Vanne u. Hidulph		1601
23. Benedictiner von St. Maur		1618
24. Vereinigte Benedictiner, Kongregation von Frankreich		1634
25. Bethlehemiten		1687

II. Bettelorden.

1. Franziskaner (Minoriten im weiteren Sinn)	1210
a) Minoriten im engern Sinn	1210
b) Franziskanerinnen	1212
c) Einfache Tertiarier	1221
d) Regulierte Tertiarier	
a) Kongregation der Lombardei	1447
b) Kongregation von Sicilien	1400
c) Kongregation in Dalmatien und Istrien	„
d) Kongregation in Deutschland, Böhmen, Ungarn, Dänemark, Schweden, Irland und England	„
e) Kongregation von Spanien	1442
f) Kongregation von Portugal	„
g) Kongregation von Frankreich	„

	Stiftungsjahr
h) Kongregation für Flandern u. Niederlande (Begharden) von Zappern	1442
i) Kongregation d. Hospitaliter (Obregonen, Minimen)	„
k) Kongregation des bons fieux	1615
e) Regulierte Tertiarierinnen	
a) Elisabethinerinnen	1395
b) Hospitaliterinnen (graue Schwestern)	„
c) Zellenschwestern	„
d) Mantelschwestern	„
f) Minoriten verschiedener Observanzen	
a) Cäsariner	1243—54
b) Arme Einsiedler, Cölestiner	1292—94
c) Clareniner	1302
g) Minoriten der strengsten Observanz	
a) in Portugal: Alcantara-Mönche	1550
b) in Spanien:	
α) Provinz zu den Engeln	1489
β) Provinz der Brüder von der Kapuze .	1496
c) in Italien: Kapuziner	1525
Kapuzinerinnen	1538
d) in Frankreich: Recollecten	
2. Dominikaner (Prediger-Mönche), (in Frankreich Jakobiner)	1215
a) Dominikaner	1215
b) Dominikanerinnen	1215—19
c) Miliz Jesu Christi (Brüder von der Busse)	„
d) Kongregation des heil. Sakraments . . . . ca.	1650
3. Karmeliter	1209—24
a) Kongregation von Mantua	1424
b) Kongregation von Oliveto	„
c) Kongregation Albi	„
d) Verbesserte von Theresia a Jesu um	1565
a) Discalceatinnen	
b) Discalceaten	
e) Kongregation für Missionare von St. Paul	1608
f) Provinz Tourraine	1603
g) Sicilianische Provinz Monte santo	1646
h) Tertiarier-Orden verbessert 1635 und 1678	1477
4. Augustiner-Eremiten (Bettelorden seit 1564)	1256
Augustiner-Barfüsser = Recollecten	1532
Augustiner-Nonnen . . . . nach	1256

Stiftungsjahr

Augustinerinnen strenger Observanz in Spanien
a) unbeschuhte Augustinerinnen von Prudentia Grilla,
b) unbeschuhte, sogen. verbesserte Augustinerinnen von Jean de Robert von Valencia,
c) Augustinerinnen strengen Stillschweigens von Königin Luisa,
d) unbeschuhte Schwestern von der Recollection (Recollectinnen) von Mariana Mazavedo.
Augustiner-Tertiarier (Ordensbrüder der Busse des heil. Augustin)

5. Serviten (Servi beatae virginis, Brüder vom Leiden Christi, Brüder vom Ave Maria) 1233
Kongregation der Einsiedler Serviten, Servitinnen
Serviten-Tertiarier und -Tertiarierinnen (Mantenaten, Ärmelnonnen) 1285

6. Sonstige Bettelorden
a) Pauliner, (Einsiedler oder Eremiten des heiligen Paulus) (Brüder des Todes) 1225
b) Französische Hospitals-Schwestern
c) Hospitalorden vom heiligen Geist . . . . ca. 1200
d) Hieronymiten (Einsiedler des heiligen Hieronymus) ca. 1300
e) Jesuaten des heiligen Hieronymus 1363
f) Lollharden (Alexianer, Celliten) . . . . ca. 1300
g) Nolharden (Nollbrüder) . . . . ca. 1300
h) Gregorius-Mönche . . . . ca. 1600
i) Salvator-Orden (Orden des Weltheilands, Brigittenorden) 1300
k) Bartholomiten 1307
l) Französische Annunciaden 1500
m) Angeliken oder Guastallinen-Orden 1530
n) Ursulinerinnen 1537
a) Kongregation von Paris 1604
b) Burgundische Kongregation 1606
o) Barmherzige Brüder, (Spitalbrüder, Hospitaliter, Wohlthätigkeitsbrüder; frères de la charité) 1540
p) Barmherzige Schwestern, Frauen-Verein für Liebesdienst 1617
Gesellschaft der Matronen 1634
a) Barmherzige Schwestern des heiligen Vincenz von Paul (filles de la charité, servantes des pauvres) 1636
b) Barmherzige Schwestern von St. Charles Borromée zu Nancy 1674

Stiftungsjahr

q) Oratorianer — Priester vom Oratorium:
a) italienische: Philippiner 1564
b) französische: Väter vom Oratorium Jesu, Priester vom Oratorium Jesu) 1611
r) Einsiedler der Engelspforte von Rom . . . . . ca. 1600
s) Himmlische Annunciaden (Nonnen-Orden von der Verkündigung Mariä) (Turchine = Veilchenblaue) . . 1604
t) Salesianerinnen (Nonnen von der Heimsuchung U. L. Fr.) 1610
u) Einsiedler des heil. Johannes des Täufers 1630
v) Calvaristen (Priester des Calvarienbergs) 1633
w) Bartholomäer oder Bartholomisten 1640
x) Eudisten oder Euditen (Gesellschaft von Jesus und Maria) 1643
y) Minimen (Minimi fratres eremitae) (Einsiedler des heil. Franziskus von Paul, Brüder oder Väter des Sieges, les bons hommes) 1473
z) St. Georgs-Ritter 1729

III. Regulierte Kleriker.

1. Theatiner oder Cajetaner (Kleriker v. d. göttlichen Providenz) 1521
2. Theatinerinnen (Kongregation von der unbefleckten Empfängnis Mariä) 1621
3. Somasker (Regulierte Kleriker vom heil. Majolus) . . . 1521
4. Barnabiten — Pauliner — Paulaner (Regulierte Kleriker der Kongregation vom heiligen Paulus) 1532
(Ambrosianer — ältere Barnabiten) 1408
5. Jesuiten (Gesellschaft Jesu — Loyoliten) 1540

Nicht anerkannte Kongregationen:
Vincentiner 1787 zu Rom, Congrégation du sacré coeur in Frankreich, Gesellschaft des Glaubens von Paccanari (Paccanaristen).

6. Jesuitinnen — Jesuiten-Nonnen — (päpstlich nicht bestätigte religiöse Kongregation) . . . . ca. 1540
7. Kongregation des heil. Herzens oder des Glaubens (Congregation du sacré coeur), (weiblicher Verein zur Pflege des Unterrichts und Verbreitung religiösen Sinnes in Frankreich) 1800
8. Regulierte Kleriker der Mutter Gottes zu Lucca 1574
9. Regulierte Kleriker für den Krankendienst (Väter des guten Strebens; sogen. Krankendiener) 1586
10. Regulierte niedere Kleriker — Minores (Marianische Kongregation) 1588

Stiftungsjahr

11. Piaristen, Clerici regulares scholarum piarum, (Regulierte Kleriker der Armen seit 1621) 1617
12. Lazaristen oder Missionspriester 1624
13. Passionisten (Passions- oder Leidensbrüder) 1725
14. Redemptoristen — Liguorianer (Liguoristen; Kongregation des heiligsten Erlösers; Bennoniten) 1732
15. Redemptoristinnen.

Alphabetisches Verzeichnis

der geistlichen Orden und der daraus hervorgegangenen Ritter-Orden.

Die römischen Zahlen vor dem Worte bezeichnen die drei Hauptrichtungen der Ordenszwecke, die arabischen hinter denselben resp. die Zeit der Stiftung und die Seitenzahl des Buchs.

Richtung		Stiftung	Seite
II	**Aermelnonnen** (Servitinnen)	1258	143
II	**Alexianer** (Lollharden) . . . . ca.	1300	146
I	**Alcantara-Ritter**	1156	32
II	**Alcantara-Nonnen** (Franziskanerinnen strengster Observanz)	1212	111
II	**Alcantara-Mönche** (portugies. Minoriten strengster Observanz)	1550	118
II	**Ambrosianer** (Barnabiten)	1408	167
II	**Angeliken** (Guastallinen)	1530	149
II	**Annunciaden**, französische	1500	148
	„ himmlische	1604	157
	Anachoreten (Einsiedler-Eremiten)		
I	**Antoniter** (Hospitalbrüderschaft des heil. Antonius; Kongregation regulierter Kanoniker)	1095	19
	Asceten		2
II	**Augustiner Eremiten**	1256	136
	„ Barfüsser, Recollecten	1532	139
	„ Kongregation von Sachsen	1493	138
I	**St. Avis-Ritter** (Ritter von Evora)	1162	35
I	**Barfüsser** des älteren Trinitarierordens	1594	97
	„ des jüngeren Trinitarierordens (Orden U. L. Fr. v. d. Gnade)	1604	98
II	„ Minoriten verbesserter Observanz . . .		119
II	„ der Kongregation von Sicilien (gli scalzi)	1500	113
II	„ in Spanien (Brüder von der Kapuze) . .	1496	118
II	„ in Italien, Kapuziner (Minoriten Einsiedler-Brüder)	1525	119

Richtung		Stiftung	Seite
II	**Barfüsser** Karmeliter Discalceaten	1562	
I	„ Barettiner von der Busse (Humiliaten) .	1134	94
II	**Barmherzige Brüder** (Spitalbrüder, Hospitaliter, Wohlthätigkeitsbrüder)	1540	151
II	**Barmherzige Schwestern** des heil. Vincenz von Paul (Töchter der Liebe — filles de la charité — soeurs grises, Dienerinnen der Armen)	1636	152
	— des heil. Karl Borromäus zu Nancy	1646	154
III	**Barnabiten** (regulierte Kleriker der Kongregation von St. Paul; Pauliner, Paulaner, Ambrosianer) .	1532	167
III	**Bartholomäer** (Bartholomiten)	1640	159
II	**Bartholomiten** (armenische)	1307	148
II	**Basilianer** (älteste Mönchsregel)	361	4
I	**Benedictiner**	528	6
	„ von St. Vanne und St. Hidulph . .	1601	101
	„ vom Ölberge (Olivetaner)	1313	99
	„ von St. Maur (Mauriner)	1618	102
	Kongregation de St. Benoit en France (von Richelieu)	1634	102
III	**Bennoniten** . . . . ca.	1760	201
I	**Bernhardiner:**		
	französ. Bezeichnung der Cistercienser seit Eintritt des hl. Bernhard bei den Cisterciensern	1113	24-26
	spanische Kongregation des heiligen Bernhard von Martin Vargas	1426	26
	italienische Verbrüderung des heil. Bernhard . .	1497	26-27
	Kongregation des heil. Bernhard von Calabrien .	1633	27
I	**Bethlehemiten**	1687	103-4
II	**Bettelmönche**	—	106
I	**Blassonische Nonnen** (Humiliatinnen)	1134	94
II	**Brigitten-Orden** (Orden des Weltheilands, Heilands-Orden, Salvator-Orden) . . . . ca.	1300	147
II	**Begharden** (Bezeichnung der Mitglieder der Franziskaner-Kongregation in Flandern u. d. Niederlanden)	1603	114
III	**Cajetaner** (Theatiner)	1521	165
I	**Calatrava-Ritter**	1158	33
II	**Calvaristen** (Priester des Calvarienbergs)	1638	159
I	**Camaldolenser**	1012	16
I	**Canoniker**	—	12
II	**Carmeliter** (Karmeliter)	1209	129
I	**Carthäuser**	1084	18
I	**Cäsariner** (Minoriten)	1250	117

Richtung		Stiftung	Seite
I	**Christus-Orden**	1317	101
II	**Celliten** (Lollharden) . . . . ca.	1300	146
I	**Cistercienser**	1098	20
	„ französische Kongregation	1615	28
	„ arragonische „	1616	26
	„ römische „	1623	27
	„ calabrische „	1633	27
II	**Clareniner** (Minoriten)	1302	117
II	**Clarissinnen** (Franziskanerinnen)	1212	110
I	**Cluniacenser**	910	15
II	**Cölestiner** (Minoriten)	1210	
II	**Cölestiner** . . . . ca.	1260	105
	Cönobiten-Anachoreten		4 u. 2
	Cönobiten-Observanten		16
	Cordeliers (Minoriten in Frankreich)		118
II	**Damianistinnen** (Franziskanerinnen)	1212	110
I	**Deutsch-Ordensritter** (Kreuzritter, Marianer, Deutschherren)	1190	36
	Discalceatinnen (Karmeliter)		133
II	**Dominikaner** (Prediger-Mönche)	1215	121
	Dominikanerinnen	1219	128
	Tertiarier (Miliz Jesu Christi)	—	128
I	**Ebraldsbrunnen-Orden** (Fontevraud)	1096	19
	Einsiedler-Anachoreten	—	2
II	„ des heiligen Augustin	1256	136
I	„ von Camaldoli	1012	16
II	„ arme Cölestiner (Minoriten)		
I	„ vom heiligen Damian oder Murrone (auch Cölestiner) . . . . ca.	1250	105
II	„ der Engelspforte von Rom	1600	157
II	„ des heiligen Hieronymus (Hieronymiten)	1374	145
II	„ vom heil. Johannes dem Täufer . . .	1630	159
II	„ des heil. Paulus (Brüder des Todes) . .	1215	144
II	„ des heil. Franziskus von Paula (Minimen, mindeste Brüder)	1435	160
II	„ **-Brüder Minoriten** (Kapuziner) . . .	1525	119
II	**Elisabethinerinnen** (regul. Tertiarierinnen, Franziskanerinnen)	1210	115
II	**Eselsbrüder** (ältere Minoriten) Mathuriner	1200	97
II	**Eudisten** (Euditen)	1643	160
I	**Evora, Ritter von**	1162	35

Richtung		Stiftung	Seite
I	**Feuillanten** (verbesserte Bernhardiner)	1577	26
I	**Fleurienser** (Floriacenser) ca.	1190	25
I	**Fantevraud-Orden**	1096	19
II	**Franziskaner** (Minoriten im weitern Sinn)	1210	108
II	**Franziskanerinnen** (arme, eingeschlossene Frauen)	1212	110
II	**Französische Minoriten** strengster Observanz (Recollecten)	1538	120
I	**Französische Cistercienser**	1615	26
II	**Französische Hospitalschwestern**	1200	145
II	**Französische Annunciaden**	1500	143
II	**Französische Oratorianer**	1611	156
II	**Frauenverein für Liebesdienste** (Barmherzige Schwestern)	1617	153
II	**St. Georgs-Ritter**	1729	161
II	**Gesellschaft der Matronen** (barmherzige Schwestern)	1634	153
I	**Grabesritter**	1250	89
I	**Grandmontenser**	1076	17
	Graue Schwestern		
II	a) des heil. Vincenz von Paul (barmh. Schwestern)	1636	152
II	b) Hospitaliterinnen (regulierte Franziskanerinnen, Tertiarierinnen	1395	115
II	**Gregoriusmönche**	1600	147
I	**Gualbertiner** (Vallombrosa Orden)	1038	17
II	**Guastallinen** (Angeliken)	1530	149
I	**Guilbertiner**	1150	95
II	**Heilands-Orden** (Salvator-Orden) ca.	1300	147
II	**Hieronymiten** ca.	1300	145
II	**Hieronymus Jesuaten**	1363	146
II	**Himmlische Annunciaden** (Nonnen-Orden der Verkündigung Mariä	1604	157
II	**Hospitaliterinnen** (regulierte Tertiarierinnen, Graue Schwestern)	1395	115
II	**Hospitalorden vom heiligen Geist** ca.	1200	145
II	**Hospitalschwestern, französische** ca.	1200	145
I	**Hospitalbrüder** (Antoniter)	1095	19
I	**Hospital-Ritter** (Johanniter)	1120	69
II	**Hospitaliter** (Barmherzige Brüder) Spitalbrüder, Wohlthätigkeitsbrüder (ben fratelli)	1540	141
I	**Humiliaten** (Barettiner von der Busse)	1134	94
I	**Humiliatinnen** (Blassonische Nonnen)	1134	94

Richtung		Stiftung	Seite
II	**Jakobiner** (französ. Bezeichnung der Dominikaner)	1215	124
I	**St. Jago di Compostella** (Ritter des heil. Jakob vom Schwert	1161	95
II	**Jesuaten des heiligen Hieronymus**	1363	146
III	**Jesuiten** (Gesellschaft Jesu, Loyoliten)	1540	169
III	**Jesuitinnen** (Jesuiten-Nonnen) ca.	1545	191
III	**Jesuitinnen** (französ. Kongregation der Frauen des heil. Herzens oder des Glaubens Jesu ca.	1800	191
I	**Johanniter** (Hospitaliter, Rhodiser, Malteser)	1120	69
II	**Karmeliter**	1209-24	129
II	**Kapuze, Brüder von der,** spanische Minoriten strengster Observanz, gest. von Johann von Guadeloupe	1496	118
II	**Kapuziner,** italienische Minoriten strengster Observanz, gest. von Mathias Bassi	1525	119
II	**Kapuzinerinnen,** Franziskanerinnen strengster Observanz von Maria Laurenzia Longa (Töchter des Leidens)	1538	120
	Kleriker, regulierte		163
III	„ **von der göttlichen Providenz** (Theatiner Cajetaner)	1521	165
III	„ **des heiligen Majolus** (Somasker)	1521	
III	„ **der Kongregation des heil. Paulus**	1532	
III	„ **der Mutter Gottes zu Lucca**	1574	192
III	„ **für den Krankendienst**	1586	192
III	„ **niedere** (Minores, Marianische Kongregation)	1588	192
I	**Lazarus-Ritter** (Lazarus und Mauritius)	1120	84
III	**Lazaristen oder Missionspriester**	1624	194
III	**Liguorianer** (Redemptoristen)	1732	195
I	**Livländische Schwertbrüder**	1202	53
II	**Lollharden** (Alexianer, Celliden) ca.	1300	146
III	**Loyoliten** (Jesuiten)	1540	169
I	**Malteser** (Hospitaliter, Rhodiser, Johanniter	1120	82
I	**Marianer** (Deutsch-Ordens-Ritter)	1190	36
III	**Marianische Kongregation** (regul. niedere Kleriker Minores)	1588	192
II	**Mathuriner** (ältere Trinitarier Eselsbrüder)	1200	97
I	**Mauriner** (Benedictiner Kongregation von St. Maur)	1618	102
II	**Miliz Jesu Christi** (Brüder von der Busse, Dominikaner Tertiarier)	1215	128
III	**Minores** (regul. niedere Kleriker Marianische Kongregation)	1588	192

Richtung		Stiftung	Seite
II	**Minimen** (Franziskaner, Hospitaliter, Obregonen) . .	1569	114
II	**Minimen** (Mindeste Brüder, Minimi fratres eremitae, Brüder des Sieges, les bons hommes	1473	160
II	**Minoriten** im weiteren Sinn (Franziskaner — fratres minores, Seraphiner)	1210	108
II	**Minoriten** verschiedener Observanzen (Cäsariner — arme Einsiedler Cölestiner — Clareniner — Soccolaner — Cordeliers)	—	116
II	**Minoriten** strengster Observanz:		
	a) Alcantara-Mönche (portugiesische Minoriten) .	1550	118
	b) Spanische Minoriten	—	118
	1. Provinz zu den Engeln	1489	118
	2. Brüder von der Kapuze (Barfüsser verbesserter Observanz)	1496	118
	c) Italienische Minoriten:		
	1. Kapuziner, Minoriten Einsiedler Brüder)	1525	119
	2. Kapuzinerinnen (Töchter des Leidens)	1538	120
	d) Französische Minoriten (Recollecten)	—	120
II	**Missionsseminar von St. Pauli Bekehrung** (Karmeliter)	1665	134
I	**Montesa-Ritter** (Ordensritter U. L. Fr. von Montesa	1316	100
I	**Nolasker** jüngerer Trinitarierorden (Orden U. L. Frau von der Gnade)	1223	98
II	**Nolharden** (Nollbrüder — Barfüsser ohne Kloster)	1300	147
I	**Norbertiner** (Prämonstratenser)	1119	68
II	**Obregonen** (Minimen)	1569	114
I	**Olivetaner** (Benedictiner vom Ölberge)	1313	99
I	**Orden U. L. Fr. v. d. Gnade** (Nolasker)	1223	98
II	**Oratorianer:**		
	a) italienische (Philippiner)	1564	155
	b) französische (Oratorien-Väter)	1611	156
	Observanten und Cönobiten		
III	**Pacconisten** (Väter des Glaubens cf. Jesuiten) ca.	1790	188
III	**Passionisten** (Leidensbrüder)	1724-45	195
III	**Piaristen** (regul. Kleriker scholarum piarum clerici)	1617	193
I	**Pauliner** (Einsiedler des h. Paul, Brüder des Todes)	1225	144
III	**Pauliner** (Paulaner, Barnebiten)	1532	167
I	**Prämonstratenser**	1119	68
II	**Recollecten**, franz. Minoriten strengster Observanz	—	120
II	„ (Augustiner-Barfüsser	1532	139

Richtung		Stiftung	Seite
III	**Redemptoristen** (Liguorianer)	1732	195
III	**Regulierte Kleriker**	—	163
I	**Rhodiser** (Johanniter, Malteser)	1120	81
I	**Römische Cistercienser**	1623	27
II	**Sacraments, Kongregation d. hl.**, (Dominikaner) ca.	1650	128
III	**Sacré coeur, congregation du**		
	für Männer	1540	188
	für Frauen . . . . ca.	1800	191
II	**Salesianerinnen** (Nonnen der Heimsuchung) . . .	1610	158
II	**Salvator-Orden** (Orden des Weltheilands, Heilandsorden) . . . . ca.	1300	147
I	**Schwertbrüder** (Livländische Ritter)	1202	53
II	**Serviten**	1233	142
III	**Samasker** (regulierte Kleriker vom heil. Majolus) .	1521	
II	**Soccolaner** (unbeschuhte Franziskaner)	—	118
	Tabenniositen	—	4
III	**Theatiner** (Cajetaner)	1521	165
III	**Theatinerinnen**	1621	166
I	**Tempelherren**	1118	27
II	**Tertiarier** (Minoriten):		
	regulierte männlichen Geschlechts	1221	112
	„ weiblichen „	1395	
I	**Trinitarier**:		
	a) ältere (Eselsbrüder, Mathuriner)	1200	97
	Trinitarier-Barfüsser	1594	98
	Trinitarierinnen . . . . ca.	1200	98
	Trinitarier-Tertiarier		
	b) jüngere (Trinitarier-Nolasker)	1223	98
	Trinitarier-Barfüsser U. L. Fr. von der Gnade	1604	99
II	**Urbanistinnen** (Franziskaner, strenger Observanz)	1224	111
II	**Ursulinerinnen**	1534	149
I	**Weisse Chorherren** (Prämonstratenser)	1119	69
II	**Zellenschwestern** (Franziskaner - Hospitaliterinnen, Tertiarier, soeurs de la celle)	1224	116

Die

geschichtliche Entwickelung der geistlichen Orden.

Den ältesten Zeiten des christlichen Altertums — ja woh noch weit darüber hinaus — entstammt der Gedanke, durch Zurückgezogenheit in einsame Gegenden, ungestört durch äussere Eindrücke ein beschauliches Leben zu führen, sei es nun zu dem Zwecke eigener Gefühlsbefriedigung, sei es zur würdigen Vorbereitung auf ein entsprechendes Lehramt, oder zur geistigen Kräftigung gegen die Versuchungen der Welt und zur Erduldung schwerer Lebensprüfung.

Es liegt nicht in unserer Aufgabe, hierbei auf vorchristliche Zeiten zurückzugehen, obwohl auch diese schon zahlreiche Beispiele darbieten. An dem älteren Zeitgenossen unseres Erlösers, Johannes dem Täufer, haben wir aber ein allbekanntes Vorbild, wie man sich damals durch freiwilligen Verzicht auf Lebensgenüsse von aller Erdenlust und -Last frei zu machen, nur dem ewig Göttlichen sich zuzuwenden bemühte. Seinem Beispiele folgte unser Heiland, als er sich in die Wüste zurückzog, um sich auf den schweren Gang vorzubereiten, den sein Lehr- und Leidensamt ihm vorschrieb. Welchen Wert er aber auf das Opfer irdischen Verzichtes legte, erkennen wir aus seinen eigenen, uns überlieferten Aussprüchen.

Matth. 16. 24. Da sprach Jesus zu seinen Jüngern: Will mir jemand nachfolgen, der verläugne sich selbst und nehme sein Kreuz auf sich.

26. Was hülfe es dem Menschen, so er die ganze Welt gewönne, und nähme doch Schaden an seiner Seele? Oder was kann der Mensch geben, damit er seine Seele wieder löse.

Diese Aussprüche legten in jenen ersten Zeiten des Christentums, in denen schwärmerische Begeisterung höheres Verständnis überwog, viele so aus, als ob es unabweisbare Pflicht jedes wahren Christen sei, alle Bande der endlichen Welt möglichst von sich abzustreifen, um sich so viel freier mit der ewigen beschäftigen zu können. Sie verzichteten auf eheliches Zusammenleben, sie beschränkten ihre leiblichen Bedürfnisse auf das geringste Mass, sie hielten sich fern von allen sinnlichen Genüssen, sie zogen sich zurück in die einsamsten Gegenden und brachten — ungestört von dem Geräusche der Welt — ihr Leben in Gebeten und frommen Übungen zu. Indem sie damit ein Verfahren nachahmten, welches Christus nur für einen bestimmten Zweck — um sich für sein Lehr- und Bussamt zu sammeln — zeitweise beobachtet — glaubten sie ewige Verdienste zu erwerben; während Christus wohl eine Opferwilligkeit im entscheidenden Augenblick, niemals aber lebenslängliche Abtötung des Fleisches verlangt.

Solche Enthaltsame nannten die ältesten griechischen Kirchenschriftsteller Asceten (Kämpfer), weil sie den „Kampf“ mit den Lüsten aufnahmen.

Das Bedürfnis gegenseitigen Schutzes gegen die Gefahren der Wüste, in welche dieselben sich vorzugsweise zurückzogen, führte bald zu einer Art gemeinschaftlichen Lebens dieser Asceten. Hatten sie dafür besimmte Wohnungen errichtet, so nannte man diese Asceterien. Hierin haben wir den Anfang des Klosterlebens. Im Gegensatz zu solchen Cönobiten (Mahlzeits-Genossen) standen die einzeln wohnenden — von allem menschlichen Verkehr sich absondernden Anachoreten.[1])

---

[1]) Dieses Wort entspricht zwar der Bezeichnung eines Eremiten oder Einsiedlers, unter letzterem versteht der allgemeine Sprachgebrauch indes jeden Menschen, welcher sich aus irgend einem Grunde von der

Doch war diese freiwillige Absonderung nicht allemal nur eine Folge schwärmerischer Gläubigkeit, sie stellte sich ebenso häufig als dringende Notwendigkeit heraus, um den blutigen Christenverfolgungen unter den Kaisern Decius und Diocletian aus dem Wege zu gehen, wozu die Thebaische Wüste in Ägypten sich ganz besonders eignete. Aus dem anfänglichen Zwang ward dann später Gewohnheit, welche auch nach Aufhörung jener Verfolgungen die Flüchtlinge in der Wüste zurückhielt.

Ein Beispiel dieser Art war Paulus von Theben, (geb. 230 n. Chr. † ca. 310 cf. Heliot, Gesch. d. Klöster Bd. I. S. 82.) welcher in seiner Jugend dorthin hatte flüchten müssen, bis an sein Lebensende aber daselbst verblieb und Vater der Eremiten genannt wird. Verdienstvoller erscheint Antonius, der Eremit, (der heilige Antonius geb. 251 n. Chr. zu Komen in Ober-Ägypten † 365.) Aus freiem Entschluss hatte er sich seines Vermögens zu Gunsten der Armen begeben und in die Wüste zurückgezogen, der Ruf seiner Frömmigkeit aber viele Gleichgesinnte veranlasst, seinem Beispiele zu folgen, um in seiner heiligen Nähe gleichfalls ein Anachoretenleben zu führen. Sie hatten sich unter seine Aufsicht gestellt und teilten mit ihm das Mahl des Herrn. Diese Gemeinschaft war die erste bekannte „nach klösterlichen Regeln“, obwohl ein wirkliches Zusammenleben der Teilnehmer dabei nicht vorkam. Man hat seitdem seine Anhänger Antonius-Mönche genannt, deren Lebensgewohnheiten, — mochten dieselben nun wirklich schon vom heiligen Antonius vorgeschrieben sein, oder sich allmählich ausgebildet haben, — viele später entstandene Mönchsgenossenschaften annahmen. Doch erst dem Eremiten Pachomios (geb. zu Oberthebais 292 † 348) war es vorbehalten, 323 mit dem Eremiten Palämon zu Tabenna auf einer Nilinsel das erste Kloster, d. h. ein Wohngebäude zu gemeinschaftlichem Leben (Cönobium, Monasterium oder weil es sich von der Aussen-

---

Welt absondert, unter einem Anachoreten aber den, welcher dies zu dem erwähnten bestimmten Zwecke thut.

welt abschloss, Claustrum) zu stiften, dem bald andere folgten. Diese von ihm begründeten Klöster bildeten eine Kongregation unter einem Superior, und die Mönche nannten sich nach dem Stammkloster Tabenniositen, mit Rücksicht auf ihr Zusammenleben, welches übrigens auch jetzt noch auf Gebet, Gottesdienst und Mahlzeiten beschränkt war, Cönobiten, welche Bezeichnung später die allgemeine für Klostermönche (Monachi) ward.

Fast gleichzeitig stiftete die Schwester des Pachomios das erste Frauenkloster.

Von Ägypten breitete sich das Mönchsleben namentlich in der Cönobitenform nicht nur in Palästina und Kleinasien, sondern auch in Italien, Spanien, Gallien, Britannien und Irland aus.[1])

Wenn dasselbe nun auch allmählich eine bestimmtere Form angenommen hatte und unter Leitung selbstgewählter Oberen stand, denen Alle gehorchen mussten, so gab es doch noch keine eigentlichen Verhaltungsregeln für die Cönobiten. Diese aufzustellen, war der hervorragenden geistigen Befähigung des Kirchenvaters Basilius, des Grossen (geb. 329 zu Cäsarea in Kappadocien, † 379) vorbehalten.

Nach einer gediegenen wissenschaftlichen Ausbildung in Konstantinopel hatte derselbe sich in Ägypten und Libyen mit der Einrichtung des Mönchswesens persönlich bekannt gemacht und darauf mit einigen Freunden in einer einsamen Gegend seines Heimatlandes niedergelassen, um durch ländliche Beschäftigung seinen Unterhalt und in frommen Übungen sein höchstes Lebensglück zu suchen. Seit 374 Bischof von Cäsarea bekämpfte er mit Erfolg den von Kaiser Valens begünstigten Arianismus. Gleichzeitig gründete er einige Mönchsgenossenschaften und gab

[1]) Im Abendlande nannte man diese abgeschlossenen Mönchswohnungen (Monasterien) Claustra; Inclusi oder Reclusi oder Eingeschlossene aber diejenigen Mönche, welche sich im Einverständnis mit den Kloster-Oberen, um höherer Erbauung willen, entweder dort, oder in eigenen Zellen (clusae = Klausen) ausserhalb derselben, von jedem Verkehr mit den übrigen Mönchen abschlossen.

denselben auf Grund seiner Reiseerfahrungen allgemeine Verhaltungsregeln, welche von allen orientalischen und lange Zeit auch von der Mehrzahl der occidentalischen Klöster als massgebend betrachtet wurden, bis Benedict von Nursia im 6. Jahrhundert den nach ihm benannten Orden stiftete. Diese sogenannten Basiliusregeln sind jedoch nicht identisch mit den weit später aufgestellten Basilius-Klosterregeln, wie denn auch dabei an die Stiftung eines besonderen Ordens, den man überhaupt noch nicht unterschied, nicht gedacht ward.

Basilius wollte nur freie Hingebung an ein wahrhaft gottseliges, beschauliches Leben und daher auch nicht die Ablegung unlöslicher Mönchsgelübde. Er verlangte freiwillige Armut und Arbeitsamkeit zum Erwerb der notwendigen Lebensbedürfnisse und eines Überschusses für Unterstützung Bedrängter; ausserdem Keuschheit und Ehelosigkeit, Gehorsam und Demut während des Aufenthalts im Kloster. Auf diesen Grundregeln beruhen die Statuten aller griechischen Klöster. Man hat Basilius daher auch deren Patriarchen genannt. Auch die Antonius-Mönche nahmen dieselben an, welche im Laufe der Zeit manche Zusätze erhielten, namentlich die eidliche Verpflichtung auf die Klostergelübde.

Zu den Basilianer-Mönchen strengster Richtung gehören u. a. die Mönche auf dem Berge Athos. Es kommen auch Basilianer-Nonnen vor, welche in Klöstern und Privathäusern ohne eigentliche Clausur, im Übrigen aber nach den Regeln des heiligen Basilius leben.

Alle russischen Mönche griechischer Konfession sind Basilianer, aber nach etwas abweichendem, mehr selbstständigem Ritus. Auf Sicilien haben sich zu Messina noch einige Klöster erhalten, deren Inhaber, obwohl römisch-katholischer Konfession, mit päpstlicher Genehmigung den Basilianer Ritus und die griechische Sprache in ihrem Gottesdienst beibehalten haben.

Eine gleiche fromme Begeisterung, wie den heiligen Basilius für ein wahrhaft christliches Leben, welches er in der Verderbtheit des Weltverkehrs nicht glaubte führen zu können, erfüllte den jugendlichen Benedict (geb. 480 zu Nursia in Umbrien, † 543). Hatte Basilius in Konstantinopel, so hatte Benedict in Rom seine wissenschaftliche Ausbildung erhalten, sich darauf aber entschlossen, die Einsamkeit aufzusuchen, um dem gefährlichen Beispiel seiner unsittlichen Altersgenossen aus dem Wege zu gehen. Nur insofern lagen für ihn die Verhältnisse etwas günstiger, wie für seinen Vorgänger auf dem Wege des Heils, als er nicht erst eine beschwerliche Reise nach Ägypten zu unternehmen brauchte, um das Mönchsleben kennen zu lernen, da dasselbe sich seitdem schon weit in den Occident, sowie namentlich nach Italien ausgebreitet hatte. Inzwischen war aber besonders in letzterem der alte Eifer erkaltet. Missbräuche und Unordnungen aller Art waren in die Klöster eingedrungen und Benedict fühlte sich berufen, hierin Abhülfe zu schaffen. Er begann seine mönchische Laufbahn als Anachoret bei Subiaco, musste später, als gewählter Abt des Klosters Vicovoro den erfolglosen Versuch zwar wieder aufgeben, die gesunkene Zucht daselbst wieder herzustellen, stiftete darauf aber, in die Einsamkeit zurückgekehrt, aus seinen eigenen Schülern eine Menge (12) von Klöstern, deren Leitung er selbst in die Hand nahm. Verfolgungen veranlassten ihn 528 die Gegend von Subiaco zu verlassen und mit seinen Anhängern in die nähere Umgebung des Berges Cassino in Campanien zu ziehen. Auf diesem Berge gründete er dann das Benedictiner-Stammkloster von Monte Cassino, für welches er seine berühmte Regel verfasste.

Ihre Vorschriften beschränkten sich nicht auf allgemeine Bestimmungen, wie die von bisherigen Begründern geistlicher Genossenschaften erlassenen; sie gehen auf alle Lebensbeziehungen der Mönche ein und sind dabei von einem geistigen Hauche belebt, welcher ihnen eine Jahrhunderte lange Dauer gesichert hat.

Mit einem bewunderungswürdigen Takt hält diese Regel die Mitte zwischen ascetischer Hingabe an fromme Übungen und praktischer Berücksichtigung aller unentbehrlichen Bedürfnisse weltlicher Wohlfahrt. An der Spitze der Vorschriften

Der Benedictiner.

Der Benedictiner* Orden.

Der Orden zu Cassin' anfing,
Darnach in die ganze Welt (er) ging.
Groß schwarz Kutten tragen sie an
Auch ein Bischoffsstab müssens'.. ha'n;
In großen Reichthum stets gesessen,
Dabei sie Gottes ha'n vergessen.
Daß die „Schrift" sie nicht verführe,
Durft ihr'r keiner nit studire. —

*) Lesart: Benedicten

steht die strenge Befolgung der drei bekannten Klostergelübde: Armut, Keuschheit und Gehorsam. Die Armut war jedoch nur auf die Person der Mönche beschränkt und erstreckte sich nicht auch auf das Kloster, weil dieses sonst den Zwecken des Ordens nicht hätte entsprechen können. Durch Beschränkung der Nahrung und Kleidung (schwarz, daher „schwarze Mönche" genannt) auf das notdürftigste und einfachste, wollte der heilige Benedict dem Sinnenreiz entgegen wirken. Das Gebot der Ehelosigkeit und Keuschheit sollte die ausschliessliche Hingabe der Mönche an ihre Berufspflichten, und dasjenige unbedingter Unterwerfung unter die Befehle ihrer Oberen den Erfolg ihrer vereinten Bemühungen sicher stellen. Demgemäss war auch die Lebensweise der Mönche bis ins einzelne geordnet. Ihr Tagewerk war in Gebet und Arbeit geteilt, welche in der Weise miteinander abwechseln sollten, dass 7 Tageszeiten für die Erbauung, 7 Tagesstunden für die Arbeit bestimmt waren. Auch letztere war keineswegs einförmig. Davon ausgehend, dass die Klöster sich möglichst selbst zu unterhalten hätten, musste sie sich zwar zunächst darauf richten, die unmittelbaren Bedürfnisse des Klosters zu befriedigen; also nicht sowohl den oft im rohsten Zustande betroffenen Boden zu cultivieren, als auch alle mit dem Betriebe zusammenhängenden Arbeiten, Handwerke und Künste auszuführen, zu üben und zu verwerten. Erst dann konnte und sollte aus dem Mehrerträgnisse ein Kapital für die übrigen Zwecke des Ordens angesammelt werden.

Der heilige Benedict wollte aber in seinen Klöstern nicht blos fromme Landbauer, Handwerker und Künstler erziehen. Gleichzeitig sollte ein wissenschaftlicher Geist diese durchdringen und daher verordnete er die Anschaffung von Klosterbibliotheken, damit seine Mönche sich daraus belehren könnten. Er hielt sie an, die Bücher und Handschriften nicht nur zu lesen, sondern auch durch Abschreiben zu vervielfältigen. Ausserdem stiftete er Schulen in seinen Klöstern, welche eine doppelte Bestimmung hatten; einerseits nämlich, insoweit sie innere (interiores, vel claustrales) waren, die dem Kloster von ihren Eltern gelobten und übergebenen Kinder (oblati) zu erziehen und auf den Klosterdienst vorzubereiten; andererseits als äussere (exteriores, vel canonicae) die Wohlthat des Unterrichts zu einer Zeit, wo es noch keine andere öffentliche Schulen gab, Externen, d. h. nicht zum Kloster gehörenden Kindern, zu teil werden zu lassen. Er begann hierbei mit Elementarschulen (minores) und schritt allmählich für die grösseren und reicheren Klöster zu Hochschulen (majores) vor, sodass schliesslich der ganze Unterricht von den Benedictinerklöstern ausging.

Was Benedict freiwillig darbot, machte schon Karl der Grosse hinsichtlich der Elementarschulen zur Bedingung für jedes neu zu errichtende Kloster.

Der allgemeine Gebrauch der lateinischen Sprache beim Schulunterricht machte aber diesen gleichzeitig zu einem internationalen und die Klosterschulen zu Trägern der Wissenschaft für die entferntesten Länder.

Um jedoch vollends die hohe Bedeutung dieses Ordens für das geistige und zeitige Wohl der Menschheit zu würdigen, müssen wir uns in die Zeit der ersten Jahrhunderte des Christentums zurückversetzen. Im Osten war dieser Stern aufgegangen und hatte sein Licht zunächst auf diejenigen Völker leuchten lassen, zu denen die Apostel des Herrn und ihre Jünger persönlich gekommen waren. Die Römerherrschaft war dem weiteren Vordringen der Glaubenslehre nicht aus konfessioneller Abneigung hinderlich; denn von einer solchen konnte bei den materiellpraktischen und atheistischen Römern der Kaiserzeit nicht mehr die Rede sein; aber aus politischen Gründen, feindlich gesinnt, weil man die Christen für rebellisch gesinnte Vereinler, ihre Lehre aber — etwa wie unsere Sozialdemokraten — für staatsgefährlich hielt. Einige Kaiser hatten sich im Gefühl ihrer Macht mehr duldsam dagegen verhalten, andere aber blutige Verfolgungen der Christen angeordnet. Das Christentum und seine Verkünder waren dadurch bis in die unzugänglichen Wüsten Ägyptens und Syriens zurückgedrängt und hatten erst allmählich die verlorenen Stellungen wieder einnehmen können.

An die Stelle der Apostel, welche von Ort zu Ort Gemeinden zu bilden suchten, waren nun die Klöster getreten, welche während jener Verfolgungen gleichsam in der Wüste entstanden. Davon verbleiben dem Oriente bis in die Gegenwart die Basilianer-Mönche. Im Occident wurden dieselben allmählich durch die Benedictiner ersetzt, welche vor ihnen gerade jene wunderbare Regelung voraus hatten, die wir soeben unsern Lesern vorführten. Vom südlichen Italien aus drangen sie nordwärts vor, kleine Kreise der Kultur um sich ausbreitend, welche fortwährend an Umfang zunahmen. Noch Benedict war es vergönnt gewesen, ein zweites Kloster in der Nähe von Terracina zu gründen. Seine Lieblingsjünger Placidus und Maurus hatte er als Äbte und Einführer seiner Regel, jenen nach Sicilien, diesen nach Frankreich entsendet. Aber auch von den bereits vorhandenen Klöstern nahmen die meisten seine Regel an und die Zerstörung Monte Cassino's durch die Longobarden um 580 ward Veranlassung zur Gründung eines Benedictiner-Klosters in Rom. Aus diesem ging Gregor der Grosse hervor, welcher demnächst als Papst einer der wirksamsten Gönner des Ordens ward. Auch das alte Nonnenkloster Monte Cassino war 140 Jahre später wieder aufgebaut und diente durch seine strenge Zucht mit seiner berühmten Schule lange hinaus als Vorbild für alle übrigen. Um 632 scheinen die Benedictiner nach Spanien gekommen zu sein und die Klöster Montserrat und Complutum gegründet zu haben, während der heilige Maurus schon 543 im fränkischen Reiche das Kloster Glanfeuil in der Diöcese Mons, stiftete. Von bestehenden Klöstern aber, welche die Benedictiner-Regel annahmen, nennen wir die Abtei des heiligen Martin von Tours, Marmontiers, (später St. Muno), die Abtei des Cassion St. Victor zu Marseille, des heiligen Honorat auf der Insel Levin: St. Honorat; die Klöster des heiligen Columban und das nach dessen Schüler benannte Kloster St. Gallen in der Schweiz. Schon zu Karls des Grossen Zeit gab es kaum ein Kloster mehr, welches nicht nach der Regel des heiligen Benedict lebte. Der heilige

Amandus führte den Orden nach Belgien. Im fränkischen Reiche entstanden vom 6—9 Jahrhundert die Abteien: Fleury (später St. Benoit sur Loire), St. Benigne zu Dijon, St. Medard zu Soissons, St. Germain, St. Cloud, Corbei, St. Denis, Stable Malmedy, Prum, St. Hubert in den Ardennen, St. Mathias in Metz und zu Trier, Weissenburg im Elsass, in der Schweiz und im südlichen Deutschland, St. Mauritius am Fusse des St. Bernhard, Kempten, Emeran, Murbach, Füssen, Tegernsee.

Fast überall erschien hier der Orden als unmittelbarer Vorläufer und Beförderer des Christentums, sodass seine Missionsthätigkeit fortwährend zur Anwendung kam. In England entstanden Anfangs des 8. Jahrhunderts die Abteien Waremouth in Jarrow, Bangor, St. Alban, Westminster, Lindisfarne, Malmesbury, York u. a. m. Von hier aus trug der Orden das Christentum nach dem nördlichen und mittleren Deutschland, wo der heilige Bonifacius Ohrdruf, Amoeneburg, Fritzlar und Fulda (744) stiftete. Diesen Stiftungen folgten die von St. Alban, von Mainz, Werden, Herford, Neu-Corvin.

Nicht ganz korrekt nannte man später die von England und Irland aus gestifteten deutschen Klöster „Schottenklöster". Dahin gehörten u. a. Erfurt, Würzburg, Regensburg, St. Martin in Köln.

Die Klosterschulen waren es aber namentlich, aus denen der Same hervorging, aus welchem das christliche Geistesleben sich überall entwickeln sollte. Unter den Heiden wurden die Äbte gleichzeitig Bischöfe und ihre Schüler wurden Pfarrer und Seelsorger.

Fast ebensosehr jedoch, wie der opferfreudige Missionsdienst gewann das stille und segensreiche Wirken der Mönche die Herzen und Seelen ihrer rohen Umgebungen. Staunend sahen die Heiden, wie die fleissige Hand der Mönche Wälder rodete, Sümpfe austrocknete und die unwirtbarsten Gegenden in üppige Fluren verwandelte, wie dieselben durch deren Bebauung nicht nur sich selbst unterhielten, sondern auch noch so viel erübrigten, dass sie damit die in ihrer Regel vorgeschriebene Wohlthätigkeit und Gastfreiheit auszuüben vermochten. Sie sahen, wie die Klöster Mittelpunkte des Verkehrs und Handels wurden, wie sich Ansiedelungen um dieselben bildeten, um an diesem Wohlstande teilzunehmen, wie daraus allmählich Weiler, Dörfer und Städte erwuchsen. Sie erkannten daran mit Recht den Segen des Christentums und liessen sich um so williger bekehren.

Wie aber nichts Irdisches vollkommen ist, so hatte auch die Regel des heiligen Benedict ihre schwache Seite. Sie untersagte den Mönchen den Besitz von Eigentum, um aber dennoch im Stande zu sein, ihren hohen und vielseitigen Zwecken zu entsprechen, erachtete sie die Erwerbung von Reichtümern zum Besten des Klosters nicht für unzulässig. Als diese nun durch den Fleiss der Mönche und grosse Schenkungen frommer Christen sich allmählich anhäuften, als namentlich ausgedehnter Landerwerb hinzukam, nötigten diese Umstände ihre Vorsteher in einen, dem strengen Klosterleben völlig fremden Wirkungskreis einzutreten. Sie mussten den für eigene Verwaltung zu umfangreichen Besitz Lehnsträgern übergeben und nahmen dadurch eine bürgerliche Machtstellung ein, welche sie zur Teilnahme an den Sitzungen der Reichstage und an sonstigen Staatsangelegenheiten zwangen. Sie gerieten darüber häufig sogar mit den Königen in Streitigkeiten. Andererseits mussten sie um des Friedens willen oftmals unwürdige Mitglieder vornehmer Familien in ihre Reihen aufnehmen und konnten diese nicht zwingen, die strengen Vorschriften ihrer Regel zu beobachten. Böse Beispiele verderben die guten Sitten. An die Stelle ascetischer Strenge trat häufig leichtsinnige Üppigkeit. Hierin lagen zahlreiche Keime des Verfalls.

Andere Umstände kamen hinzu, diesen zu beschleunigen. Mit der allgemeinen Ausbreitung des Christentums trat das Bedürfnis einer grösseren Anzahl von Seelsorgern ein, als die Klöster in ihren, auch anderweitig in Anspruch genommenen Mönchen darzubieten vermochten. Aus einem Teil ihrer Schüler ging daher ein eigener Priesterstand hervor, welcher sich von den Klöstern ablöste und die Sorge für die zerstreuten Gemeinden übernahm. Zwar war dieser ebensowohl der Aufsicht geistlicher Oberen unterworfen, fand in seiner Zerstreutheit aber leichtere Gelegenheit, sich der strengen Zucht zu entziehen und die Folge war eine gewisse Verwilderung. Schon Augustinus hatte diesem Übel entgegenzuwirken gesucht. Chrodegang, Bischof von Metz (geb. 712 in Hasbain bei Lüttich, † 766) nahm diesen Gedanken wieder auf und führte für die ihm untergebenen Geistlichen eine bestimmte Lebensregel = Canon, ein. Die danach lebenden nannte man Canoniker. Sie sollten danach in einem Hause = Monasterium (woraus später Münster entstand) bei einander wohnen, gemeinschaftlich schlafen, speisen, beten und singen (horae canonicae) und bestimmte Versammlungen besuchen, welche nach den darin vorgelesenen Kapiteln der heiligen Schrift „Kapitel“ (Capitula) genannt wurden.

Diese, noch 789 von Karl dem Grossen, 816 auf der Synode von Aachen bestätigte, allmählich in fast allen Städten des fränkischen Reichs eingeführte, Regel wich darin von den Klosterregeln wesentlich ab, dass sie den Canonikern gleich Weltgeistlichen, keine eigentlichen Gelübde auferlegte und einen eigenen Besitz, mithin ein weit zwangloseres und bequemeres Leben gestattete. Die Folge war, dass viele Mönche den strengen Vorschriften des Ordens entsagten, um nach der freieren Weise der Weltgeistlichen zu leben, andere dagegen bemüht waren, auch im Kloster die Anwendung der Regel abzuschwächen.

Ein Hauptübelstand war indess die gegenseitige Unabhängigkeit der einzelnen Klöster, welche die Entstehung zahlreicher Lokalobservanzen zur Folge hatte und Geist und Zucht des Klosters von der jeweiligen Gesinnung ihres Vorstehers abhängig machte. So konnte es vorkommen, dass in einem Kloster die strengste Observanz waltete, während ein benachbartes sich übertriebener Nachsicht erfreute und in Prachtliebe und Weltsinn verfiel.

Die Päpste und Kirchenversammlungen erkannten diese Missstände wohl. Regular-Äbte sollten häufige Revisionen vornehmen, und um den Vorwand weltlicher Nebenpflichten zu beseitigen, setzten die Kaiser besondere Schirmvögte[1]) (advocati = avoués) für deren Besorgung ein. So ward der Form nach die Strenge zwar teilweise wieder hergestellt; so lange jedoch der alte Geist des Klosterlebens nicht durchdrang, hatte diese Massregel keinen schätzbaren Wert.

Dies zu bewirken gelang erst unter Ludwig dem Frommen einem Edelmanne aus dem Geschlecht der Grafen von Magelone, Benedict von Aniane (geb. 750 in Languedoc, † 821), welcher sein früheres Leben am Hofe und im Waffendienste zugebracht, sich darauf aber in ein Kloster zurückzog. Nachdem er dort erfolglos versucht, die alte Zucht wieder herzustellen, gründete er 780 in seiner Heimat am Bach Aniane bei Montpellier ein kleines Kloster „zum Weltheilande", wo er mit Gleichgesinnten nach der Regel des Benedict von Nursia unter den strengsten Übungen lebte. Dies erschien so zeitgemäss, dass viele Bischöfe ihn baten, seine Mönche als Verbesserer gesunkener Klöster ihrer Diözesen zu entsenden. Sogar Ludwig der Fromme beauftragte ihn, die Ordenshäuser Aquitaniens auf diese Weise zu reformieren und veranlasste ihn bei Aachen das Kloster „zum heiligen Cornelius" zu stiften, und als Abt zu leiten.

In einer 817 von allen Bischöfen und Äbten des Reichs unter seinem Vorsitze abgehaltenen Versammlung wurden darauf die nötigen Verbesserungen der Klöster beraten und beschlossen, indem man dabei auf die Grundregel des heiligen Benedict von Nursia zurückging, diese mit zeitgemässen Zusätzen und Erläuterungen versah und unter Aufhebung sämtlicher Localgewohnheiten, in allen Häusern eine gleiche Disciplin einführte. Auch die Idee einer Vereinigung aller Ordenshäuser

---

[1]) Solche Schirmvögte waren u. a. in Mecheln mehrere Jahrhunderte hindurch die Berthout-Grimberghe für den Anteil der Bischöfe von Lüttich an der Stadt, deren andere Hälfte Eigentum der Berthout war.

zu einer Kongregation nahm man auf. Sie kam jedoch nicht zur Ausführung; dagegen ward Benedict lebenslänglich die Oberaufsicht über sämtliche Klöster des Reichs übertragen.

Gleichzeitig sollte die soziale Stellung der Klöster im Reichsganzen ihre Regelung finden, indem man dieselben nach ihrer Leistungsfähigkeit in drei Klassen einteilte, je nachdem sie für ihr Grund- und Kapitalvermögen zur Heeresfolge und sogen. Geschenken (dona), nur zu Geschenken, oder, ausser zu Gebeten für das Reichswohl, gar nichts zu leisten, verpflichtet sein sollten. Jener Waffendienst ward übrigens in der Folge eine neue Quelle des Verfalls.

Im 9. und 10. Jahrhundert wurden in Italien, Frankreich, England und Deutschland viele Klöster von den Barbaren zu Grunde gerichtet; in Frankreich gerieten die Klöster in verderbliche Abhängigkeit von den Grossen des Landes, welche ihre Macht als Lehnsherrn soweit missbrauchten, dass sie sich selbst zu (sogen. Laien) Äbten einsetzten und dann willkürlich über das Klostergut verfügten.[1]) Andererseits dehnten viele Bischöfe ihr Aufsichtsrecht über Gebühr aus und behandelten die Äbte als ihre Vasallen. Dies veranlasste häufig die Päpste die Klöster der bischöflichen Gewalt völlig zu entziehen; (d. h. sie exemt zu machen). Gleichzeitig übertrugen sie vielen Äbten quasi bischöfliche Rechte für den Bereich ihrer Klöster.

In diese Zeit fällt die Stiftung der berühmten Klöster von Einsiedeln, Blaubeuren, Rheinhardsbrunn, Bursfeld.

In England stellte König Alfred 883 die Ordenshäuser wieder her. Lanfranc, Erzbischof von Canterbury, verlieh den englischen Benedictinern in ähnlicher Weise ein gleichförmiges Statut, wie Benedict von Aniane dies in Frankreich gethan, und die Synode von Winchester verordnete dessen allgemeine Einführung.

Inzwischen hatte die Ausdehnung des Benedictiner-Ordens über das sich zur römisch-katholischen Konfession bekennende

---

[1]) Weit später erst, nämlich unter Heinrich VI. kam dieser Übelstand auch in Deutschland vor.

Europa einen solchen Umfang erreicht, dass ausreichende Beaufsichtigung der einzelnen Klöster nahezu unmöglich erschien. Immer wieder machte sich der Grundfehler der bestehenden Einrichtung kund, dass kein innerer Zusammenhang zwischen den verschiedenen Klöstern bestand, welchen Benedict von Aniane erfolglos herzustellen versucht hatte. Dies führte schliesslich eine förmliche Spaltung des Ordens herbei, nicht zwar so weit, dass irgendwo die ursprüngliche Benedictiner-Regel ganz aufgehoben wurde; aber doch in der Weise, dass gleichfromme Männer, in der Absicht eingerissene Übelstände zu beseitigen, dies Ziel auf verschiedene Weise erstrebten. So haben wir uns die zahlreichen Verzweigungen des Ordens zu erklären, welche vom 10. Jahrhundert an eintraten. Diese Neugründungen oder Reformen, wie man sie wohl richtiger nennt, gingen regelmässig von einem Stammkloster aus, nach welchem sich die Anhänger seiner Regel benannten, indem sie sich zu einer Kongregation vereinigten, welche dem Abt des Hauptklosters unterstand, während sie einzeln von Prioren geleitet werden.

Wir wollen nachstehend diese einzelnen Verzweigungen nach der historischen Folge ihrer Entstehung und unter Angabe ihrer besonderen Richtung, namhaft machen, weil dies wesentlich zum Verständnis des Mönchswesens beitragen dürfte.

1. Cluniacenser.

Stammkloster Clugny, 3 Meilen von Maçon, Gouvernement Bourgogne; gestiftet 910 von Wilhelm dem Frommen, Herzog von Anjou.

Charakteristisch: anhaltendes Gebet, strenges Fasten; fast ununterbrochenes Stillschweigen; bis ins kleinste durchgeführte Tagesordnung; durch äussere Pracht erhöhte Feier des Gottesdienstes; besondere Pflege der Wissenschaften, während die roheren Hand- und Feldarbeiten Untergehörigen des Klosters übertragen wurden.

2. Camaldolenser.

Stammkloster Camaldoli auf einem schneebedeckten Gipfel des Apennin in Toskana;[1]) gestiftet 1012 vom heiligen Romuald aus dem Geschlechte der Herzöge von Ravenna.

Charakteristisch: Teilung der Glieder in Einsiedler und Mönche, von denen erstere getrennt in Zellen lebten, indem sie, wie die ältesten Einsiedler sich einzig dem Gebet, frommen Betrachtungen, der Handarbeit und den strengsten Abtötungen widmeten. Nur das gemeinschaftliche Gebet vereinigte sie im sogen. Oratorium, sofern sie nicht zu den Reclusis gehörten, welche ihre Zellen niemals verliessen. Die Mönche bewohnten ein im Thale darunter erbautes Hospiz oder Kloster, welches gleichzeitig zur Aufnahme kranker Einsiedler, zur Ausübung der Gastfreundschaft und als Noviziat für das Einsiedlerleben diente.

Von dieser ursprünglichen Kongregation zweigte sich, vom Kloster des heiligen Michael in Murano ausgehend, im 13. Jahrhundert eine zweite ab, welche das Cönobitenleben, d. h. Zusammenleben aller Glieder unter einem Oberen, später unter Teilung in Observanten, d. h. solchen, welche die strenge Ordensregel beobachteten, und Conventualen d. i. solche, welche das bequemere Leben im Kloster vorzogen, als Regel aufstellte. Bis 1617 behielt diese Kongregation jedoch mit Camaldoli einen gemeinschaftlichen Oberen oder General, welcher abwechselnd aus den Observanten der neueren und den Einsiedlern der älteren Kongregation gewählt ward.

Eine dritte Kongregation dieses Ordens gründete 1510 der Venetianer Paolo Giustiniani, unter dem Namen der Einsiedler des heiligen Romuald von Camaldoli. Deren Einsiedelei lag auf dem Monte Corona bei Perugia. Mit derselben stand das am Fusse des Berges hergestellte Salvatorkloster in Verbindung. Unterabteilungen fanden sich in Polen und Österreich. In letzterem Lande hob Kaiser Josef II. sie auf.

---

[1]) Nicht zu verwechseln mit dem Kloster Camaldoli bei Neapel, dessen Aussicht auf die Stadt und das Meer weltberühmt ist.

Der Camaldulenser.

(Benedictiner.)

Der Camaldulenser Orden.

Der Camaldulenser Orden[1]
  Welche nach Benedict sind worden
Mußten ihm[2] seyn unterthan.
  Ganz weiße Kappen tragen sie an.
Ihren Orden sie also halten
  Als möchts Gott selber schier verwalten;[3]
Verhoff ihr' Heiligkeit und Pracht,
  Hab' bald mit ihm ein Ende gemacht.

Lesart: 1) Camaldulensium Orden 2) auch ihm 3) Es möcht's Gott wohl schier walten.

Endlich bildete sich anfangs des 17. Jahrhunderts zu Turin noch eine vierte Kongregation mit selbständigen Niederlassungen in Frankreich, welche während der französischen Revolution aufgehoben wurden.

3. Gualbertiner — Ordensbrüder von Vallombrosa — auch graue Mönche (nach ihrer ursprünglichen Tracht).

Stammsitz: Einsiedelei Vallombrosa (d. h. schattiges Thal, nach der Belegenheit) im Toskanischen; gestiftet 1038 von dem florentinischen Edelmann Johann Gualbert.

Charakteristisch, dass der Orden nur aus Eremiten bestand, welche für die Besorgung der profanen Geschäfte Laienbrüder (conversi) und für die Haushaltung Laienschwestern annahmen, um sich den geistlichen Übungen und frommen Betrachtungen ausschliesslich widmen zu können. Schon seit der zweiten Hälfte des 12. Jahrhunderts wurden sie nur noch in Italien geduldet.

4. Grandmontenser.

Stammkloster ursprünglich auf dem Gebirge Murat bei Limoges, später verlegt nach dem benachbarten Grandmont; gestiftet um 1076 von einer Vereinigung frommer Büsser unter dem heiligen Stephan von Thiers (geb. 1046 † 1124) und von Gregor VII. (1073—1085) bestätigt.

Charakteristisch: Strengere Lebensweise als die der Benedictiner; Besorgung alles Weltlichen durch Laienbrüder. — Diese absolute Teilung gab letzteren ein so grosses Übergewicht, dass sie sich später sogar in die geistlichen Angelegenheiten einmischten. Hauptsächlich dadurch ward dio Klosterzucht allmählich so lax, dass sie sich in manchen Klöstern bis zur Annahme der Lebensweise und Kleidung der Canoniker abschwächte, während die übrigen an der alten Regel festhielten, resp. dazu zurückkehrten. Infolge dessen teilte sich der Qrden in zwei Observanzen. Er kam indes über Frankreich nicht hinaus und erlosch mit der Revolution.

5. Carthäuser.

Stammkloster — welches nur aus einem Oratorium und einigen Zellen bestand — in der Einöde der Carthäuser Berge bei Grenoble; gestiftet 1084 vom heiligen Bruno (geb. 1050 † 1101).

Charakteristisch: Es war der strengste aller Mönchsorden. Vorschrift: unverbrüchliches Stillschweigen, ausgenommen an Kapitel- und Begräbnisstagen, und die gegenseitige Begrüssung mit: „Memento mori!" Einzelleben unter strengsten Bussübungen und Entsagungen. Völlige Enthaltung von Fleischgenuss; Verbot des Gebrauchs der Leinwand; Tragung eines Ciliciums (Bussgewandes aus grober Wolle, oder von Ziegenhaaren); Strohsack als Lager; Vereinigung der Mönche nur beim Gebet.

Bei der späteren Teilung in Mönche (patres) und Brüder (fratres conversi) lebten erstere in Einsiedlerzellen mit kleinen Gärten, letztere gemeinschaftlich im Kloster unter strenger Clausur und auch im Allgemeinen nach derselben Regel. Sie hatten für die Klosterbedürfnisse zu sorgen und die Handwerksarbeit zu verrichten, endlich die Bebauung der Äcker und die Herden zu beaufsichtigen. Für die Verrichtungen ausserhalb des Klosters wurden aber Diener gehalten, welche kein Gelübde ablegten.

Den Verkehr mit Fremden vermittelte ausschliesslich der zum Vorstand gewählte Prior. Dem Prior des Stammklosters und dem Generalkapitel waren alle übrigen Ordenshäuser unterworfen.

Die Kleidung bestand in einem Tuchrock mit ledernem oder hanfenem Gürtel, Scapulier und Kapuze von weisser Farbe.

Trotz dieser Strenge sind die Statuten dieses Ordens wiederholt noch verschärft worden, zuletzt 1681. Berühmt war in dieser Beziehung das vom heiligen Bruno gegründete Kloster „zum heiligen Stephan im Busche„ zu Calabrien.

Der Orden verwendete seine grossen Reichtümer zu zahlreichen Prachtbauten und Ansammlung von Kunstschätzen, ohne dabei in seiner Strenge nachzulassen.

6. **Antoniter** (nicht zu verwechseln mit den obengenannten Antonius-Mönchen).

Stammkloster: St. Didier de la Mothe in der Dauphiné; gestiftet 1095 als „Hospitaliter-Brüderschaft des heiligen Antonius“ von zwei Edelleuten der Dauphiné, Gaston und Guerin, Vater und Sohn, für Genesung des letzteren vom sogen. Antoniusfeuer, zu Gunsten der davon Befallenen; von Papst Honorius III. (1216—27) zu einer „mönchischen Genossenschaft“, und vom Papst Bonifacius VIII. (1294—1303) zu einer „Kongregation regulierter Canoniker“ nach der Regel des heiligen Augustin erhoben.

Charakteristisch: Pflege der vom Antoniusfeuer Befallenen und Bedienung der beim Kloster befindlichen Wallfahrtskapelle. Nur das Stammkloster hatte einen Abt, auch Grossmeister genannt, mit Rücksicht auf die untergebenen Klöster. Diese standen unter Komthuren oder Präceptoren. Eigentümliche Kleidung: schwarzer Mantel mit blau emailliertem Antonius- (Krücken **T**) Kreuz. Wappen, seit Kaiser Maximilian: Reichsadler mit kaiserlicher Krone.

Dieser Orden breitete sich über das ganze Abendland aus, empfing seines wohlthätigen Zweckes wegen zahlreiche Geschenke und ward dadurch sehr reich. Dies führte schliesslich zu einer Genusssucht und Erschlaffung, wogegen die versuchten Reformen sich erfolglos bewiesen. 1774 vereinigte er sich mit dem Malteserorden. Während der französischen Revolution ward er aufgehoben und säcularisiert.[1])

7. Ordensbrüder von Fontevraud.

Stammkloster in einer Einöde bei Fontevraud (Fontevrault, Fons Ebraldi, Ebraldbrunnen) in der Nähe von Saumür an der Loire; gestiftet 1096 von dem Erzpriester Robert von Arbressel (Arbresec) (geb. 1047 † 1125) und mehreren regulierten Chor-

[1]) In Höchst am Main bestand bis zur Säcularisation ein Antoniter-Kloster unter einem Präceptor.

herren, unter dem Namen der „Armen Christi“ zur Wiederherstellung der erschlafften Kirchenzucht, namentlich Beseitigung der Simonie und des Konkubinats unter der Geistlichkeit, päpstlich bestätigt 1106, jedoch vorzugsweise auf Frankreich beschränkt und später in tiefen Verfall geraten.

Charakteristisch zunächst dadurch, dass innerhalb der Ringmauer seiner Niederlassungen vier selbständige Klöster errichtet waren, nämlich erstens für Jungfrauen, zweitens für Krankenpflegerinnen, drittens für Büsserinnen, viertens für die zur Verwaltung des Gottesdienstes erforderlichen Priester, jedoch unter so strenger Scheidung, dass selbst Sterbenden nur in der gemeinschaftlichen Kirche das Sacrament verabreicht werden durfte. Die Oberaufsicht über diese sogen. Doppelklöster resp. die Kongregation führte die Äbtissin von Fontevraud.

In diesen Klöstern herrschte strenge Kirchenzucht, beständiges Schweigen, Verbot des Fleischgenusses, allen Privatbesitzes und sogar der Annahme des Zehnten.

8. Cistercienser.

Stammkloster: Citeaux (Cistercium) bei Dijon an der Grenze zwischen der Champagne und Burgund, Diöcese Chalons; gestiftet 1098 (23. Mai) vom heiligen Robert, Abt des Benedictinerklosters Molesme (geb. 1024 † 1110) zur Herstellung der ursprünglichen Reinheit und Strenge und von Paschalis II. (1099—1118) bestätigt. Es ward auch vom Stifter nicht die Begründung eines neuen Ordens, sondern nur eine Reform der ausgearteten Benedictiner-Klosterzucht beabsichtigt, daher Anfangs Besitz von Kirchen, Zehnten, Mühlen und Landgütern untersagt, später aber wieder nachgelassen, weil widrigenfalls die auch auf Mildthätigkeit und Gastfreiheit gerichteten Zwecke des Ordens nicht hätten erreicht werden können. Doch durfte die Bewirtschaftung derartiger Besitzungen nur durch Laienbrüder besorgt werden.

Die Cisterzienser.

Der Cisterzienser Orden.

Ein seltsam Regel diese führen
  Möchten[1] Einen schier bethören.
Großer Keuschheit sie sich rühmen,
  Damit sie ihr' Schalkheit verblümen.
Zieh'n über'n Rock das Hemde an[2]
  Darunter schwarzen Rock sie han,
Trag'n[3] Bischofsstab und rothe Schuh,
  (Doch) sind sie fromm, stos mich 'ne Kuh.

Lesart: 1) Sie möcht' wohl 2) Das Hemd überm Rock tragens an 3) Ein

Charakteristisch: Predigt, Seelsorge, Bekehrung von Irrgläubigen. Nach Benedicts Vorgang wurden die Klöster nur an unwirtbaren Orten (so z. B. Citeaux in einem mit Gestrüpp und Dornen bewachsenen Thale) errichtet, und deren Gründung stets unter Leitung von 12 Mönchen unter einem Abte ausgeführt.

Gleichwohl vermochte diese berühmteste aller Abzweigungen des Benedictiner-Ordens erst grössere Bedeutung zu erlangen, seit 1103 (nach Anderen 1112) der heilige Bernhard von Clairveaux mit 30 Novizen in das Kloster von Citeaux eingetreten war. 1115 bestanden schon 4 Töchterklöster la Ferté (Firmitas) in der Diöcese Chalons 1115, Pontigny in der Diöcese Auxerre 1114, Morimond 1115 und Clairveaux 1113 in der Diöcese Longres (letzteres in dem wilden Thal, welches Wermutsthal = vallis absinthiatis, seitdem schönes Thal = Clara vallis genannt ward).

Hierzu kamen bis 1119 noch acht weitere. 1152 gab es schon 2000 Cistercienser-Klöster.

Das gegenseitige Verhältnis der sämtlichen, Citeaux unterstehenden, Klöster ward von den Äbten derselben 1115 in einem gemeinschaftlichen Statute = charta caritatis = „Urkunde der Liebe“ genannt, näher bestimmt. Es ist dies das 1215 von Innocenz III. überall eingeführte Grundgesetz des Ordens.

Hiernach regierte sämtliche dazu gehörenden Klöster ein aus dem Abte von Citeaux als Generaloberen, den Äbten jener vier genannten französischen und zwanzig anderen Klöster bestehender hoher Rath, welcher dem, anfangs jährlich, später jedes dritte Jahr, abgehaltenen Generalkapitel der Äbte und Prioren aller Cistercienser-Klöster verantwortlich war, unter unmittelbarer Aufsicht des Papstes.

Die Klöster wurden jährlich visitiert; die Töchterklöster (filiae) von dem Abt von Citeaux (abbas majoris ecclesiae), Citeaux selbst von den genannten vier vornehmsten Äbten. Doch scheint diese Einrichtung gegen Ende des 13. Jahrhunderts zu inneren Streitigkeiten geführt zu haben, welche zunächst Clemens IV. 1265 durch die Bulle „Clementina“ und im 14. Jahrhundert Benedict XII. (1334—1342) durch die Bulle „Benedictina“ zu schlichten suchte.

Bis zur französischen Revolution war der Abt von Citeaux lebenslänglicher Generalabt des Ordens, dem der, aus den genannten vier Äbten der französischen Hauptklöster bestehende Rat zur Seite stand. Von 1793—1815 hatte der Orden keinen General. Erst seit 1855 ist wieder ein solcher mit dem festen Sitze in Rom bestellt (gegenwärtig Don Gregorio Bartolini, Abt von S. Croce in Gerusalemme zu Rom). Dieser General wird nur auf 6 Jahre gewählt. Ein Rat besteht nicht mehr neben ihm.

Da ausserdem jedes Cistercienser-Kloster für sich unabhängig ist, so beschränken sich die Rechte des Generals auf die Bestätigung der von den einzelnen Klöstern gewählten Äbte und Äbtissinnen, sowie auf die Repräsentanz des Ordens beim heiligen Stuhle.

Die einzelnen Klöster stehen unter ihrem eigenen, auf Lebenszeit gewählten Abte, der aus den älteren Mitgliedern des Convents einige Räte mit consultativer Stimme wählt, im Übrigen aber die einzelnen Ämter im Kloster nach eigenem Gutdünken besetzt.

Jedes Kloster hat ein eigenes Noviziat und eigene Güterverwaltung. Der Kandidat, welcher in ein Kloster tritt, legt nur für dieses Kloster ewige Gelübde ab und kann niemals gegen seinen Willen und auch dann nur für eine bestimmte Zeit[1]) in ein anderes Kloster versetzt werden. Dies geschieht bei Neugründung von Klöstern für so lange, bis das neue Kloster aus seinen eigenen Novizen die vorgeschriebene

---

[1]) Im Königreich Preussen bestanden vor der letzten Aufhebung der Klöster mit Ausnahme der Benedictiner von Beuron, nur neuere Kongregationen oder doch nur solche Orden, welche diese Stabilität, d. h. das Gebundensein an ein bestimmtes Kloster ebensowenig, als lebenslängliche Oberen kannten.

Zahl von Conventsmitglieder herangezogen hat. Der Abt des Mutterklosters (d. h. dessen, welches vorläufig Conventsmitglieder zur Gründung des neuen Klosters entsendet hat) ist berechtigt das Tochterkloster einmal jährlich zu visitieren und sich zu überzeugen, ob die Vorschriften des Ordens eingehalten werden. Er nimmt etwaige Klagen gegen den Abt des Tochterklosters entgegen, stellt etwa eingeschlichene Missbräuche ab, leitet die Wahl des neuen Abtes (welcher übrigens das erstemal ernannt wird) und bestätigt denselben.

Ausserdem verbleibt jedem Ordensmitgliede das Recht an den heiligen Vater, beziehungsweise an die congregatio episcoporum et regularium, zu appellieren.

Jedes Kloster, welches die Regel des heiligen Benedict befolgt, wie dies alle Cistercienserklöster thun [1]) ist ein für sich bestehendes Ganze, dessen Hauptzweck die Beschaulichkeit, das Chorgebet und der feierliche Gottesdienst ist. Die Conventsmitglieder enthalten sich grundsätzlich jeder willkürlichen Einmischung in die Seelsorge, suchen sich aber dem Klerus und dem Volke ihrer Umgegend auch dadurch nützlich zu machen, dass sie, soweit dies ohne Beeinträchtigung des pflichtmässigen Gottesdienstes geschehen kann, den benachbarten Pfarrern im Beichtstuhle und auf der Kanzel Aushülfe leisten.

In den Ländern, in welchen die Staatsgesetze dies gestatten, unterhalten die Cistercienser, wie die Benedictiner, höhere Schulen, wie z. B. im Kloster Mehrerau bei Bregenz ein vielbesuchtes Pensionat mit Latein und Realunterricht.

---

[1]) Sie haben mit den Benedictinern dasselbe Brevier, denselben Zweck und dieselben Lebensnormen und unterscheiden sich von diesen fast nur durch die Kleidung, welche bei den Cisterciensern aus einem weissen Habit und schwarzem Scapulier besteht. Von den Cluniacensern unterscheiden sie sich namentlich dadurch, dass sie strenger und ärmlicher lebten, aller Kirchenpracht, selbst den goldenen und silbernen Kreuzen abhold waren; gegen die Bischöfe, freilich nur bis nach dem Tode des heil. Bernhard, sich unterwürfig bezeigten und sich keine Einmischung in die Seelsorge erlaubten.

Heutzutage kommen unter den Cisterciensern zwei Richtungen oder Observanzen vor, nämlich:

1) als eigentliche Cistercienser (communis observantiae), welche mit Bezug auf den Genuss von Fleischspeisen einige päpstliche Dispensen haben und sich auch der Aushilfe in der Seelsorge widmen dürfen;

2) als Trappisten, oder Cistercienser strictioris observantiae, welche sich strenge an die Regel des heiligen Benedict halten, mit dem Studium wenig und mit der Seelsorge gar nicht befassen, dagegen die meiste Zeit der angestrengten Handarbeit widmen.

Beide Observanzen, Cistercienser und Trappisten, haben dieselbe Kleidung, dasselbe Brevier, denselben Chorgesang und auch fast dieselbe Tagesordnung. Während die Cistercienser communis observantiae im deutschen Reiche kein einziges Mannskloster, wohl aber sechs Frauenklöster besitzen, haben die Trappisten eine Abtei zu Ortenburg im Elsass und ein Priorat zu Marienwald in der Eifel. Statuten im eigentlichen Sinne haben die Cistercienser nicht. Sie richten sich lediglich nach der Regel des heiligen Benedict. Die Tradition, welche diese Regel im Sinne der Cistercienser erläutert, ist enthalten im

Rituale Cisterciense
ex libro usuum definitionibus ordinis et ceremoniali
Episcoporum collectum. Parisiis. 1639.

In Frankreich nannten sich die Ordensmitglieder aus Achtung gegen den heiligen Bernhard Bernhardiner, welche man daher nicht als eine besondere Verzweigung des Cistercienser-Ordens ansehen darf.

In Deutschland war das erste Cistercienserkloster das 1122 zu Altkompen gegründete. Zu den berühmtesten Klöstern dieses Ordens gehörte das 1125 zu Altzelle in Sachsen gestiftete.

Reichtum und Unthätigkeit brachten auch diesen mächtigen Orden in Verfall. Viele Klöster gingen schon vor der

Revolution, manche nach derselben teils von selbst ein, teils in andere Hände über. Durch die französische Revolution wurden die Cistercienser auf wenige Klöster in Spanien, Polen, den österreichischen Staaten und in der sächsischen Oberlausitz beschränkt, wo noch 3 Nonnenklöster dieses Ordens (Marienstern, Marienthal) und ein drittes Namens: ? bestehen, endlich noch eine Abtei zu Lichtenthal (im Grossherzogtum Baden) bei Baden-Baden, welche sich hauptsächlich aus dem böhmischen Kloster Ossegg rekrutieren. Im Gebiete der jetzigen preussischen Monarchie gab es deren allein 63. Einige dieser grossen Abteien wurden schon zur Zeit der Reformation, andere im Jahre 1803, die beiden letzten: Oliva bei Danzig und Neuzelle bei Frankfurt a. O. aber lediglich aus finanziellen Gründen nach 1815 aufgehoben.[1])

Wenige Mönchsorden haben eine so starke Verzweigung erfahren, wie derjenige der Cistercienser, worüber man sich bei seiner ausserordentlichen Ausbreitung nicht wundern darf. Wir scheiden dieselben, je nachdem sie sich auf die Thätigkeit gewöhnlicher Mönche beschränkten — blos geistliche Genossenschaften bildeten, — oder auch zur Verteidigung des Glaubens übergingen und dazu obligatorisch, oder nur eventuell das Schwert ergriffen — mit anderen Worten: geistliche Ritterschaften wurden.

A. Verzweigungen geistlicher Genossenschaften.

a) Floriacenser oder Fleurienser.

Stammkloster: Floris oder Flora in Calabrien; gestiftet 1189, von dem neapolitanischen Cistercienser-Abte Joachim von Coruzzo, bestätigt 1196 von Coelestin III.

---

[1]) Zu den berühmtesten der 1803 eingezogenen Cistercienser-Klöster gehörten die grossen Abteien Eberbach im Rheingau und Marienstatt bei Hachenburg. Das Kloster Beuron in Hohenzollern ward erst 1875 aufgehoben.

Charakteristisch: so unbedeutende Abweichungen von der Cistercienser Regel, dass die Klöster dieser Kongregation sich schon im 16. Jahrhundert wieder mit den Cisterciensern vereinigten.

b) Bernhardiner Kongregation

nicht zu verwechseln mit den ebenso genannten französischen Bernhardinern, welche lediglich Cistercienser überhaupt sind.

Stammkloster: Burg Zion zu Verghalia bei Toledo; gestiftet 1446 von dem spanisehen Cistercienser Martin Vengas, welcher sich einen „Verbesserer" nannte und nur die alte strenge Zucht daselbst wieder einführen wollte.

c) Bernhardiner Verbrüderung

entstanden 1497 unter den Cistercienser Klöstern in Toskana und der Lombardei unter dem Schutze Sforza's von Mailand zu demselben Zweck.

d) Verbesserte Bernhardiner oder Feuillanten

eingeführt 1577 zunächst in der Cistercienser-Abtei Feuillant durch deren Abt Jean de la Barrière aus dem Geschlecht Turenne.

Charakteristisch: so strenge Beobachtung der alten Ordensregel und noch verschärftere Observanzen, dass dieselben schon 1597 gemildert werden mussten, obwohl Papst Sixtus V. sie 1586 genehmigt hatte.

Diese Kongregation trcnnte sich 1592 von Citeaux und erhielt einen eigenen General-Vicar, blieb jedoch hauptsächlich auf Italien und Frankreich beschränkt.

e) Übrige französische Cistercienser

1615 Spaltung in Cistercienser strenger und laxer Observanz (siehe oben). Ersteren gehörten an: die „reformierten" Bernhardiner von Orval, la Trappe und Septfonds, die Barfüsser, die Feuillants und die Nonnen von Port royal. General der letzteren war einst der Cardinal Richelieu († 1642).

f) Kongregation von Arragonien

gegründet 1616 mit Genehmigung des Papstes Paul V.

g) Römische Kongregation

1623 von Papst Gregor XV. veranlasste Vereinigung der römischen und neapolitanischen Klöster.

h) Kongregation des heiligen Bernhard von Calabrien

1633 von Papst Urban VIII. bestätigt, jedoch gleichwie f. g. fortwährend Citeaux unterworfen und verpflichtet das dortige Generalkapitel zu beschicken.

Eine wesentliche Abweichung von der ursprünglichen Cistercienser- (resp. Benedictiner) Regel in diesen verschiedenen Kongregationen bestand eigentlich nicht, wenn man die überstrengen Feuillanten ausnimmt. Es scheinen mehr örtliche und nationale Verhältnisse die Trennung vom Hauptorden veranlasst zu haben.

Bei allen besteht die Kleidung aus einem weissen Gewande mit schwarzem Scapulier, schwarzer Kapuze und schwarzem wollenen Gürtel. Da sie auf Reisen graue Mäntel und Kutten trugen, nannte man sie auch „graue Mönche“ oder schlechtweg „die Grauen“.

Für die Wissenschaften haben die Cistercienser zwar weniger geleistet, als die Benedictiner, aus denen sie hervorgingen, desto mehr aber gewirkt im thätigen Leben und in der Seelsorge, durch Predigten und in Bekämpfung der Irrgläubigen. Sie bildeten den verbreitetsten, mächtigsten und einflussreichsten aller Mönchsorden, aus welchen, mit Ausnahme des Johanniter-Ordens und des Ordens von St. Jago, alle geistlichen Ritterorden hervorgegangen sind.

Dessen Schutzpatron war die heilige Jungfrau Maria.

B. Verzweigungen geistlicher Ritterorden.

a) Templer (Tempelherren). Arme Streiter Christi und des Tempels Salomonis, Brüder der Ritterschaft vom Tempel,

gestiftet 1118 zu Jerusalem von neun französischen Rittern (Waffengefährten Gottfrieds von Bouillon) in dem ihnen teilweise von Balduin II. überlassenen Palaste, welcher an die Mauer des Salomonischen Tempels stiess, (woher der Name); um „zur Ehre der süssen Mutter Gottes“ Mönchtum und Rittertum zu verbinden; 1128 auf dem Concil zu Troyes anerkannt und mit Statuten versehen, an deren Ausarbeitung auch der heilige Bernhard von Clairvaux Anteil nahm. Diese Statuten sind seitdem durch mancherlei Zusätze vervollständigt. Es liegt ihnen aber die Regel der Benedictiner in der von den Cisterciensern beliebten Abweichung zu Grunde.

Papst Honorius II. (1124—30) hat den Orden bestätigt und dessen dem Cistercienser-Orden entlehnte weisse Kleidung angeordnet, wozu Papst Eugen VII. 1146 das rote Kreuz auf der Brust hinzufügte.[1])

Charakteristisch ist die ausser den drei Mönchsgelübden eidlich übernommene Verpflichtung:

> „im Kampf für das heilige Land ihr Leben daran zu setzen, die Pilger, denen auf den unsicheren Wegen durch Saracenen oder Strassenräuber vielfache Gefahren drohten, nach den heiligen Stätten zu geleiten und gegen Überfall zu schützen.“

Waren die Templer anfangs wirklich so arm,[2]) dass sie zu ihrem Unterhalt um Almosen bitten mussten, so erwarben sie schon in wenig Jahren durch Geschenke so ungeheure Reichtümer, dass diese kaum fünfzig Jahre nach der Stiftung des Ordens allgemeinen Neid erregten. Allein im Königreich

---

[1]) Als Zeichen der Keuschheit trugen die Ordensritter ausserdem einen Gürtel von leinenen Fäden. Ihre Geistlichen hatten weisse, die Servienten schwarze und graue Kleidung. Die Ritter trugen über ihren Rüstungen einen weissleinenen Mantel mit einem achteckigen roten Kreuze, weil sie ihr Blut im Dienst der Kirche vergiessen sollten.

[2]) An diese ursprüngliche Armut erinnert das Ordenssiegel, welches zwei Ritter auf einem Pferde reitend, darstellt. Es sollen dies die beiden ersten Vorsteher des Ordens Hugo Payen und Gottfried von St. Omer sein, welche so arm waren, dass sie gemeinschaftlich nur ein Pferd besassen. Andere wollen diese Darstellung als Ausdruck der brüderlichen Einigkeit deuten, welche die Ordensmitglieder beseligen solle.

Der Tempelherr.

Templer.

Die Tempel Herren.

Papst Niclas zwo Bullen sand
  Fürsten und Herren in alle Land.
Ein' Bull' gebot bei Seligkeit,
  Der andern nicht zu wissen Bescheid. —
Ehe denn auf ein' bestimmten Tag
  Da erschlug man sie all' — war große Klag!
Noch heut bei Tag mehr keiner ist, —
  Schwarz' Röck' ihr Kleidung gewesen ist.

*) Im J. Chr.

Jerusalem waren ihre Besitzungen so gross, dass sie dieselben in die drei Provinzen: Jerusalem, Tripolis und Antiochien teilen mussten. Überall errichteten sie Burgen zum Schutz gegen die Ungläubigen. Davon soll das auf einem schroffen Vorsprunge des Berges Carmel belegene „Pilgerschloss“ die stärkste gewesen sein.

Da die Mehrzahl der Ritter aus Franzosen bestand, hatten sie auch in Frankreich durch Schenkungen die meisten Reichtümer erworben, sodass ihr „Temple“ benannter Palast in Paris, den Mittelpunkt des Ordens in Europa bildete, wo er in 15 Provinzen geteilt war.

Nicht viel geringeres Ansehen genoss derselbe in Spanien und Portugal, wo die beständigen Kämpfe mit den Mauren ihm hinreichend Gelegenheit boten, seine Tapferkeit zu beweisen. Doch auch in fast allen übrigen europäischen Ländern hatte er reiche Besitzungen. Wenn auch die Angabe, dass seine jährlichen Einkünfte 54 Millionen francs betragen, übertrieben sein mag, so kann dieselbe doch als ungefährer Massstab seines mutmasslichen Vermögens gelten.

Dieses Vermögen, welches den Orden hätte verpflichten sollen, der Menschheit unbegrenzte Wohlthaten zu erweisen gereichte ihm zum Verderben und zwar in doppelter Weise. Es verleitete ihn zu ungezügeltem Hochmut und Ehrgeiz und als der eigentliche Ordenszweck: Krieg gegen die Ungläubigen zu führen durch den Verlust des heiligen Landes und Überwindung der Mauren in Spanien, hinfällig geworden war, ergaben die Ritter sich einem masslosen Wohlleben, einer Üppigkeit und Prachtliebe, welche die Fürsten jener Zeit weitaus in Schatten setzte. Es liegt jetzt wohl ausser Zweifel, dass die Templer die Absicht hatten, ein weltliches Reich mit hierarchisch aristokratischer Verfassung zu gründen, und — nachdem ihnen dies auf Cypern misslungen war, ihre Blicke auf Frankreich gerichtet hatten. Zu dem Neide und der Eifersucht, welche alle Fürsten mit ihm teilten, kam daher auch insbesondere für den König von Frankreich die Pflicht der Selbsterhaltung hinzu. Solange die Templer sich aber hochverräterischer Angriffe enthielten, war ihnen auf diese Weise nicht beizukommen. König Philipp der Schöne griff daher zu dem Mittel, sie der Götzendienerei und gemeiner Verbrechen zu bezüchtigen, dann aber als Ankläger und Richter zugleich ein Urteil an ihnen zu vollziehen, als wenn sie aller jener Verbrechen bereits überführt wären. Gelangten doch dadurch gleichzeitig alle ihre Reichtümer in seine Hand und trugen nicht wenig dazu bei, Frankreich gross und stark zu machen.

Der Gewaltstreich, welcher zu diesem Ende geführt ward, bestand zunächst in der am 13. Oktober 1307 vollzogenen Verhaftung aller in Frankreich anwesenden Templer. Zwar protestierte hiergegen feierlichst der in Avignon residierende Papst Clemens V., aber schon am 12. August 1308 genehmigte derselbe die Einleitung des Prozesses wider die Templer. Am 16. Oktober 1311 sprach das Concil zu Vienne und am 3. April 1312 der Papst, die Aufhebung des Ordens aus, welche am 6. Mai 1312 durch eine päpstliche Bulle (Clemens V.) öffentlich verkündet ward. Der Ausgang des gegen die Templer in Frankreich geführten peinlichen Verfahrens ist bekannt. In den übrigen europäischen Ländern liess man ihre Personen zwar intact, säcularisierte aber ihre sämtlichen Güter und überwies dieselben grösstenteils dem Johanniterorden, dem sich auch viele Ordensmitglieder demnächst anschlossen.

Abgesehen davon, ob die den Templern zur Last gelegten besonderen Verbrechen zur Evidenz bewiesen waren, oder nur dafür galten, lag für die Kirche hinreichende Veranlassung vor, den Orden aufzuheben, da sie jedenfalls die Mönchsgelübde, Armut, Keuschheit und Gehorsam, an welche sie auch nach ihrer veränderten Lebenslage gebunden blieben, längst ausser Acht gelassen hatten. Sie schwelgten in Reichtümern, führten offenkundig ein aller Ehrbarkeit Hohn bietendes Leben, und gehorchten wohl ihren Oberen, aber nicht mehr den Weisungen des höchsten Kirchenoberhauptes. Sie hatten demnach aufgehört, Stützen der Kirche zu sein, waren vielmehr faktisch und grundsätzlich deren Nebenbuhler geworden.

Die innere Ordnung des Ordens betreffend, stand an dessen Spitze ein Grossmeister mit fürstlichem Range, ihm zur Seite fünf höchste Würdenträger:

der Seneschall, als sein Vertreter,
der Marschall, als Feldherr,
der Schatzmeister,
der Drapier, zur Beaufsichtigung der Kleidungsstücke,
der Turkopolier, zur Führung der leichten Reiterei, oder der Knappen-Turkopalen.

Den einzelnen Ordensprovinzen standen Grossprioren, den einzelnen Häusern, je nach ihrer Bedeutung, Baillifs, Prioren und Komthure vor.

Die höchste ausführende Gewalt lag zwar in den Händen des Grossmeisters, über diesem stand aber das Generalkapitel, welchem sämtliche Ordens-Oberen und einige berufene Ritter angehörten. In gewöhnlichen Fällen ward dasselbe vom Kapitel zu Jerusalem vertreten, während die grossen Ordenshäuser ihre Angelegenheiten durch die eigenen Kapitel erledigten.

Ein Noviziat gab es bei den Templern nicht; aber die Macht und das Ansehen derselben bewogen viele Leute beiderlei Geschlechts als Affiliirte, Donaten und Oblaten in ein Verhältnis zu dem Orden zu treten. Sie wurden eingeteilt in frères servants d'armes (Brüder Wappner) und frères servants mestiers (Brüder Handwerker). Durch diese Affiliirten gewann der Orden nicht nur einen grossen Teil seiner Reichtümer, sondern auch vorherrschenden Einfluss in allen Kreisen des bürgerlichen Lebens.

Die 1312 erfolgte Aufhebung des Templerordens ward indes nur dem Namen nach eine vollständige. König Dyonys von Portugal (1279—1323), welcher sich den Templern verpflichtet fühlte, hatte denselben nämlich einen Teil ihrer Besitzungen belassen und 1317 unter dem Namen

Christus-Orden

eine Fortsetzung des Tempelherren-Ordens für Portugal begründet. Papst Johann XXII erteilte dieser Anordnung mit dem Vorbehalt seine Bestätigung, dass in Zukunft auch die Päpste berechtigt sein sollten, Ritter in diesen Orden aufzunehmen. Dadurch entstand der höchste päpstliche Verdienstorden dieses Namens; während der Orden in Portugal auch weltlich zu so grosser Macht gelangte, dass auf Wunsch des Königs Johann III. der Papst Hadrian VIII. 1550 das Grossmeistertum mit der portugiesischen Krone vereinigte. 1789 wurde der Orden aber auch dort säcularisiert und in einen dreiklassigen Militär- und Civil-Verdienstorden umgewandelt.

b) Alcantara-Ritter

gestiftet 1156 im Königreiche Castilien, nach dem Muster des Tempelherren-Orden, von den Rittern Suero und Gomez Fernando Barrientos von Salamanca und dem Einsiedler Amandus, welche ein Grenz-Castell mit dem Namen „San Juan de Pereiro" (= vom Birnbaum) erbauten,

„beständigen Kampf gegen die Saracenen"

gelobten und mit gleichgesinnten Männern eine Waffenverbrüderung schlossen, die Anfangs nach jener Burg benannt wurde. Diese Waffenverbrüderung erhob, nach einigen Papst Cölestin III. 1197, nach anderen Papst Alexander am 29. Dezember 1177 zu einem

geistlichen Ritterorden

unter der Regel des heiligen Benedict nach der Verbesserung der Cistercienser unter der Verpflichtung

„den christlichen Glauben zu verteidigen und stets gegen die Ungläubigen zu kämpfen".

Nachdem König Alphons IX. ihnen 1218 die neu eroberte Stadt Alcantara geschenkt hatte, verlegten sie dorthin ihre Residenz und nannten sich seit 1219

Ritter von Alcantara.

Mit dem von ihnen ausserdem abgelegten Klostergelübde ward es nicht zu genau genommen. 1484 erhielten sie die Erlaubnis, sich einmal zu verheiraten. Durch zahlreiche Schenkungen und die den Mauren abgenommene Beute war der Orden zu grossen Reichtümern gelangt, welche ihm hauptsächlich dadurch erhalten blieben, dass Papst Alexander VI. 1492 die Grossmeisterwürde mit der spanischen Krone verband. Wenn ihm daher auch Napoleon's Bruder, König Josef I., 1808 die Einkünfte derselben entzog, so gab Ferdinand III. ihm dieselben doch 1814 teilweise wieder zurück. Die späteren Revolutionen in Spanien führten 1835 die Auflösung dieses Ordens herbei. Unter der Königin Isabella und König Amadeus bestand der Alcantara-Orden nur als militärischer Verdienstorden, 1873 wurde er unter der Republik aufgehoben, 1875 aber von Alphons XII. von neuem wiederhergestellt.

Seinem ursprünglichen Zweck hatte er schon seit Vertreibung der Mauren aus Spanien nicht mehr entsprochen; um eine neue zeitgemässe Thätigkeit aufzunehmen, schien er so wenig wie der Templerorden nach Lösung seiner Hauptaufgabe Lust oder Kraft zu haben. Einst erwarb er sich allerdings grosse Verdienste um Befestigung und Verbreitung der christlichen Herrschaft auf der pyrenäischen Halbinsel.

Die Ordenstracht war gleichfalls den Cisterciensern entnommen. Sie bestand in einem weissen Waffenrock mit einem schwarzen Pilgerkragen mit Kapuze und langem schwarzen Scapulier. An Stelle der beiden letzten Stücke trat 1441 ein grünes Lilienkreuz an grünem Bande.

Das Ordens-Wappen: ein Birnbaum (Pereiro) mit zwei Balken, erinnert an den Ausgang des Ordens von der Brüderschaft St. Julian del Pereiro.

c) Calatrava-Ritter

gestiftet 1158 im Königreich Castilien von dem Cistercienser-Abte Raymond von Filero und dem Mönche Diego Velasquez.

Diese hatten es übernommen, mit einer zahlreichen Schar gleichgesinnter tapferer Glaubenshelden, die 1157 von den Templern verlassene (ihnen 1146 von König Alfons VIII. von Castilien zur Verteidigung gegen die Mauren anvertraute) castilische Grenzfestung Calatrava gegen ein mächtiges saracenisches Heer zu verteidigen und darauf die von ihnen gerettete Burg von König Sancho III. (1157—1158) „zu Lehen" erhalten.

„Zum Andenken an diese Heldenthat und zum weiteren beständigen Kampfe gegen die Ungläubigen"

errichteten sie 1158 den genannten Ritterorden.

Als sie 1197 diese Burg an die Mauren verloren, zogen sie sich nach Salvatierra zurück und nannten sich so lange

„Ritter von Salvatierra"

bis sie 1210, nach Wiedereroberung der Burg von Calatrava, den alten Namen wieder annahmen.

Danach bildeten die Mönche des Klosters Titero mit ihrem Abte als Grossmeister den Kern der ersten Ritter von Calatrava, deren Orden Papst Alexander III. 1164 bestätigte.

Mit einigen Abweichungen lebten sie nach der Cistercienser-Regel, gestatteten sich nur dreimal wöchentlich den Genuss von Fleisch, beobachteten meist tiefes Stillschweigen und durften ihr Schwert niemals ablegen, um jederzeit zum Kampfe gerüstet zu sein. Im Laufe der Zeit erlitten ihre Statuten indes manche Veränderung.

Der Orden sank später durch Zwiespalt in seinem Inneren und anmassendes Betragen allmählich so sehr, dass Papst Innocenz VIII. 1489 die Grossmeisterwürde mit der Krone Spaniens vereinigte, was Hadrian VI. 1523 in der Weise wiederholte, dass er dieselbe (zugleich mit der von Alcantara und St. Jago) Kaiser Karl V. übertrug.

Nachdem der Zweck des Ordens gegen die Mohammedaner zu kämpfen gegenstandslos geworden war, übernahm der Orden die Verpflichtung

„die unbefleckte Empfängnis Mariä zu verteidigen".

Nach dem 16. Jahrhundert konnten die Ritter von dem Gelübde der Ehelosigkeit entbunden werden. Seit 1540 war es ihnen geradezu gestattet, sich einmal zu verheiraten.

Seit 1219 hatte der Orden auch Komthureien für Klosterfrauen, welche vor der Aufnahme eine Adelsprobe ablegen mussten, jetzt aber überall säcularisiert sind. 1808 ist der Orden in einen Verdienstorden umgewandelt worden.

Ordenskleid war ein weisser Mantel mit einem roten lilienförmigen Kreuz auf der linken Seite.

Die gegenwärtige Ordensdekoration besteht aus einem viereckigen Schilde, welches mit einem rotemaillierten Lilienkreuze belegt ist und an einem roten Band um den Hals getragen wird.

d) St. Benoit d'Avis Ritter — Ritter von Evora

gestiftet 1162 als Ritterorden unter Papst Alexander III. Dieser Orden ging hervor aus einer schon seit 1143 mit Genehmigung des ersten Königs von Portugal Alfonso Henriquez bestehenden Waffenbrüderschaft, welche sich nova militia (neue Ritterschaft) nannte und 1162 von Papst Alexander III. in einen geistlichen Ritterorden nach der von den Cisterciensern verbesserten Benedictiner-Regel umgewandelt und mit Statuten versehen ward.

Als der König 1166 den Saracenen die Stadt Evora abgenommen und dem Orden zur Verteidigung anvertraut hatte, verlegten die Ritter ihren Sitz dahin und nannten sich

Ritter von Evora,

während sie den Halbbruder des Königs Pedro zu ihrem ersten Grossmeister wählten. Den Namen

Ritter von St. Benoit d'Avis

nahmen sie erst an, als König Alfons II. ihnen 1187, nach Anderen 1211, die Stadt Avis geschenkt hatte, welche sie darauf zu ihrem Hauptsitz machten und befestigten. 1235 vereinigten sie sich mit dem Calatrava-Orden und stellten sich unter die Oberaufsicht seines Grossmeisters. Obwohl sie unter dessen Autorität einen eigenen Grossmeister beibehielten, wurden sie vielfach für den portugiesischen Zweig des Calatrava-Ordens angesehen und auch häufig damit verwechselt, um so mehr, als ihre Kleidung die nämliche war und das gleichmässig von ihnen getragene obwohl grüne Lilienkreuz sich nur bei den beiden höchsten Klassen (den Grosskreuzen) durch ein aufgelegtes rotes Herz unterschied. Eine formelle Trennung fand indes 1385 wieder statt, als König Johann I. den Avisorden für Portugal in Anspruch nahm und sich zu dessen selbständigem Grossmeister erklärte. Hierdurch kam es zu einem langen Streit zwischen den beiden Ritterorden, den zwar das Baseler Concil (1431—43) zu Gunsten des Calatrava-Ordens entschied, ohne dass dieser jedoch jemals wieder zu seinem alten Rechte gelangen konnte.

Die Königin Maria von Portugal verwandelte den geistlichen Ritterorden von Avis 1789 in einen weltlichen Militär-Verdienstorden von drei Klassen.

Nach den ursprünglichen Statuten waren die Ritter von Avis, ausser zu den gewöhnlichen Klostergelübden,

„zum beständigen Kampf gegen die Ungläubigen"

verpflichtet, erhielten aber gleich den Rittern von Alcantara und Calatrava später die Erlaubnis sich einmal zu verheiraten.

Als die Zahl der Ordensglieder mit dessen zunehmenden Reichtümern sich in dem umgekehrten Verhältnisse vermehrte, als die Gelegenheit, gegen die Saracenen sich auszuzeichnen seltener ward, teilte der Orden sich in Brüder, die ins Feld zogen und solche, die zu Hause den Chordienst verrichteten.

Mit dem Zweck fiel die Bedeutung dieses Ordens und nur durch seine Umwandelung in einen weltlichen Orden konnte er wenigstens dem Namen nach erhalten werden.

e) Deutsch-Ordens-Ritter — Deutsch-Herren — Kreuzherren

Ritter des Marianischen Ordens des deutschen Hauses Unserer lieben Frau zu Jerusalem — Marianer

gestiftet 1190.

Der Ursprung dieses Ordens fällt in die Zeit der ersten Kreuzzüge, während seine förmliche Stiftung erst 91 Jahre später erfolgte. Nach der Eroberung Jerusalems 1099 kam eine grosse Zahl deutscher Pilger nach Palästina, welche schon dadurch, dass sie mit der Landessprache nicht bekannt waren, vielfach in Not gerieten. Ein angesehener, dort ansässiger, Deutscher nahm viele derselben bei sich auf, sodass sein Haus allmählich zu Herberge und Spital ward für arme und kranke Deutsche, zumal seine Ehefrau ebenso mitleidig und hilfreich war, wie er selbst. Neben dieses Spital baute er eine der heiligen Jungfrau Maria geweihte Kirche. Als aber trotz seines Reichtums seine Mittel nicht ausreichten, dem zunehmenden Andrang Armer und Kranker zu genügen, gingen ihm hierfür von allen Seiten milde Beiträge zu. Ja, viele Deutsche begnügten sich hiermit nicht; sondern widmeten sich selbst der Pflege im neuen Spital. Hieraus entstand allmählich eine freiwillige Genossenschaft, welche sich

Deutsche Spitalbrüder bei der St. Marienkirche
zu Jerusalem

nannte, klösterliche Gelübde ablegte und stillen Segen um sich ausbreitete.

Die Wiedereroberung Jerusalems durch Saladin um 1187 mochte jene Brüder zerstreut, das Spital beseitigt haben, aber in Deutschland lebte die Erinnerung daran fort. Hatten doch viele Deutsche diesem Spitale, jenen frommen Samaritern Leben und Gesundheit zu verdanken gehabt. Als daher während der Belagerung Accon's (St. Jean d'Acre-Ptolemais) in dem zur Befreiung des heiligen Landes herbeigeeilten Kreuzheere Mangel und Krankheit viele dahinraffte, riefen einige Pilger aus Bremen und Lübeck, welche mit dem Grafen Adolf von Ho stein (dem Schauenburger) dort angekommen waren, jene alte Wohlthätigkeits-Anstalt dadurch gleichsam wieder ins Leben, dass sie aus den Segeln ihres Schiffes ein grosses Zelt aufschlugen und dieses zu einem Spital für kranke deutsche Landsleute einrichteten, deren Pflege sie selbst übernahmen.

Der deutsche Heerführer, Herzog Friedrich von Schwaben (der Hohenstaufe, zweiter Sohn Friedrich Barbarossa's und jüngerer Bruder Kaiser Heinrich's VI.) und seine Ritter wurden dadurch angeregt, es ihnen nachzuthun. Eingedenk des Beispiels jener Brüder vom St. Maria-Spital zu Jerusalem, beschlossen sie einen

Orden deutscher Ritter

zu stiften, welche nicht nur, den Tempelherren gleich, für die Pilger kämpfen, sondern auch, wie die Johanniter und jene deutschen Spitalbrüder, dieselben pflegen sollten.

Dies geschah gegen Ende des Jahres 1190. Da der Bruder des Stifters Kaiser war, so trug Papst Cölestin III. (1191—98) kein Bedenken, dem neuen Orden am 22 Februar 1192 seine Bestätigung zu erteilen.

Aus dem Gezelt von Segeltuch war inzwischen ein Spital hervorgegangen, welches die Bürger der genannten beiden Reichsstädte der Rittergenossenschaft übergeben hatten. Deren erster Ordensmeister war

Heinrich Walpot von Bassenheim.

Aus der allgemeinen Teilnahme für diese segensreiche Stiftung erklärt sich das rasche Anwachsen ihrer Reichtümer, sodass schon zu Walpots Zeit (1197) Ordenshäuser in Barletta und Palermo hatten errichtet werden können. Nach der Einnahme von Accon hatte Walpot dort Grundeigentum erworben und auf diesem Spital, Kirche und Wohnungen für Ordensmitglieder erbaut, das Ganze aber durch feste Mauern und Türme geschützt.

Zweiter Ordensmeister war Otto von Kerpen, dritter Hermann Barth, vierter jener berühmte

Hermann von Salza,

welcher die Ordensherrschaft in Preussen begründete.

Kaiser Friedrich II. verlieh den Ordensmeistern die Reichsfürstenwürde und 1226 bei Bestätigung des Besitzes vom Lande Culm und von dem in „Preussen“ zu erwerbenden Gebiet

„über die preussischen Besitzungen“

alle Macht und Berechtigung, wie sie ein Reichsfürst über sein Land ausüben kann. Erst die wirkliche Besitzergreifung dieses Landes jedoch verlieh dem Orden eine entschieden politische Bedeutung.

Im Anfange des 13. Jahrhunderts herrschten die beiden Söhne des Herzogs Casimir II. (Leszek oder Lesko Bialy 1206—1227 und Konrad I. 1210—1247) über (Klein-) Polen. Dem jüngeren, Konrad, war der nördliche Teil von Massovien, die Kujowina und das verödete Culmer Land, dem älteren, Leszek, Krakau mit dem südlichen Teile des Landes zugefallen.

Nördlich von Polen lag das Land „Preussen“.

In Konrad's Gebiet lebte der Bischof Christian vom Cistercienser-Orden, dem Papst Innocenz III. (1198—1216) Preussen als Bistum zugewiesen hatte. Als nun die heidnischen Preussen die dortigen Christen überfielen und auch in das Gebiet des Herzogs Konrad drangen, der dort domizilierte Schwertbrüder-Orden aber nicht stark genug war, dieselben zurückzudrängen, rief Herzog Konrad auf Rat jenes Bischofs um 1226 die Deutsch-Ordens-Ritter ins Land, und bot deren Meister Hermann von Salza als Preis das Culmer Land als Ordenssitz an. Mit Genehmigung des Papstes und Kaisers ward dies Anerbieten angenommen und 1230 die Besitzurkunde[1]) darüber ausgestellt. Diese umfasste „das Land Culm, das Gebiet von Löben und alles, was in dortiger Gegend „den Ungläubigen“ (hier für Heiden, sonst für Mohammedaner) entrissen werden würde.“

Darauf erst sandte der Ordensmeister Hermann von Salza den von ihm zum

„Landmeister von Preussen“

ernannten Hermann Balk mit Ordensrittern und Knappen ins Land, um die Eroberung von Preussen vorzubereiten. 1232 erschien Hermann von Salza selbst, um zunächst das städtische Gemeinwesen im Ordensgebiet zu ordnen. Bei dieser Gelegenheit verliehen er und Balk den Städten Thorn und Culm wichtige Privilegien, (Culmer Handfeste vom 28. Dezember 1232)

---

[1]) **Standke**, Deutsche Geschichte I S. 500 giebt dafür 23. April 1228 und für die wirkliche Besitzergreifung das Jahr 1230 an.

welche die Grundlage wurden für die Rechtsverhältnisse der Deutschen in Preussen.[1])

Nun erstanden auch die Städte Marienwerder, Rhoden, Elbing, Bartenstein, Braunsberg und Heilsberg.

Eine Niederlage, welche die livländischen Schwertbrüder inzwischen durch die heidnischen Livländer erlitten, veranlasste diese, sich 1237 mit dem Deutsch-Orden zu vereinigen. Hierdurch kam auch Livland an diesen und ward ebenfalls dem Landmeister Hermann Balk untergeben.

Ausserdem hatten aber die Deutsch-Ritter mit Hülfe der starken Zuzüge aus den Kreuzfahrerheeren schon 1249 fast ganz Preussen unter ihre Herrschaft gebracht.

Dort erbauten sie am Ausflusse des Pregel in das Frische Haff im eroberten Samlande eine Veste (Trutzburg), welche sie zu Ehren des Königs Ottokar von Böhmen „Königsberg“ nannten. Nun herrschte ihr Landmeister, unter kaiserlicher Oberhoheit, von der Mündung der Weichsel bis zur Mündung des curischen Haffs.

Noch aber weilte der Ordens- oder Hochmeister fern von diesem Mittelpunkte ihrer kriegerischen Wirksamkeit. Er machte noch Gebrauch von dem politisch hochwichtigen Rechte, in Begleitung von drei Rittern am kaiserlichen Hoflager ständigen Aufenthalt zu nehmen. Doch galt, nach Verlust aller morgenländischen Besitzungen, das seit 1258 in Venedig bestehende Ordenshaus als Hauptsitz des Ordens.

Erst Sigfried von Feuchtwangen verlegte 1309 seinen Sitz nach der Marienburg, welche schon 1276 nach Bezwingung von Pogofonien als Ordensburg erstanden und von 1306—9 mit einer Hochburg versehen war.[2])

---

[1]) In das neue Gesetz sind aufgenommen: 1. das Magdeburger Stadtrecht, 2. das vlämische Ackerrecht, 3. das schlesische Bergrecht für Goldgruben, 4. das freiburgische Bergrecht für Silbergruben.

[2]) Von 1335—1341 ward die ursprüngliche alte Vorburg erweitert und befestigt. Die Hoch- oder Mittelburg erhielt so starke Werke, dass die Marienburg für das festeste Bollwerk des Ordens galt. Um die Marien-

Gleichzeitig hob er die Würde eines Landmeisters (= Regenten) auf und nahm die Regierung selbst in die Hand. Von nun an ward diese mächtige Burg der Ausgangspunkt aller Unternehmungen der Deutsch-Ritter, welche ihre ganze Kraft dafür anstrengten, das Gebiet des Ordens zu vergrössern und die eroberten Besitzungen sich zu erhalten.

Zwar fehlte es dem Orden auch seitdem nicht an Zuzug vieler tapferer Männer, gleichwohl aber wuchs die Zahl der Ritter nicht im Verhältnis zu der grossen Ausdehnung ihres Besitzes, zumal dieselben durch die endlosen, wenn auch meist siegreichen, Kriege mit Polen und Litthauen beständige Verluste erlitten. So erfochten die Ordensritter 1370 unter Winrich von Kniprode zu Rudau einen glänzenden Sieg über die Litthauer, Russen und Tartaren, welche mit 70000 Mann einem 40000 Mann starken Ordensheere gegenüberstanden. Tausende aber hatte das Ordensheer dabei verloren und darunter über 200 Ritter. Dieser glückliche Ausgang bewirkte zeitweilig zwar stärkeren Zuzug von Aussen, sodass das Ordensheer unter dem Hochmeister Ulrich von Jungingen (1407—10) wieder auf 83000 Mann herangewachsen war, letzterem konnte aber der König Jagiello von Polen und dessen Bundesgenosse Grossfürst Witowd von Litthauen, 160000 Mann Streiter gegenüberstellen, und so erlitt das Ordensheer in der Schlacht von Tannenberg am 15. Juli 1410 eine furchtbare Niederlage. Dabei verlor es an Toten 40000 Mann, darunter

burg fanden daher auch in der ersten Hälfte des 15. Jahrhunderts die furchtbarsten Kämpfe Polens mit dem Orden statt. Am 6. Juni 1457 zogen die Polen in dieselbe ein. Alle Bemühungen der dabei gelegenen Stadt gleichen Namens, sie zurückzuerobern, waren erfolglos. 1772 kam die alte Burg im Vertragswege wieder an Preussen. Lange Jahre blieb sie jedoch unbeachtet und diente sogar als Kornspeicher. Von 1817—20 liess der damalige Kronprinz, als König Friedrich Wilhelm IV. sie mit Hülfe der Stadt restaurieren und seitdem hat Preussen sich bemüht, sie auch in ihrer inneren Ausschmückung wieder herzustellen. Erbaut ward die Marienburg 1274—75 unter Hartman von Heldrungen, 1276 wird sie zum erstenmale als eine Ordensburg genannt.

600 Ritter und fast alle Würdenträger, mit Einschluss des Hochmeisters, an Gefangenen 15000 Mann und viele Ritter. Zahlreiche Festungen und Städte öffneten den Siegern die Thore. Nur die Marienburg ward, unerachtet einer achtwöchigen Belagerung, durch den Komthur von Schwetz, Heinrich von Plauen, erfolgreich verteidigt.

Von nun an ging der Orden unaufhaltsam seinem Untergange entgegen. Hierzu trug, abgesehen von dem unglücklichen Ausgange der Schlacht von Tannenberg, zunächst und vor allen anderen Ursachen, der Umstand bei, dass der Polenkönig Jagiello 1386 sich hatte taufen lassen und das Christentum Staatsreligion seines Landes geworden war. Dadurch war den Ordensrittern der Vorwand entzogen, der Christianisierung wegen sogenannte Reisen, oder Heidenfahrten, in dasselbe zu machen. Es ging damit für manche kühne Abenteurer der Reiz verloren, sich dem Orden anzuschliessen, und so hörten auch die bisherigen Ergänzungen der in den Kriegen erlittenen Verluste von selbst auf. Die Hauptthätigkeit des Ordens nach aussen ward dadurch lahm gelegt und eine Art Erschlaffung trat an die Stelle seiner früheren Rührigkeit. Allerdings nahmen dessen Kulturzwecke noch immer einen Teil seiner Zeit in Anspruch, den vorzugsweise kriegslustigen Ordensrittern konnte aber deren Verfolgung keine genügende Beschäftigung sein. Der Orden verfiel daher einerseits in ein schwelgerisches Leben, andererseits in innere Spaltungen, weil selbstverständlich auch die strenge Zucht nachgelassen hatte.

Unter günstigeren Verhältnissen wäre der energische Heinrich von Plauen auch wohl der Mann gewesen, den Orden zu regenerieren. An gutem Willen dazu fehlte es dem tapferen Verteidiger der Marienburg jedenfalls nicht, als man ihn aus Dankbarkeit für seine heldenmütige Führung zum Hochmeister wählte. Es war aber zu spät. Die Ritter hatten längst die Weihe höherer Begeisterung, das Bewusstsein ihrer Pflicht, das Verständnis ihrer verzweifelten Lage verloren. Nur durch grosse Opferwilligkeit in jeder Richtung hätte der Orden erhalten werden können. Dazu war aber niemand bereit. Durch den Krieg waren die finanziellen Kräfte des Ordens auf das Äusserste erschöpft. Hatte man doch längere Zeit hindurch 14000 ungarische Gulden täglich an Sold zahlen müssen und war dadurch genötigt worden, den Abschluss des Friedens mit Polen zu beschleunigen. Dies konnte nur mit neuen Geldopfern erreicht werden. Am 1. Februar 1411 ward die Friedensnote vollzogen, wodurch der Orden zwar wieder in den Besitz der meisten ihm von den Polen abgenommenen festen Plätze und Burgen gelangte, aber so verarmte, dass er seine Bedürfnisse nicht zu decken vermochte.

Dies zwang den Hochmeister im Ordenslande Steuern einzuführen, von deren Erlegung nicht einmal die Klostergeistlichkeit befreit blieb. Dies erregte eine so weitgehende Unzufriedenheit, dass sogar einige Ordens-Komthure den Beschluss fassten, den Hochmeister zu vergiften. Die Verschwörung ward entdeckt und den Zeitverhältnissen nach vielleicht zu strenge bestraft. Indes auch in den entfernteren Balleien ward die Steuerlast so schwer empfunden, dass viele Ritter durch Übertritt in andere Orden sich davon zu befreien suchten.

In dieser Not wandte der Hochmeister sich an die Hansastädte und die Fürsten Europas, indem er dieselbe als eine Gefahr für die ganze Christenheit darstellte. Kaiser Sigismund erkannte dies an und schloss daher im Jahre 1412 einen Schutzvertrag mit dem Orden. Hierdurch wurden die Polen von direkten Angriffen zwar einigermassen abgeschreckt, die Ordenskassen aber so wenig gefüllt, als die feindselige Spannung zwischen dem Orden und Polen gehoben.

Nach wie vor mussten die Ordenshäuser Gold, Silber und andere Kostbarkeiten nach der Marienburg senden. Dass hierdurch die Unzufriedenheit beständig wuchs, konnte Plauen nicht verborgen bleiben. Es war daher geradezu unvorsichtig von ihm, gerade jetzt nicht nur die Zügel strenger anzuziehen, sondern auch bei seinen Anordnungen die herkömmliche Rücksicht auf die Ordensgebietiger (= Grosswürdenträger) ausser acht zu lassen.

Unverkennbar blieb die Kriegsgefahr stets eine drohende und nötigte unausgesetzt, das Ordensheer auf dem Kriegsfuss zu erhalten. Da hieraus aber täglich neue Ausgaben erwuchsen, hielt Plauen es für angemessener, den seiner Ansicht nach doch unvermeidlichen Krieg sobald als möglich wieder aufzunehmen, als durch stete Vorbereitung die letzten Hilfsmittel des Ordens nutzlos aufzuzehren.

So kriegslustig dieser aber bisher gewesen war, als noch sichere Beute dabei in Aussicht stand, so wenig schien er jetzt zu Unternehmungen geneigt, welche jedenfalls grosse Opfer erforderten, aber auch im günstigeren Falle kaum mehr erzielen konnten, als das alte Ansehen des Ordens einigermassen wieder herzustellen. Als der Hochmeister sich daher zu rascher That entschloss, mit Übergehung des statutenmässig dazu berechtigten Ordensmarschalls Michael Küchmeister von Sternberg, seinem eigenen Bruder, dem Komthur von Danzig, die Führung des Ordensheeres übertrug und den Befehl erteilte, den Herzog von Stolpe, Vasallen des Königs von Polen, anzugreifen, untersagte der Ordensmarschall die Ausführung dieses Befehls und entsetzte den unfolgsamen Komthur seines Amtes.

Nun berief der Hochmeister auf den 14. Oktober 1413 ein Kapitel, in der bestimmten Absicht, den Ordensmarschall abzusetzen. Dieser kam jedoch dem Schlage zuvor, indem er die Amtsverwaltung des Hochmeisters angriff. Er beschuldigte diesen zahlreicher Verstösse gegen die Ordensgesetze und namentlich der Willkür, wichtige Anordnungen zu treffen, ohne sich darüber mit den Gebietigeren zu beraten.[1]) Bei der dem Hochmeister aus den oben angeführten Gründen ohnehin ungünstigen Stimmung, gelang es dem Ankläger um so leichter hiermit durchzudringen, als sich im Orden zwei Parteien, die s. g. hochdeutsche oder schwäbische und die rheinische oder

---

[1]) Es kommt wenig in Betracht, ob zu den Anklagepunkten auch die behauptete Hinneigung des Plauen zu Wiclefs Ketzerei gehört hat, wie gesagt worden ist; denn entscheidend war dieser Umstand jedenfalls nicht.

niederländische gebildet hatten, von denen die erstere entschieden feindlich gegen den Hochmeister auftrat. Dessen Anhang wurde daher überstimmt und seine Absetzung beschlossen. Einstweilen sandte man ihn als Komthur nach der einsamen Engelsburg; als er aber im folgenden Jahre einen erfolglosen Fluchtversuch machte, ward er verhaftet und während der Regierungsdauer seines genannten Anklägers und Nachfolgers im Hochmeisteramte, von Sternberg (1422) zu Brandenburg gefangen gehalten. Der untergebene Adel und die Städte des Landes benutzten diese inneren Zwistigkeiten, sich von dem lästigen Druck der strengen Ordensregierung zu befreien und unterwarfen sich dem Schutze des Königs von Polen, Kasimir IV. (1445—1492). Die Folge war ein fast 13 jähriger blutiger Krieg zwischen diesem und den Ordensrittern (1454—66), welcher damit endigte, dass der Hochmeister Ludwig von Erlichshausen (1450—69) am 19. Oktober 1466 den schmählichen Frieden von Thorn abschliessen musste.

Preussen ward geteilt. Den westlichen Teil nebst Pomerellen und die Marienburg (schon seit 6. Juni 1457 übergeben) erhielt Polen, den östlichen behielt der Hochmeister als polnisches Lehen und Königsberg ward Ordensresidenz.

In der Hoffnung, sich auf Deutschland stützen zu können, wählte man von nun an deutsche Fürstensöhne zu Hochmeistern, zuerst (1498) den Herzog Friedrich von Meissen, 1511 den Markgrafen Albrecht von Brandenburg, jüngeren Sohn des Markgrafen Friedrich von Anspach und Baireuth und Schwestersohn des polnischen Königs Sigismund. Durch letztere Wahl hofften sie sich wieder von dem Lehnsverbande mit der Krone Polen zu lösen. Herzog Albrecht verweigerte derselben auch wirklich den Lehnseid und rüstete sich zum eventuellen Widerstande. Nach einem vergeblichen Versuch ihn zur Nachgiebigkeit zu zwingen, kam es zu einem vierjährigen Waffenstillstand. Um Unterstützung zur Fortsetzung des Kampfes mit Polen zu erlangen, unternahm Albrecht in Begleitung zweier Bischöfe Dobrneck von Pomason und Polenz von Samland eine Reise nach Deutschland. Hier traf er mit Luther zusammen, welcher ihm riet, die Ordensregel aufzuheben, Preussen in ein weltliches Fürstentum zu verwandeln und darin eine Dynastie zu gründen. Als er nach seiner Rückkehr die allgemeine Stimmung des Landes sowohl der Reformation als der Ausführung dieses Vorschlages geneigt fand, beschloss er, zumal ihm die Mittel fehlten, den Krieg mit Polen wieder aufzunehmen, sich auf Grund des Thorner Friedens mit Polen zu einigen. Dies geschah durch den Vertrag vom 8. April 1525.

Während er dadurch den König Sigismund von Polen als seinen Lehnsherrn anerkannte, erkannte dieser ihn als erblichen Herzog von Preussen an. Darauf erklärte er den Orden für aufgelöst und das Ordensland für sein erbliches Herzogtum, trat mit dem ganzen Volke zur lutherischen Kirche über, — worin ihm die genannten Bischöfe schon 1524 vorausgegangen waren — und verheiratete sich mit der ältesten Tochter (Dorothea) Königs Friedrich I. von Dänemark[1]).

[1]) Was dem Orden zum Verderben und den Nachkommen des abfälligen Hochmeisters nicht zum Nutzen gereichte, ward Veranlassung zur Grösse und Macht seines Geschlechts. Zwar folgte ihm 1568 sein Sohn Albrecht Friedrich als Herzog, aber weder Adel noch Geistlichkeit wollten sich ihm fügen. Diese beiden herrschsüchtigen Stände bereiteten ihm so harte Kränkungen, dass er in Geistesstörung verfiel. Der sog. Regimentsrat (= adeliger Ständeausschuss) bemächtigte sich der Regierung, während der 1578 als Regent und Vormund eingesetzte Markgraf Georg Friedrich von Anspach sich mit diesem Titel begnügen musste. Als jedoch 1605 der Kurfürst von Brandenburg Joachim Friedrich die Regent- und Vormundschaft übernahm, wandte sich das Blatt. Der Adel musste nachgeben. Als der Kurfürst 1608 starb, folgte ihm in der Kurwürde sein ältester Sohn Johann Sigismund, der Schwiegersohn des geisteskranken Herzogs von Preussen. Mit vieler Mühe erlangte dieser 1609 vom König Sigismund von Polen die Übertragung der Vormundschaft und 1611 die Belehnung mit Preussen; aber erst 1618 nach dem Tode des Herzogs, gelang es ihm, sein Recht als dessen nächster Erbe durchzusetzen und eine Personal-Union mit Brandenburg herbeizuführen. Die völlige Unabhängigkeit von Polen erzwang sich zwar der grosse Kurfürst Friedrich Wilhelm, dessen Sohn Friedrich III. war es jedoch vorbehalten, auf Grund dieses souveränen Besitzes sich die Königskrone aufzusetzen und den Königtitel zunächst für Preussen, der Sache nach aber für die ganze brandenburgische Monarchie einzunehmen (1701).

Hierdurch war die Macht des Deutsch-Ordens vollends gebrochen. Zwar hatte eine Anzahl Ritter sich seinen Anordnungen gefügt, die Mehrzahl weigerte sich jedoch, ihn ferner als rechtmässiges Oberhaupt anzuerkennen und wählte den bisherigen Komthur von Frankfurt a. O., Walter von Cronenberg, zum Verwalter des Hochmeisteramts in Preussen und Meister über deutsche und welsche Lande. In dieser Würde bestätigte ihn auch Kaiser Karl V. und nun ward Mergentheim in Franken Residenz des Hoch- und Deutschmeisters.

Seine politische Bedeutung hatte der Orden mit dem Ordenslande Preussen verloren; aber auch seine reichen Besitzungen in den übrigen Ländern vermochte er nicht zu behaupten. Die französischen Könige, namentlich Ludwig XIV., hatten die in Frankreich belegenen säcularisiert. Doch zählte er noch am Ende des vorigen Jahrhunderts 11 Balleien; (die 12., Utrecht, hatte sich schon 1537 zeitweise, 1619 definitiv von ihm getrennt) nämlich: Elsass = Burgund, Österreich, Koblenz, Etsch und Gebirge, Franken, Hessen, Altenkirchen, Thüringen, Westphalen, Lothringen und Sachsen. 1561 verlor der Orden Livland, von 1801—2 durch die Friedensschlüsse von Lüneville und Amiens alle Besitzungen auf dem linken Rheinufer. Napoleon gab ihm aber den Gnadenstoss, indem er am 4. April 1809 zu Regensburg den deutschen Orden, welcher sich am Kriege gegen ihn beteiligt hatte, für aufgehoben und die Güter desselben für Eigentum der Fürsten erklärte, in deren Staaten sie belegen waren. Die meisten deutschen Fürsten säumten auch nicht, sich diese Anordnung des französischen Kaisers zu nutze zu machen. Nur in Österreich blieben die Güter des Ordens unangetastet. Kaiser Franz I. bestätigte den Hoch- und Deutschmeister, Erzherzog Anton Victor, in dieser seiner Würde und noch am 16. Juli 1839 bestätigte Kaiser Ferdinand die von dem derzeitigen Hoch- und Deutschmeister, oder wie sein Titel inzwischen abgeändert war, „Grossmeister des deutschen Ordens im Kaisertum Österreich“ Erzherzog Maximilian Este, in dem Ordenskapitel entworfenen

Statuten des durch Kaiser Franz aufs neue zu Ehren gekommenen Deutschen Ritterordens.

Nach seiner Rekonstruierung wendete der Orden sich seiner ursprünglichen Bestimmung, welche streng genommen, noch vor dem Militärdienst, in der Krankenpflege bestand, wieder zu und rief zu diesem Zweck auch das Institut der „Deutsch-Ordens-Schwestern“ ins Leben. Diejenigen Frauen, welche in die hiefür, resp. in Österreichisch-Schlesien und Tyrol errichteten beiden Klöster eintraten, widmeten sich Schulzwecken und der Krankenpflege, um für den Fall eines Krieges sofort geeignete Pflegekräfte zur Verfügung zu haben.

Ausserdem ward für ein zu gründendes Ordens-Hospital, welches vorzugsweise dazu bestimmt sein sollte, im Kriege Verwundete aufzunehmen, ein eigener Hospitalfonds gebildet, der durch regelmässige Beiträge der Ordensmitglieder vermehrt wird.

Erweitert ist in jüngster Zeit der deutsche Orden in Österreich mit Genehmigung des regierenden Kaisers durch

Affiliierung der Marianen-Ritter

deren vorzüglichste Aufgabe die Förderung der Sanitätspflege im Kriege, gleichzeitig die Vermehrung und Verbesserung der Krankenanstalten in Friedenszeiten war.

Der deutsche Ritterorden hat in Österreich 2 von den obengenannten 11 Balleien, nämlich „Österreich“ und „Etsch und im Gebirg“. Er unterscheidet Grosskapitular, Profoss und Ehren-Ritter und besitzt ausserdem auch Priester und Schwestern zur Krankenpflege.

Zur Aufnahme als Ehren-Ritter berechtigt ist jedes unbescholtene Glied des österreichisch-ungarischen katholischen Adels, das 16 Ahnen nachzuweisen und 1500 Gulden Eintrittsgeld, sowie einen jährlichen Beitrag von 100 Gulden zu zahlen vermag.

Im Kriege stellt der Orden 40 Feldsanitäts-Kolonnen. Für diesen Sanitätsdienst enthält ein Statut vom 26. März 1871 die besondere Bestimmung, dass dazu österreichisch-ungarische

Adelige beiderlei Geschlechts (ohne Ahnen-Nachweis) unter der Bezeichnung

„Marianer“

und der Verpflichtung herangezogen werden können, dass sie sich dem Sanitätsdienst widmen und ausserdem an den Ordensspitalfonds einen jährlichen Beitrag von 25 Gulden entrichten.[1])

Die obenerwähnte Ballei Utrecht hatte sich schon 1537 von dem Deutsch-Orden getrennt, worauf die Provinz gleichen Namens dieselbe 1580 unter ihren Schutz nahm, unter der Bedingung, dass die Ritter der (reformierten) Staatsreligion angehörten und das Cölibat aufgäben, wie auch, dass Priester von dem Orden ausgeschlossen wären. Napoleon löste jedoch am 27. Februar 1811 auch die Ballei Utrecht auf, doch wurde dieselbe nach Rückkehr des Hauses Oranien auf Wunsch des Königs von Holland am 8. August 1815 von den Generalstaaten in ihrer früheren Weise wiederhergestellt. — Der König ist Protektor des Ordens, welcher unter einem Land-Komthur steht.

---

[1]) Die nur in der Grösse verschiedenen Dekorationen der drei Ordensklassen bestehen in einem, an schwarzem Bande getragenen schwarz-emaillierten Kreuz mit silbernem Rande, über welchem ein mit Federn gezierter Helm sich befindet; diejenigen der Marianer, in einem ähnlichen Kreuz mit einem weissen Mittelschilde, belegt mit einem silbergefassten roten Kreuz, welches wieder ein schwarzer Reif umgiebt, der in silbernen Buchstaben die Inschrift trägt: „Ordo Teut: humanitati“. Das Kreuz wird auf der Brust an einem dreieckig zusammengelegten schwarzen Bande getragen, von den Schwestern an einer gleichen Masche.

Übrigens kann vom Grossmeister für hervorragende Leistungen das Marianerkreuz, am Halse zu tragen, verliehen werden.

Die Grosskapitulare und die Professritter tragen ausserdem auf der Brust noch ein stark ausgeschweiftes, schwarz-emailliertes Kreuz mit breitem silbernem Rande, welches den Ehrenrittern nicht zukommt.

Die Dekoration des Grossmeisters besteht aus einem schwarz-emaillierten Kreuz mit silberner Einfassung, dessen goldenes Mittelschild den einköpfigen Adler enthält, während auf den Kronenarmen sich je ein goldenes lilienförmig endendes Scepter befindet. Das Ordenskreuz wird an einem weissen Bande um den Hals getragen.

Die Mitglieder unterscheiden sich in Komthure und Ritter (Jonkheeren). Zur Aufnahme wird nur reformierte Konfession und Nachweis von 4 Ahnen von jedoch mindestens 200jährigem Ritter- und Stiftsadel gefordert. Hals- und Brustkreuz stimmen im wesentlichen mit dem österreichischen überein.

Ausserdem können aber nach Beschluss vom 8. September 1827 Exspectanten für 525 Gulden das Recht erkaufen, ein kleineres Ordenskreuz an einer schwarzen Schleife im Knopfloche zu tragen.

Wir glauben im allgemeinen Interesse gehandelt zu haben, wenn wir bei der Geschichte des Deutsch-Ordens etwas länger verweilten, als sonst im Verhältnis zu unserer Hauptaufgabe stand, weil kein anderer Ritterorden so viel gethan hat für Christianisierung der Heiden und für Ausbreitung der Kultur in jenen östlichen Ländern, weil ferner der Deutsch-Orden es war, dem der kleine Kurstaat Brandenburg durch seine Vereinigung mit dem Ordenslande Preussen seine Grösse verdankt und endlich, weil derselbe dadurch nicht unwesentlich beitrug zu der Errichtung des deutschen Reiches. Aber noch aus einem anderen Grunde verdient dieser Orden besondere Beachtung, weil er es nämlich verstanden hat, rechtzeitig seine, anderen Zeiten und Verhältnissen entsprechenden ursprünglichen Einrichtungen und Zwecke nach den Bedürfnissen und Erfordernissen der Gegenwart abzuändern; wie ein Phönix aus der Asche sich neu zu erheben.

Grundlage und Bedingung dieser dauernden Lebensfähigkeit des Ordens ist aber seine innere Organisation gewesen, kraft deren er seine Zwecke mit eiserner Konsequenz verfolgte. Diese bedarf daher noch einer näheren Erörterung.

Die Ordensritter mussten zwar die drei Klostergelübde: Keuschheit[1]), Gehorsam (welcher auch mit unerbittlicher Strenge

[1]) Ehelosigkeit wurde von ihnen nicht verlangt, nur Enthaltsamkeit während des Ordensdienstes, weshalb auch mancher verheiratete Deutsch-Ritter in frommem Glaubenseifer Weib und Kind verliess, um im fernen Ordenslande sich den schweren Pflichten des Ordens zu widmen.

gefordert ward) und Armut, ablegen; mit Rücksicht auf die grossen Kosten, welche die Unterhaltung des Spitals und der Ritterschaft verursachte, durften sie jedoch „im Namen des Ordens“ sowohl fahrend Hab und Gut besitzen, als auch Land, Äcker, Weingärten, Mühlen, Vesten, Pfarren, Kapellen, Zehnten, eigene Leute (Weib und Mann), Knecht und Diener. —

Bei Tag und Nacht mussten sie fleissig zum Gottesdienst kommen, aber „ganz in Andacht; denn das Gebet ist krank ohne das Herz“. Siebenmal im Jahre sollten sie den Leib des Herrn empfangen. Eines toten Bruders bestes Kleid und vierzig Tage Kost sollte den Armen zufallen; der Rest des Nachlasses dem Hause verbleiben. Hinterlassene Bücher kamen im Falle des Bedürfnisses in die „Liberei“ (Bibliothek) des Hauses, sonst in die des Haupthauses.

Bevor der Hochmeister seinen Sitz nach Preussen verlegte, stand an der Spitze der Ordensritter dieser „Meister“, welcher später „Hochmeister“ genannt ward. Nach Ausbreitung der Besitzungen des Ordens in Armenien, Achaja, Romanien, Ungarn, Apulien, Deutschland, Preussen und Livland, teilten die Ritter sich unter ihrem Meister zunächst nach Ländern, denen je ein „Landmeister“ vorstand; in diesen nach Bezirken (= Balleien) mit einem Haupthause unter dem Land-Komthur (= Baillif) und mehreren Ordenshäusern (= Kommandarien oder Komthureien unter einem Kommandeur oder Komthur d. i. „Gebietiger“.

Nach Verlegung des Hochmeisteramtes nach der Marienburg 1309 unter Siegfried von Feuchtwangen ward das Amt eines Deutsch- oder Landmeisters von Preussen aufgehoben.

Nach Vereinigung des livländischen Schwertordens mit dem Deutschorden ward (seit 1237) auch für Livland ein Landmeister bestellt, dessen Amt gemeiniglich mit dem des Landmeisters von Preussen verbunden war. So unter Hermann Balk.

Im Range folgte dem Hochmeister, wo und solange diese Würde bestand, der Landmeister, dann die fünf Ordens-Grossgebietiger, nämlich 1. der Gross-Komthur (Stellvertreter des

Hochmeisters nach Eingang der Landmeisterwürde), 2. der Ordens-Marschall (Heerführer der Ritter und im Kriege dem Hochmeister im Range folgend); 3. der Oberste Spittler (Beaufsichtiger der Spitäler); 4. der Ordens-Trappier (dem das gesamte Bekleidungswesen des Ordens unterstand); 5. der Tressler oder Schatzmeister.

Nach diesen kamen die Provinzial-Landmeister, die Land-Komthure, die Haus-Komthure, die Ritterbrüder; endlich die geistlichen und die dienenden Brüder.

Seiner doppelten Bestimmung entsprechend hatte der Orden nämlich zwei Hauptklassen von Mitgliedern: Ritter und Barmherzige Brüder, zu denen etwa 30 Jahre nach seiner Stiftung für die Besorgung des Gottesdienstes auch Priester hinzukamen. Seit dem Jahre 1221 wurden ausserdem, ähnlich den Frères servants, Oblaten und Donaten beim Templer- und Johanniter-Orden, mit Genehmigung des Papstes Honorius III. noch sogen. Halbbrüder aus adeligen und nichtadeligen Geschlechtern angenommen. Bei diesen wurde wieder eine höhere und eine niedere Ordnung unterschieden. Die nachgesuchte Aufnahme in die höhere Ordnung setzte voraus, dass der Aufzunehmende das ganze oder die Hälfte seines Vermögens dem Orden verschrieb. War er unverheiratet, so fiel dem Orden bei seinem Tode sein ganzes Vermögen zu, war er verheiratet, der vorbehaltene Rest erst nach dem Tode seiner Frau. Im übrigen konnte er, gleichviel, ob verheiratet oder nicht, in seinen früheren Verhältnissen fortleben. Er trug das Ordenskleid[1]) und ½ Kreuz, konnte sich aber nur insgeheim dem

---

[1]) Seit 1198 bestand dieses eigentlich aus dem weissen Mantel der Templer, aber zur Unterscheidung von diesen geschmückt mit einem schwarzen Kreuz auf der linken Brust. Vom eigentlichen Ritterschmuck durften sie nur den Rittergurt tragen. Auch bestimmte erst Papst Honorius III. im Jahre 1216, dass der „Meister des Ordens“ ein Mann von rittermässigem Herkommen und ehelicher Geburt sein müsse. Die dadurch sehr erleichterte Aufnahme in den Orden mag zu seiner raschen Entwickelung und gewaltigen Machtfülle viel beigetragen haben.

Orden anschliessen. Es konnten aber auch Einzelne, ihrer besonderen Verdienste um den Orden willen in diese Klasse aufgenommen werden. Die Halbbrüder der niederen Ordnung waren an alle Klosterregeln gebunden, mussten im Ordenshause wohnen und in wie ausser dem Hause Dienste thun. Sie trugen den Schogrin, d. i. ein graues Oberkleid mit weiten Ärmeln und gleichfalls das Halbkreuz; mussten aber ihren Bart scheren und das Haupthaar rings bis an die Ohren kahl abschneiden.

Endlich gab es zur Beihülfe in der Krankenpflege und Mühwaltung noch Halbschwestern, welche ausserhalb des Ordenshauses, aber in angewiesenen Wohnungen sich niederlassen und das Ordensgelübde ablegen mussten. Sie erhielten eine geistliche Ordenskleidung und trugen kurz geschorenes Haar.

Diese verschiedenen Erweiterungen des Ordens haben namentlich sehr zu seiner grossen Ausbreitung resp. Bereicherung beigetragen.

f) Schwertritter — Schwertbrüder — Schwertträger — Gladiferi — Ensiferi — Livländische Ritter

gestiftet 1202 zu Riga in Livland vom Bischof Albert von Apeldern oder Buxhövden, bestätigt vom Papst Innocenz III. als „Brüderschaft der christlichen Ritterschaft“,

> „um das Reich des Glaubens in der Kirche unter den Völkern des Nordens zu erweitern und die in Livland gegründete christliche Kirche zu verteidigen.“

Die Geschichte des Ritterordens der Schwertbrüder führt uns eine lange Reihe von Gräuelthaten vor, angeblich nur notgedrungen verübt im Interesse des Christentums, in Wahrheit aber zur Erreichung selbstsüchtiger Ziele; — begangen von Haufen zügelloser Banden, denen jede andere ritterliche Gesinnung fern lag, als die des wilden Dareinhauens; deren einziger Gedanke die Jagd nach Reichtümern war und deren vornehmste Beschäftigung in Rauben, Morden und Brennen bestand.

Der Schauplatz dieser gewaltsamen Heidenbekehrungen ist das alte Esthland, ein geographischer Begriff, welcher im Laufe der Jahrhunderte vielfach gewechselt hat. Zu des Tacitus Zeit bewohnte ein esthnisch-finnischer Volksstamm (Ästui et Fenni = Ästier und Finnen) die Küsten der Ostsee von der Weichselmündung bis an den finnischen Meerbusen und das ungeheure Binnenland des nördlichen Russlands bis an den Ural. An der Ostseeküste war derselbe teilweise untermischt mit dem stammverwandten Volke der Wenden, welches seine Hauptsitze hatte zwischen Weichsel und Oder und später auch bis an die Elbe vordrang. Um die Mitte des 6. Jahrhunderts ergossen sich mehrere slavische Völkerströme über Russland und das mittlere Deutschland. Dort sprengten sie die Esthen auseinander, indem sie einen Teil nach Norden, einen anderen nach dem Ural drängten; hier trennten sie dieselben von den Wenden und in der Mitte erreichten sie selbst das Meer, als Keil zwischen Preussen und Kurland. Unter den verschiedensten Namen treten sie auf: westlich als Lechen mit den Unterabteilungen der Pommern, Polen und Massovier; in der Mitte als Lithauer, rechts als Letten und Sempollen, links als Saminiter und Samen, in Russland unter zahllosen Bezeichnungen.

Immer weiter ward die alte esthnische Bevölkerung ans Meer gedrängt, wo man sie als Kuren, Liven und Esthen unterschied. Unerachtet dieser alles umgestaltenden Völkerbewegung, welche den reinen esthnischen Stamm, die Nordesthen, auf einen schmalen Küstensaum beschränkte, der nach Süden allmählich in eine Mischbevölkerung, die Südesthen, überging, erhielt sich der Name Esthland noch lange als Bezeichnung der früheren Grenze dieses nun so mannichfach geteilten Landbegriffs. Später erst unterschied man die eingeengten Wohnplätze der Ostsee-Esthen als Preussen, Kurland, Livland und Esthland. Der Name Preussen für den südwestlichsten Teil findet sich erst seit dem 10. Jahrhunderte. In dem zwischen Kurland und Esthland belegenen Livland war es, wo Bischof Albert den Orden der Schwertbrüder ins Leben rief, der jedoch erst nach seiner Verbindung mit dem Deutschritter-Orden zu einer so gewaltigen Machtfülle heranwuchs.

Schon mehr als zwei Jahrhunderte früher hatten verschiedene fromme Männer bei vergeblichen Versuchen, jenen heidnischen Ostseebewohnern das Christentum zu bringen, den Märtyrertod erlitten. Das erste Opfer dieses Glaubenseifers ward Erzbischof Adalbert, Freund und Erzieher Kaiser Otto's III. Er ward am 23. April 997 von den Samländern (Samen) erschlagen. 1010 traf den Heidenbekehrer Bruno nebst 18 Gefährten ein gleiches Schicksal. 1015 unternahm der tapfere Polenherzog Boleslaw einen Bekehrungszug nach dem jetzigen Preussen, zerstörte das Nationalheiligtum zu Romowe (in der Provinz Nadrauen) und fällte die heilige Eiche mit den Götterbildern; ein Vorgang, welcher der späteren Einführung des Christentums mehr förderlich war, als alles, was früher und vieles, was später dafür geschah. Das alte Romowe war nämlich in religiöser Beziehung das esthnische Rom, der geistliche Mittelpunkt der unter einem heidnischen Papste oder Oberpriester, dem Kriwe, stehenden Sterngläubigen. Mit der Zerstörung Romowe's und dem folgeweisen Sturz des Kriwe ward das geistige und religiöse Band zerrissen, welches alle jene Völker verband und ihrem Widerstande gegen die Einführung des Christentums einen Nachdruck verlieh, dem bei allen späteren Kämpfen nur die Macht der Verzweifelung entsprach. Entstanden auch gelegentlich hier und da neue Romowe's und andere Kriwe, so blieb deren Einfluss doch nur auf enge Bezirke beschränkt.

Mit dieser That hatten für das 11. Jahrhundert jene erfolglosen Versuche, das Christentum dauernd einzuführen, ihren Abschluss gefunden. Neuen Antrieb hierzu gab erst die religiöse Begeisterung zur Zeit der Kreuzzüge um die Mitte des 12. Jahrhunderts. Als der Papst darauf die Idee der Heidenbekehrung auch auf die nordischen Länder übertrug, fassten die Dänen diesen Gedanken um so lieber auf, als sie schon seit Jahrhunderten in diesen Gegenden Seeraub betrieben und diese Züge zu Finnen, Esthen, Liven und Kuren nun damit bemänteln konnten, dass dieselben der Heidenbekehrung wegen unternommen würden. Dass hierdurch keine Erfolge erzielt wurden, versteht sich von selbst.

Inzwischen knüpften die Bewohner Skandinaviens und der Hansastädte nun auch friedlichere Verbindungen mit den Ostseeländern an. So fuhren u. a. 1159 Bremer Kaufleute die Düna hinauf, trieben Tauschhandel mit den Anwohnern und gründeten dort Faktoreien, deren vornehmste Üxküll (Ykeskola) war. Dies veranlasste den Erzbischof von Bremen, Hartwig II. von Uthlede, (1184—1207) den Augustiner-Mönch Meinhart aus dem ihm untergebenen Kloster Segeberg, nach Livland zu senden, um als Apostel des Christentums unter den Heiden zu wirken. Derselbe kam in Begleitung einer grösseren Anzahl deutscher Kaufleute im Frühjahr 1186 nach Üxküll, wo die Deutschen sich zum Schutz ihrer Waaren eine Burg erbaut hatten. Mit der Bekehrung ging es anfangs nur langsam; doch gelang es ihm mit Hilfe einiger Bekehrten dort eine Kirche zu erbauen. Als er aber im folgenden Jahre so glücklich war, durch rasche That einige Liven aus der Gefangenschaft eingefallener Lithauer zu befreien, und er ihnen darauf die Erbauung einer steinernen Schutzburg in Üxküll gegen ähnliche Vorkommnisse versprach, liessen sich viele taufen. Während er im Begriff war, eine zweite Kirche zu erbauen, ernannte ihn der Erzbischof von Bremen zum Bischof von Livland. Am 25. September 1188 ward aber dieses neue Bistum durch päpstliche Bulle auf ewige Zeiten mit dem Erzbistum Bremen verbunden.

Neben Meinhart wirkte der Cistercienser Mönch Dietrich von Bremen namentlich in dem livländischen Distrikte Treiden.

Wie oberflächlich jedoch jene Bekehrungen bisher gewesen waren, erhellt schon daraus, dass die bekehrten Heiden sofort wieder abfielen, als Meinhart unter der Bezeichnung von Zehnten Abgaben von ihnen erheben wollte. Gleichzeitig machte sich eine so feindselige Stimmung gegen die Person des Bischofs bemerkbar, dass dieser nur mit Mühe den Nachstellungen gegen sein Leben entging. Gleichwohl erreichte er auf dem Sterbebette durch eindringliches Zureden von den Liven das Zugeständnis, einen weiteren Bischof aufnehmen zu wollen.

Hierzu ward 1196 der Cistercienser-Mönch Berthold ernannt. Dieser war jedoch in seinen Erfolgen noch weniger glücklich, als sein Vorgänger. Gezwungen liess sich eine Anzahl Liven zwar taufen, stiess aber bei der nächsten Gelegenheit nicht nur das Christentum wieder von sich, sondern überfiel auch die Geistlichen und ermordete deren an 200, nachdem sie zuvor den Bischof selbst im Kampfe erschlagen hatten.

Nach Berthold's Tode übertrug der Erzbischof von Bremen das Bistum seinem Domprobst Albert von Apeldern oder Buxhövden, einem Manne von bedeutenden Geistesgaben und ebenso grosser Gewandtheit, wie unbeugsamer Energie. Dieser erkannte sofort, dass die Bekehrung niemals Erfolg haben würde, wenn derselben nicht durch äussere Macht Nachdruck verliehen werden könnte. Auf Grund einer päpstlichen Bulle predigte er daher zuvor einen Kreuzzug nach Livland und brachte auch auf diese Weise eine ansehnliche Macht zusammen, mit der er im Frühjahr 1200 auf 23 Schiffen nach der Düna segelte.

Bei seinen Unternehmungen scheute er nicht die Anwendung verwerflichster Mittel. Nicht als milder Apostel der Heilslehre, sondern wie der Engel mit dem Schwert trat er unter die Liven und durch Verrat erzwang er die Stellung von Geisseln, welche den Bekehrern Bürgschaft für ihr Leben bieten sollten. Im folgenden Jahre (1201) gründete er die Stadt Riga, der Papst Innocenz III. bedeutende Vorrechte erteilte, denen jedoch ebensoviele Benachteiligungen der Landesbewohner gegenüberstanden. Nur notdürftig vermochte der Bischof mit Hilfe herangezogener Kreuzpilger den Ausbruch des Unwillens der Bevölkerung hierüber niederzuhalten. Der Mangel an Ausdauer, welchen jene aber dabei an den Tag legten, indem sie das Land, welches sie nur im Abenteurerdrange aufgesucht, nach kurzem Aufenthalt wieder zu verlassen pflegten, veranlasste den Bischof auf einen zuverlässigeren Rückhalt bedacht zu sein. Zu diesem Zweck belehnte er eine Anzahl deutscher Ritter, unter der Verpflichtung steter Anwesenheit und Kampfbereitschaft für den Glauben, mit Gütern in Livland. Als dieses Mittel dafür aber nicht ausreichte, entwarf er mit dem schon erwähnten Mönche Dietrich den Plan zur Gründung eines Ritterordens nach dem Muster jener, welche in Palästina gegen die Saracenen kämpften. Papst Innocenz III. billigte diesen Plan und erliess 1202 eine Bulle, durch welche der neue Orden gestiftet und mit dem Namen

„Brüderschaft der christlichen Ritterschaft“

belegt wurde. Er erhielt die Statuten der Tempelherren und als Ordenszeichen ein rotes Kreuz und ein rotes Schwert auf weissem Mantel, woher später der Name

Schwertbrüder

der allgemein gebräuchliche wurde.

Die Ritter, unter denen Nichtritterbürtige im Anfange die Mehrzahl bildete, mussten das Gelübde des ehelosen Standes, des Gehorsams gegen den Papst und gegen den Bischof, sowie des lebenslänglichen Kampfes gegen die Heiden an der Ostsee ablegen.

Zum ersten Ordensmeister ernannte der Bischof Vinno oder Vinhold von Rohrbach und glaubte nun seine weltliche Macht fest gegründet zu haben.

Insoweit es sich um die Unterwerfung des Landes handelte, erreichte er mit dieser Ordensgründung anscheinend seinen Zweck. Schon 1206 war ganz Livland unterworfen, die Bevölkerung dabei jedoch erheblich zusammengeschmolzen und verarmt, das Land selbst verödet. Überall aber wurden Kirchen erbaut, als ob es sich des besten Wohlseins erfreute. Die Liven mussten sich Christen nennen, ohne es zu sein und sie hegten einen unversöhnlichen Hass gegen ihre Unterdrücker.

Für diese Heldenthat verlangten die Ritter 1207 vom Bischof nicht nur $^1/_3$ allen eroberten, sondern auch des zu erobernden Landes. Als der Bischof auf erstere Forderung einging, letztere aber zurückwies und die Ritter dieserhalb an den Papst appellierten, entschied sich dieser für den Orden. Demgemäss ward nun Livland und 1210 das inzwischen eroberte Lettland verteilt. Der Orden war dadurch Grundherr geworden, und begann seitdem seine eigene Politik zu befolgen und den Befehlen des Bischofs nur dann zu gehorchen, wenn es ihm bequem war. Schloss der Bischof Frieden, so setzte er wenigstens den kleinen Krieg — das Räuberhandwerk — auf eigene Hand fort. Die grossen Landerwerbungen hatten ihn stark gemacht und dem Bischof fehlte es an weltlichen Mitteln, ihn zum Gehorsam zu zwingen.

Zu Wenden an der Av (Mussc) erbaute er sich ein festes Schloss, wohin der Ordensmeister seine Residenz verlegte, während die übrigen Brüder sich teils dort, teils auf benachbarten Burgen niederliessen.

Dies waren aber, wie schon oben bemerkt, grösstenteils Abenteurer der schlimmsten Art, weshalb man sich nicht wundern darf, wenn wilde und zügellose Sitten bei ihnen zum Ausbruch kamen und zahlreiche Excesse veranlassten. Nicht genug, dass sie, aller Mahnungen des Bischofs unerachtet, die Einwohner mit rücksichtslosester Härte behandelten, schädigten sie das Ansehen des Ordens nicht weniger durch innere Streitigkeiten. Letztere steigerten sich zum Verbrechen, als der Ordensbruder Wigbert von Soest 1209 in Riga den Ordensmeister Vinno und den Ordenspriester Johannes heimtückisch überfiel und ermordete. Zwar wurde diese That durch öffentliche Hinrichtung des Verbrechers gesühnt, den Heiden gegenüber ward sie aber dennoch verhängnissvoll. Was mochten diese hiernach von den schönen Worten denken, mit denen die Christen sich selbst bezeichneten als

Kinder des einigen Gottes; verbundene Kämpfer der
Jungfrau Maria; Brüder in Christo u. s. f.?

Es war nur zu begreiflich, dass solche Vorgänge den Einfluss der bekehrenden Geistlichkeit lahm legte.

An Vinnos Stelle ernannte der Bischof den Ritter Volquin oder Volkwin von Winterstätten zum Meister des Ordens. Die nächstfolgenden Jahre vergingen unter beständigen Kämpfen mit den Kuren, Russen, Lithauern und Esthen, wie auch häufigen Streitigkeiten zwischen dem Orden und dem Bischof.

Hatten die glücklichen Erfolge bei der Unterwerfung der Heiden und die Eroberung grosser Länderstrecken in Gemässheit des erwähnten Teilungsvertrages die Ordensritter reich und mächtig gemacht, so war dies nicht weniger beim Bischof der Fall gewesen. Strebte daher einerseits der Orden danach, sich von der Oberherrlichkeit des Bischofs loszumachen, so wollte andererseits dieser seine Abhängigkeit vom Bremer Erzbischofe nicht länger anerkennen und beanspruchte für sich selbst die erzbischöfliche Würde. Ersteres gestand Papst Innocenz III. ihm auch zu, indem er durch eine Bulle vom 20. Februar 1213 die Rigasche Kirche von jedwedem Erzbischofe unabhängig erklärte, Honorius III. sogar am 30. September 1217 dem Bischofe das Recht erteilte, in Livland neue Kathedralkirchen zu gründen und Bischöfe einzusetzen. Eine Metropole in Livland zu gründen, d. h. die erzbischöfliche Würde, schlugen beide Päpste ihm jedoch ab.

Hiermit nicht zufrieden stürzten beide Teile sich rastlos in neue Unternehmungen, worauf sie noch im nämlichen Jahre bei der Burg Odenpäh von den vereinigten Russen und Esthen eine furchtbare Niederlage erlitten. Dies veranlasste den Bischof, Waldemar den Sieger, König von Dänemark, um Schutz anzurufen für das „Land der heiligen Jungfrau“, wie Livland vorzugsweise von ihm genannt ward. Waldemar kam auch wirklich im Mai 1219 mit einer grossen Flotte und einem starken Heere nach Esthland und landete bei der Burg Reval. Die Esthen wurden nun zwar geschlagen, damit aber hatten die Dänen festen Fuss in Esthland gefasst. Sie erbauten die Stadt Reval und betrachteten sich als alleinige Herren des Landes. Es war dadurch ein neuer Faktor auf den Schauplatz getreten, mit dem sich nicht leicht rechnen liess, um so weniger, als der

Ordenskomthur, Rudolf von Wenden, trotz der dem Bischof schuldigen Treue, den König von Dänemark als seinen Oberlehnsherrn anerkannt hatte. Endlich erhob nun aber auch der König Johann von Schweden Ansprüche auf Esthland, ohne dieselben freilich durchsetzen zu können.

Papst Honorius III. und Kaiser Friedrich II. wollten sich um des Bischofs willen mit König Waldemar nicht verfeinden und so blieb dem Bischof kein anderer Ausweg, als sich mit diesem zu vergleichen. Er erklärte sich daher bereit, Esthland und Livland in seine Gewalt zu geben, vorausgesetzt: „dass die Stadt Riga, die Gebietiger von Livland und die Liven und Letten hiermit einverstanden wären.“ Als Waldemar aber später sein Hoheitsrecht auf Gruud dieser Vereinbarung geltend machen wollte, hielten Bischof und Orden ihn unter dem Vorwande davon ab, dass die Landesbewohner dieser Unterwerfung nicht beistimmten. Damals vermochte Waldemar seine Forderung nicht durchzusetzen; nach seiner späteren Gefangennahme durch den Grafen von Schwerin, waren die Dänen noch weniger dazu im Stande. Dafür traten aber die Streitigkeiten zwischen dem Bischof und dem Orden wieder mehr in den Vordergrund. Ersterer nahm für sich und seinen Bruder Hermann vom König Heinrich, als Stellvertreter seines Vaters Friedrich II. in Deutschland, 1224 Livland mit allen Hoheitsrechten zu Lehen, in der Absicht den Orden der Schwertbrüder mit den von diesem besessenen Landesteilen weiter zu belehnen. Der Orden wusste es aber 1226 bei Kaiser Friedrich durchzusetzen, dass ihm für seinen Grundbesitz gleiche Hoheitsrechte eingeräumt wurden, er mithin ebensowohl reichsunmittelbar ward, wie der Bischof. Damit waren die Ordensbrüder von dem Gehorsam gegen den Bischof faktisch freigesprochen.

Im folgenden Jahre vertrieb der Ordensmeister Volquin im Auftrage Gregor's IX. die Dänen aus Esthland und nahm den grössten Teil des Landes für den Orden in Besitz, worauf König Heinrich am 1. Juli 1228 denselben förmlich damit belehnte, wie es in der Urkunde hiess: '„die Kämpfer für die heilige Jungfrau, als Lösegeld aus dem Fegefeuer für die Seelen seiner durchlauchtigsten Vorfahren.“

Es stieg jedoch die wirkliche Machtstellung des Ordens nicht in gleichem Verhältnis zu der Vergrösserung seiner Besitzungen. Je weiter deren Grenzen sich ausdehnten, desto zahlreicher wurden seine Feinde, während sich die Zahl der Ordensritter durch die beständigen Kämpfe stets verminderte, ohne wie bisher durch häufige Zuzüge von Kreuzrittern von Deutschland genügend ergänzt zu werden, da diese es vorzogen, sich den näheren und besser gestellten Deutschordensrittern in Preussen anzuschliessen.

Bischof Albert war zwar 1229 gestorben und somit ein durch seine grosse geistige Befähigung gefährlicher Widersacher beseitigt, neben der Geistlichkeit aber dem Orden auch in der Stadt Riga ein nicht zu verachtender Nebenbuhler erwachsen. Von äusseren und inneren Feinden umgeben hielt Volquin es daher für ratsam, sich eine zuverlässige Stütze zu suchen. Dies konnte jedoch nur der deutsche Orden sein, welcher ähnliche Zwecke, wenn auch in edlerer Weise, verfolgte. Er sandte desshalb einige Ordensritter zu dem Hochmeister Hermann von Salza und schlug diesem eine Vereinigung des Schwertordens mit dem Deutschorden vor. Aus mehreren Gründen war lezterer nicht geneigt hierauf einzugehen. Eben erst war die Besitznahme des Kulmer Landes erfolgt. Er hatte dadurch gefährliche Nachbaren bekommen und schwierige Verhältnisse im Inneren zu ordnen. Es schien ihm daher unvorsichtig, sich gleich jetzt auf neue und verwickelte Unternehmungen einzulassen. Dabei war das Kulmer Gebiet durch grosse Länderstrecken von Livland getrennt, welche nur von Heiden bewohnt waren. Dies machte ein gemeinschaftliches Zusammenwirken vor der Hand unmöglich. Schon die formelle Vereinigung beider Orden musste aber auch eine Einigung der gemeinschaftlichen Gegner zur Folge haben. Ohne gerade den Vorschlag zurückzuweisen, liess er daher die Entscheidung in der Schwebe. Erst 1234 kam diese Frage wieder zur Erörterung. Der neue Bischof (Prömonstratenser)

Nikolaus von Magdeburg und die Stadt Riga hatten sich beim Papst über Ungehörigkeiten des Ordens beschwert und dieser auf Vortrag seines Legaten Wilhelm sich nicht nur gegen denselben entschieden, sondern am 24. Februar 1236 auch Rückgabe der esthnischen Besitzungen an die Dänen verfügt. In dieser Not wandte der Orden sich zum zweitenmale an Salza. Seine Gesandtschaft verfehlte diesen zwar, der Stellvertreter des gleichfalls abwesenden Deutschmeisters, Ludwig von Öttingen, berief indes sofort ein Kapitel nach Marburg, um über diesen Antrag abzustimmen. Dieses erklärte sich aber fast einstimmig gegen die Vereinigung, als Ehrenfried von Neuendorf aus eigener Erfahrung sich dahin aussprach, „die Schwertbrüder seien eigensinnige, mutwillige Köpfe, die sich unter kein Gesetz beugen wollten, und ihren Eigennutz viel mehr im Auge hätten, als die gemeine Wohlfahrt.“ Die Gesandten erlangten nur den Vorbehalt einer Entscheidung des Hochmeisters. Nun ward die Angelegenheit in Viterbo, wo der Hochmeister sich zeitweilig aufhielt, weiter verhandelt. Auch hier war jedoch keine Einigung herbeizuführen, weil einerseits der dänische Gesandte aus guten Gründen gegen die Vereinigung beider Orden Einwendungen erhob; (musste doch der dadurch gestärkte Schwertbrüderorden ihm zur gefährlichen Nachbarschaft werden), andererseits die Schwertbrüder in die Rückgabe Esthlands an die Dänen sich nicht fügen wollten. Als dieselben aber am 22. September 1236 in der Gegend von Saule eine furchtbare Niederlage von den Lithauern erlitten, bei der Volquin und 480 Ordensritter fielen, mussten sie sich wohl oder übel zur Nachgiebigkeit bequemen. Sie sandten abermals Abgesandte nach Viterbo. Der Hochmeister verwies dieselben an den Papst, mit dem er das Nähere verabredet. Dieser sprach sie auch bereitwillig von dem Eide und den Regeln ihres Ordens frei, nötigte sie aber in seiner Gegenwart ihre Ordensmäntel mit denen der Deutschritter zu vertauschen und somit bei der Vereinigung ihre Selbständigkeit zu opfern und nur eine abhängige Zunge des Deutschordens zu werden. Ausserdem mussten sie die esthnischen Provinzen ausliefern und endlich zu dem früheren Gehorsam gegen den Bischof zurückkehren. (Bulle vom 12. Mai 1237). Die feierliche Aufnahme in den Deutschorden erfolgte im Frühjahr 1238.

Hiermit schliesst eigentlich die Geschichte der Schwertbrüder als eines selbständigen Ordens. Von nun an erhielten sie einen vom Hochmeister des Deutschordens ernannten Landmeister, der anfangs gleichzeitig Landmeister in Preussen war und sich dann vertreten liess. Sie mussten sich auch im übrigen allen Gesetzen des Deutschordens fügen.

Gleichwohl vermochte der preussische Landmeister nicht eine gleiche Zucht in der Schwertbrüder-Zunge herzustellen. Der Papst konnte ferner an jener äussersten Grenze des katholischen Christentums eine so kräftige Stütze nicht entbehren und musste ihnen daher manches nachsehen. Namentlich hielt Papst Alexander IV. (1255—1261) die Macht und Blüte des Ordens für eine Vorbedingung der Christianisierung der baltischen Länder und that daher alles mögliche, die Zahl der Ordensmitglieder zu vermehren. Zunächst wandte er dem Orden grosse Geldmittel zu und verlieh demselben eine Menge aussergewöhnlicher Vorrechte. Auch verordnete er am 28. Juli 1257: „dass alle Laien und Kleriker, wenn sie nur freie Menschen wären, ohne vorschriftsmässige Prüfungszeit, in den Orden aufgenommen werden sollten; einmal aufgenommen dagegen, niemals wieder austreten dürften (also umgekehrt, wie bei den eigentlichen Deutschrittern, wo der Austritt jederzeit freistand). Sogar mit dem Bann Beladene, überhaupt alle Verbrecher, sofern sie sich der weltlichen Gerechtigkeit nur zu entziehen vermochten, waren aufnahmefähig. Selbstredend suchten nun alle Missethäter Deutschlands sich nach Livland zu retten und Ordensglieder zu werden.

Ein Orden aber, dessen Mehrzahl aus solchem Gesindel bestand, konnte unmöglich heilsam wirken. Es kam hinzu, dass die Wiederabhängigkeit von dem Bischof nur eine kurze war. Bald gelang es dem Orden dieses Verhältnis umzukehren. Von nun an war er völlig zügellos; denn der Hochmeister vermochte aus seiner grossen Entfernung dabei nur wenig und der Landmeister in seiner Abgeschiedenheit so gut wie gar nichts. Die Schlacht am Durbener See gegen die Lithauer und Sameniten, in der fast das ganze Ordensheer vernichtet wurde, räumte zwar mit diesen Vagabunden gründlich auf, und seitdem hielt der Orden bei der Aufnahme wenigstens auf Ritterbürtigkeit. Damit war aber nur so viel gebessert, als diese privilegierten Räuberbanden fortan nur aus Adeligen bestanden, welche in Deutschland dem Henker verfallen waren, seit Rudolf von Habsburg allen Raubrittern das Handwerk legte (1290).

Die weitere Geschichte des Ordens verfolgen wir nicht. Sie bewegt sich in beständigen inneren und äusseren Kämpfen, welche für unseren Zweck kein Interesse bieten. Dagegen müssen wir dem Untergange desselben einige Worte widmen.

Als ihr Landmeister Walter von Plettenberg (1493—1535) 1521 dem Deutschordensmeister Markgrafen Albrecht von Brandenburg wesentliche Dienste gegen die Polen geleistet, räumte letzterer den Schwertbrüdern grössere Unabhängigkeit vom Deutschorden und das Recht ein, sich einen eigenen

Heermeister

zu wählen, den Kaiser Karl V. 1525 in den Reichsfürstenstand erhob und Sitz und Stimme auf dem Reichstage verlieh. Seit dieser Zeit nahm er den Titel

Fürstenmeister

an. Bald darauf ward die Reformation im Ordenslande eingeführt und 1558 sagte der Fürstenmeister Godhard Kettler sich vom Gelübde des Cölibats los und heiratete eine mecklenburgische Prinzessin. 1562 legte er seine Würde als Heermeister der Schwertbrüder freiwillig nieder, trat Livland in aller Form an Polen ab und liess sich dafür von diesem als

Herzog von Kurland und Semgallen

belehnen. Aus dem Ordenslande war ein weltliches Herzogtum geworden. Kettler's Nachkommen regierten dort bis zum 4. Mai 1737. Dann wählten die Kurländer den russischen Minister Ernst Johann Biron oder de Biron zum siebenten

Herzog. Sein Sohn Peter, der 1770 in den Besitz des Herzogtums gelangte, regierte bis 1795, wo auf Veranlassung der Kaiserin Katharina II. die kurländischen Stände zusammentraten und sich durch eine unbedingte Unterwerfungsakte vom 18. März zu Unterthanen der russischen Kaiserin erklärten. Seitdem ist Kurland russische Provinz geblieben und bildet ein gleichnamiges Gouvernement, welches aus dem eigentlichen Kurland und Semgallen besteht.

Über die

innere Organisation des Ordens

dürfte folgendes von Interesse sein. An die Stelle des von Bischof Albert eingesetzten „Ordensmeisters“ war 1238 bei der Vereinigung mit dem Deutschorden ein Landmeister[1]) getreten, welcher dem Hochmeister der Deutschritter verantwortlich war. Es standen demselben im Innern alle Regierungsrechte, nach Aussen hin die ganze Vertretung des Landes zu. Er schloss alle Verträge und Bündnisse mit den auswärtigen Mächten; er erliess Landesgesetze und Verordnungen, er liess Münzen schlagen u. s. w., alles dies aber nur mit Zuziehung des Landkapitels und in wichtigen Dingen unter Bestätigung des Hochmeisters.

Dem Landmeister zunächst stand der Ordensmarschall, dem die ganze Sorge für den Krieg übertragen war. Zog er mit dem Landmeister zusammen ins Feld, so stand er unter diesem; führte er den Kriegszug allein, so waren die Ritter ihm zu ebenso unbedingtem Gehorsam verpflichtet, wie sonst dem Landmeister. Der Ordensmarschall hielt die Musterung sowohl über die Rüstung und Bewaffnung der Ordensritter, als des übrigen Kriegsheeres und des kriegspflichtigen Landvolks und hatte für allen Kriegsbedarf, als Waffen, Streitrosse, Belagerungsmaschinen u. s. w. Sorge zu tragen.

---

[1]) Derselbe stand in gleichem Range mit dem Landmeister von Preussen und dem Deutschmeister, unter dessen Verwaltung alle Komthureien standen, der aber selbstverständlich eigentliche Regierungsrechte nicht ausübte.

Ordensbrüder, denen die Verteidigung der vom Orden erbauten Burgen und Schlösser anvertraut war, hiessen Ordenskomthure, die betreffenden Burgen nebst Landbezirk „Komthureien".

In der unmittelbaren Nähe einer solchen Burg und unter deren Schutz befand sich ein von Wall und Graben umgebenes enggebautes Dorf (Hakelwerk genannt), das im Laufe der Zeit zu einer Stadt heranwuchs und dann seine eigene städtische Verfassung nach dem Muster deutscher Städteordnungen erhielt. In diesem Burgdorf und dem ganzen Burgbezirk (später Stadtbering) hatte der Komthur die Rechtspflege. Er war von einem, je nach der Grösse zahlreichen, Konvent von Ordensrittern umgeben, mit denen und einer verhältnismässig grösseren Anzahl von Kriegsknechten ihm die Verteidigung der Burg und ihres Bezirkes oblag.

Bei grösseren Kriegszügen musste er mit seiner Besatzung den zur Kriegsfolge verpflichteten Lehnsleuten und allem zu diesem Zweck zu bewaffnenden Landvolk sich unter den Befehl des Ordensmarschalls stellen und diesem oder seinem Stellvertreter Gehorsam leisten.

Sonst durfte er auch für eigene Rechnung und mit eigenen Kräften kleine Streifzüge gegen benachbarte Feinde unternehmen.

Solcher Komthureien gab es 1290 in Livland, ausser in Riga, zu Wenden, Segewald, Pernau, Leal, Ascheraden und Vellin; in Esthland zu Weissenstein; in Semgallen zu Mitau und Doblen; in Kurland zu Goldingen und Memel.

Neben den Komthuren gab es noch Vögte, die Vorsteher ganzer Provinzen, und wenn der Komthur im Felde war, deren Stellvertreter in Verwaltung der Komthureien. In Livland standen die Vögte den wenigen Schlössern und Burgen vor. So finden wir 1290 Vögte in Kurland, in der älteren Memelburg, der Jürgensburg u. s. w.

Komthure und Vögte zusammen bilden das Landkapitel, das in wichtigen Dingen vom Landmeister zur Beratung berufen wurde, hatten auch das Recht, im Falle von dessen Tode bis zur Bestellung eines Nachfolgers durch den Hochmeister, einen Stellvertreter zu ernennen.

9. Praemonstratenser, Norbertiner.

Stammkloster: Premontré (Praemonstratum) errichtet auf einer angeblich vom Himmel dazu bezeichneten Waldwiese (pré montré = pratum monstratum) in den Wäldern von Coucy bei Laon gestiftet 1119 vom heiligen Norbert (geb. 1085 † 1134) einem rheinländischen Edelmann aus Xanten im Lande Cleve, Chorherrn, seit 1127 Erzbischof von Magdeburg; bestätigt von Honorius II. 1126.

Die Absicht des Stifters war nicht auf Gründung eines neuen Ordens, sondern nur auf Vereinigung einer Anzahl von Canonikern gerichtet, welche nach der wesentlich verschärften Regel des heiligen Augustin leben und sich in den äussern Formen an die Cistercienser eng anschliessen sollten. Die Mitglieder dieser Genossenschaft nannten sich

regulierte Canoniker,

waren aber ihrer Verfassung nach wirkliche Mönche.

Als charakteristisch kann man u. a. bezeichnen, dass sie sehr schweigsam waren und niemals Fleisch assen, sondern nur Fastenspeisen und zwar nur einmal am Tage genossen und ausserdem sehr streng fasteten, eine Abstinenz, welche von mehreren Päpsten für übertrieben gehalten und daher geändert ward. So von Gregor IX.; Innocenz IV. 1245; Nikolaus IV., welcher 1290 auf Reisen Fleischspeisen gestattete; Eugen IV. 1438; Pius II., der 1460 den ganzen Orden bis auf die Advent und heilige Fastenzeit und die sonst allgemein angeordneten Fasten- und Abstinenztage, von jeglicher Abstinenz entband.

Der Orden fand rasch Verbreitung und zählte zur Zeit seiner höchsten Blüte an 3000 Klöster. Viele Canonikate und Domstifte führten seine Observanz ein.

Als dieselbe allmählich verfiel, ward sie mehrfach regeneriert; so 1573 in Spanien, wo sich eine eigene Kongregation

Der Johanniter.

Der Johanniter Orden.

Noch (ein) Sanct Johanniter Orden —
Nicht fast lang daß sie sind worden,
Ihr' Sect' ist in all Städt und Land
Welchs doch zu leiden ist groß Schand.
Der Rhodiser Orden sie führen
So lang und ihn'n das mag gebühren,
Schwarz mit ein'm Kreuz sind sie gekleid't
Praffen all'* Tag, hält ihn'n ihr Eyd.

---

*) Lesart: faul

bildete, deren Äbte auf drei Jahre gewählt wurden, die in Verbindung mit dem Hauptorden blieb und von einem Generalvikar geleitet ward. Auch Lothringen hatte eine eigene Kongregation seit Anfang des 17. Jahrhunderts, welche zur ursprünglichen Ordensstrenge zurückkehrte.

Die Leitung des ganzen Ordens unterlag dem Abte des Stammklosters, welcher den Titel General, später Generalsuperior führte. Letzter war der Abt L'Ecuy † 1834.

Nach ihrer Kleidung, welche aus einem weisswollenen Gewande von grobem Stoffe bestand, nannte man die Ordensmitglieder

„Weisse Chorherren".

Grossen Anklang fand dieser Orden beim weiblichen Geschlechte. Noch zu Lebzeiten des heiligen Norbert soll es 10000 Canonissen gegeben haben (welche sich gleichfalls in weisswollene Gewänder kleideten). Ursprünglich wohnten sie auch in den Mannsklöstern, aber durch eine Mauer mit Klausur getrennt. Abt Hugo veranlasste jedoch 1137 einen Kapitelbeschluss, demgemäss sie in eigenen Häusern wohnen, aber vom Kloster unterhalten werden mussten. Dies führte dazu, dass viele Äbte aus ökonomischen Gründen sich weigerten, Novizen aufzunehmen. Dadurch gingen sie allmählich von selbst ein.

10. Ritter des Ordens St. Johannis vom Spital zu Jerusalem

als geistlicher Ritterorden gestiftet 1120 von Raymond du Puy aus der Provence.

Bei wenigen geistlichen Ritterorden lässt sich deren Entwickelung aus Mönchsorden so klar nachweisen, wie beim Johanniterorden. Schon Karl der Grosse hatte die Notwendigkeit erkannt, den nach Jerusalem pilgernden Christen ein Asyl in dieser Stadt zu sichern. Von dem damaligen Kalifen Harun al Radschid hatte er die Erlaubnis erlangt, dort ein reich dotiertes Benedictiner-Kloster zur Aufnahme dieser Pilger einzurichten, mit welchem eine der heiligen Jungfrau geweihte Kirche verbunden war. Dieses erste Fremden-Hospiz in Jerusalem scheint jedoch ungefähr zwei Jahrhunderte später von den Mohammedanern zerstört zu sein. Kaufleute von Amalfi, deren Handelsbeziehungen sie häufig nach Jerusalem führten, hatten durch reiche Geschenke den Kalifen Mostachan Billach vermocht, ihnen die Trümmerstätte jenes Klosters zu überlassen und erbauten darauf eine neue Marienkirche, welche zum Unterschiede von den übrigen, dem griechischen Kultus geweihten, christlichen Kirchen Jerusalems, Santa Maria della Latina genannt ward.[1]) Neben dieser Kirche errichteten sie gleichfalls ein Benedictiner-Kloster mit einem Pilgerhospiz. Dies scheint zwischen den Jahren 1014—1023 geschehen zu sein. Etwas später gründeten die Mönche unmittelbar daneben ein zur Aufnahme pilgernder Frauen, der Maria Magdalena gewidmetes Nonnenkloster, welches zum Unterschiede von dem Mannskloster Maria minor genannt ward. Endlich erbauten sie, um dem wachsenden Bedürfnis zu genügen, etwa um 1048, das nach dem Namen eines Patriarchen von Alexandrien benannte Hospital Johannes des Barmherzigen nebst Kapelle.

Dieses Johanneshospital, welches keine eigenen Einkünfte hatte, musste durch Unterstützung der älteren Klöster, Sammlungen, welche in Italien angestellt wurden und sonstige milde Gaben, unterhalten werden.

---

[1]) Von den Ruinen der älteren Marienkirche existiert noch das herrliche Portal an der Strasse der heiligen Grabeskirche. Auch ist der geweihte Raum jener Kirche noch deutlich zu erkennen. Nachdem der Sultan das Terrain, auf welchem dieselbe gestanden, dem König (jetzigen deutschen Kaiser) Wilhelm von Preussen geschenkt und am 5. Oktober 1869 in dessen Namen der Kronprinz davon Besitz ergriffen, beschloss der Johanniter-Orden auf seine Kosten auf diesem Platze die alte Kirche zur Benutzung für den evangelischen Gottesdienst unter möglichster Erhaltung des Vorhandenen wieder aufzubauen, cf. Johanniter-Wochenblatt pro 1869 Seite 278, 318 ff. Schon unter Friedrich Wilhelm IV. war in Jerusalem ein Diakonissen-Hospital, sowie ein Pilgerhospiz der Johanniter eingerichtet und ein evangelischer Geistlicher für die Deutschen angestellt cf. ibidem pro 1870 Seite 132.

Als aber Gottfried von Bouillon nach der Eroberung von Jerusalem (1099) dessen segensreiche Wirksamkeit erkannt hatte, wandte er demselben verschiedene Schenkungen zu, unter anderm die Herrschaft Montboire in Flandern. Ausserdem hatten nun auch mehrere der als Kreuzfahrer nach Jerusalem gekommenen Ritter sich entschlossen, in diesem Hospiz an der Pflege ihrer leidenden und hülflosen Mitbrüder teilzunehmen. Dies veranlasste den dermaligen Vorsteher Gerhard Tom (oder Tonque † 1118) für die neue Verbrüderung der Hospitaliter bestimmte Ordensregeln aufzustellen. Es wurde dabei mit Zustimmung des Papstes Paschalis II. (1099—1118) die Regel des heiligen Augustinus zu Grunde gelegt. Die Mitglieder mussten sich durch die geistlichen Gelübde zu Armut, Keuschheit und Gehorsam verpflichten. Ihre Ordenstracht war das schwarze Benedictinergewand mit einem auf der linken Seite eingenähten weissen Balkenkreuz.

Von allen Seiten fielen dem Hospital Geschenke zu; reiche Landgebiete wurden den Hospitalitern zugewiesen, Privilegien aller Art erteilt. Schon sehr bald vermochte das Mutterhaus grosse Filialhäuser, zu Messina auf Sicilien, Torento in Apulien, St. Giles in der Provence, Sevilla in Andalusien u. a. O. zu errichten.

Erst der zweite Vorsteher Raymond du Puy aus der Provence verwandelte 1120 den Mönchsorden der Hospitaliter mit Beibehaltung der Mönchsregeln in den

Ritterorden des Hospitals St. Johannis

welchem die doppelte Pflicht oblag, das Königreich Jerusalem gegen die Ungläubigen zu verteidigen und die Pilgrime zu pflegen.

Anstatt Johannes des Barmherzigen ward nun Johannes der Täufer als Patron der Stiftung angenommen und die Hospitaliter nannten sich nach ihm

Johanniter.

Sie teilten sich in drei Hauptklassen:

1. Ritter, welche durch adelige Geburt und angeerbte Tapferkeit zur Führung der Waffen berechtigt wurden, im Frieden aber auch die Verpflichtung zur Pflege der Pilgrime hatten;

2. Kapelane = Johannespriester oder Ordenspresbyter, welche im Krieg und Frieden als Geistliche resp. Almoseniere fungieren mussten.

3. Dienende Brüder — Serviati d'armi, welche weder Ritter, noch Priester waren, aber sowohl Kriegsdienste zu thun, als Krankendienste zu übernehmen hatten.

Die Ordensstatuten waren im allgemeinen denen der Tempelherren ähnlich, wenn auch etwas weniger strenge. Für den Frieden ward das schwarze Ordensgewand (Soutane) mit dem weissen Ordenskreuze auf der linken Brust zwar beibehalten, letzteres aber von nun an achtspitzig, als Sinnbild der acht ritterlichen Tugenden, getragen. Es musste stets getragen werden.

In Kriegszeiten trugen die Ritter eine glänzende Rüstung und darüber einen roten Waffenrock mit Kriegsgürtel, über dessen ganze Länge das geradbalkige silberfarbige Kreuz sowohl auf der Brust, als auf dem Rücken hinwegging.

Übrigens hat im Laufe der Zeit die Tracht der Johanniter oft gewechselt.[1])

Da die Zahl der Ordensbrüder nunmehr bedeutend zunahm, sah Raymond du Puy sich ferner veranlasst, sie nach den Nationen, denen sie angehörten, einzuteilen. Dies war der Ursprung der späteren Einteilung in Zungen, d. h. nach Sprachverschiedenheiten, deren es acht gab; (Provence, Auvergne, Frankreich, Italien, Arragonien nebst Katalonien oder Navarra, Kastilien nebst Portugal, Deutschland und England) je mit einem selbstgewählten Vorsteher oder Prior (Balivus conventualis, später Grossprior, Grosskomthur, welcher seiner Provinz vorstand und im Konvent, zusammen mit den übrigen, den Rat des Grossmeisters bildete. Diesen Provinzial-Vorstehern waren die Grosswürden des Ordens in folgender, jedoch gelegentlich abweichender Ordnung zugewiesen.

---

[1]) Ausführlich behandelt diesen Gegenstand das Johanniter-Wochenblatt pro 1870 S. 97 cf. auch S. 139 und 175, sowie pro 1871 S. 149.

Provence: Schatzmeister; Auvergne: Marschall, mit dem Oberbefehl im Kriege; Frankreich: Oberspittler oder Grosshospitalier; Italien: Grossadmiral; Arragonien: Ordensdrapier, d. h. Vorsteher der Haushaltung; England: Oberseneschall; Kastilien: Grosskanzler; Deutschland:[1]) Gross-Prior oder Gross-Ordens-Bailli, welcher, ausser der Aufsicht über die Festungs- und die Stadtkommende von Jerusalem, später von Citta vechia, über die Insel Gozzo und das Kastell San Pietro in der Levante, das Präsidium in der Zungenversammlung führte.

Unter dem Provinzial- oder National-Prior (d. i. dem Zungenvorsteher) standen zunächst Distrikts-Priorate, auch Grosspriorate genannt. Diese waren entweder nur in Kommenden oder Komthureien, d. h. Verwaltungen von Ordensgütern, — welche je einem Ritter übertragen waren, der für den Genuss der Kommende-Einnahmen jährlich gewisse Geldbeiträge, Responsionen, an die Kasse des Grossmeisters zu entrichten und einige Ritter zu unterhalten hatte; — oder in Balleien und Kommenden oder Komthureien eingeteilt.

Waren einem Ritter nämlich mehrere Kommenden anvertraut, so hiess sein Verwaltungsbezirk eine Ballei und er ward ballicus provincialis genannt. Die Zunge (das Provinzial-Priorat) von Deutschland zerfiel in

1. das deutsche Gross-Priorat mit 26 Ritter-Kommenden mit der Residenz Heitersheim im oberen Breisgau, gegründet 1250;
2. das böhmische Gross-Priorat mit 7 Priester-Kommenden mit der Residenz Prag, wozu auch gehörte
3. die Ballei St. Joseph in Deschitz mit 19 Ritter- und 4 Priester-Kommenden;
4. das Priorat von Ungarn, ohne Land;

---

[1]) Darunter ward verstanden das deutsche Reich, nämlich: Böhmen, Mähren, Österreich, Schlesien, Ungarn, Dacien, Dänemark, Schweden und die anderen nördlichen Länder.

5. das Priorat von Dacien, ohne Land;
6. die Ballei Brandenburg oder das Heermeistertum Sonnenburg mit 6 Ordensämtern und 10 Komthureien.

Das Gross-Priorat von Deutschland ward verwaltet von dem Gross-Prior von Deutschland, der auch „Johannitermeister durch Deutschland“ und „Oberster Meister des St. Johannisordens in deutschen Landen“ hiess, und 1548 von Kaiser Karl V. die deutsche Reichsfürstenwürde erhielt. Der Gross-Prior residierte zu Heitersheim im badischen Breisgau und ward nicht gewählt, sondern durch das Alter bestimmt, indem diese Würde jedesmal auf den ältesten Ritter des deutschen Gross-Priorats überging, wenn dieser die dem Orden schuldige Pflicht erfüllt hatte. Dem Grossmeister des Ordens musste er jährlich „Türkensteuer“ zahlen. Er hatte die Gerichtsbarkeit über das Heermeistertum Brandenburg, über Ungarn, Dacien und Böhmen.

Die erste Ansiedelung der Johanniter in der Mark Brandenburg war in Werben an der Elbe, wo Albrecht der Bär 1160 dem Orden eine Kirche und ein Hospital erbaute, um ihre Ordenszwecke zu fördern, und sich durch die Ritteransiedelung einen Schutz gegen die Wenden zu sichern. Durch Schenkungen von Fürsten und Privaten, durch Ankäufe von letzteren, durch die Aufhebung des Templer-Ordens, dessen Eigentum den Johannitern vom Papst zugewiesen war, u. s. w. erlangten diese märkischen Besitzungen grossen Umfang und grosse Bedeutung. Von grossem Einfluss auf die Stellung der Johanniter in der Mark ward namentlich der Zwiespalt, in welchen der auf Rhodos residierende Grossmeister Fulko von Villaret mit einem Teile, besonders der deutschen Ritter, geraten war. Als nämlich, unerachtet der beim Papst geführten Beschwerden, Villaret im Amt blieb, trennten sich viele deutsche Ritter von den Rhodisern und zogen in die Mark, wo der Orden durch die Tempelgüter so mächtig geworden war. Hier wählten sie einen besonderen Johanniter-Heermeister in der Person Gebhard's von Bortfeld und gründeten so 1327 die vom Orden völlig unabhängige Ballei Brandenburg.

Wenn dieser Zwiespalt auch im Jahre 1382 durch den Vertrag von Heimbach wieder zum Austrag kam, und die Ballei Brandenburg sich dem Ordens-Grossmeister wieder unterwarf, so erlangte sie doch grosse Gerechtsame, namentlich freies Wahlrecht in betreff ihres Heermeisters, den der Gross-Prior von Deutschland, (Fürst von Heitersheim) bestätigte, und das Recht, zahlreiche Kommenden zu unterhalten.

Der Sitz des deutschen Heermeistertums war zuerst Werben in der Altmark; seit 1350 Süplingenburg bei Helmstädt im Braunschweigischen, dann Gartow an der Elbe, seit 1371, endlich seit 1424 Sonnenburg bei Küstrin, welches seitdem Ordensresidenz geblieben ist.

Differenzen, welche unter dem Heermeister Nikolaus von Thierbach und dem Grossprior von Deutschland darüber entstanden waren, dass letzterer ersteren beschuldigte, den Heimbacher Vertrag nicht gehalten zu haben und die Folge hatte, dass der Grossmeister die Ballei Brandenburg aufhob und deren Ritter dem Grossprior direkt unterstellte, wurden durch Vermittelung des Brandenburger Kurfürsten Friedrich II. beseitigt.

Ernster ward der Zwiespalt, welcher zwischen dem Heermeistertum und dem deutschen Grosspriorate in der Hinneigung und dem späteren freiwilligen Übertritt der Ordensmitglieder zum Protestantismus seinen Grund hatte.

Dieser Übergang war kein plötzlicher gewesen, wie bei den Deutschrittern. Er hatte sich allmählich vorbereitet und dann fast unbemerkt vollzogen

Als aber der Markgraf Hans von Küstrin 1536 in seinem Lande volle Gewissensfreiheit gestattete, breitete sich die Reformation in der Neumark überall aus und nahm auch der ursprünglich streng katholische Johanniter-Orden daran lebhaften Anteil. Der Heermeister Victor von Thiemen stellte sogar einen lutherischen Geistlichen an für die Ordenskirche zu Sonnenburg und 1584 der Heermeister, Graf Martin von Hohenstein, welcher diese Pfarre reich dotierte, einen zweiten für die Kirche von Zielenzig.

Die Komthure von Barfuss zu Schivelbein und von Schlieben zu Lagow (letzterer Feldmarschall Kaiser Karl V.) traten nicht nur zur Reformation über, sondern sogar in den ehelichen Stand, weshalb der Grossprior zu Heitersheim, wenn auch erfolglos, deren Absetzung verlangte.

Als nach Thomä's Tode 1544 Joachim von Arnim zum Heermeister gewählt ward, verweigerte der Grossprior dessen Bestätigung, weil er evangelisch war und Arnim musste auf die Heermeister-Würde Verzicht leisten. Unbeachtet dagegen blieb der Protest des Grosspriors bei der Wahl des gleichfalls evangelischen Martin von Hohenstein am 14. Januar 1569 († 5. Mai 1619). Dieser Widerstand des Grosspriors ward vollends gebrochen, als dem Hohenstein von 1611—1623 fünf evangelische Markgrafen von Brandenburg als Heermeister gefolgt waren. Der Grossprior hatte die Bestätigung dieser Wahl zwar jedesmal verweigert, aber 1625 zugleich mit der nachgesuchten Bestätigung für den katholischen Grafen Adam von Schwarzenberg nachträglich für alle fünf vollzogen. Seit dem Ende des 16. Jahrhunderts nahm die Ballei sogar als Ordensregel an, dass die Johanniter der Ballei nur aus Mitgliedern evangelischer Konfession bestehen sollten. Daher musste auch der 1625 zum Heermeister gewählte katholische Graf Adam Schwarzenberg sich durch Revers verpflichten: „sich den Ordensregeln zu unterwerfen, auch den Orden und dessen Unterthanen bei dem reinen Worte Gottes zu erhalten etc.“

Ja, um seine tolerante Gesinnung zu beweisen, schenkte er der Ordenskirche zu Sonnenburg einen kostbaren marmornen Altar.

Letzter Heermeister des Johanniterordens zu Sonnenburg war der Prinz August Ferdinand von Preussen. Durch königliches Edikt vom 30. Oktober 1810 erfolgte die Einziehung der Güter des Johanniterordens in der preussischen Monarchie. Durch königliche Urkunde vom 23. Januar 1811 wurden die Ballei Brandenburg des Johanniterordens, das Heermeistertum und alle Komthureien aufgelöst und sämtliche Güter des Heermeistertums eingezogen. Durch Urkunde vom 23. Mai 1812 ward an Stelle des bisherigen Johanniterordens der königlich preussische Johanniterorden errichtet und der Koadjutor des bisherigen Heer- (oder wie es von nun an hiess, Herren-)meisters, welcher für diese Würde bestimmt, aber vorher gestorben war, Prinz Heinrich von Preussen, zum Grossmeister des neuen Ordens ernannt. Dem Namen nach war nun zwar der Johanniterorden für Preussen wieder hergestellt, in Wirklichkeit aber zu einer blossen Dekoration für den Adel herabgesunken. Dagegen war es dem König Friedrich Wilhelm IV. vorbehalten, den evangelischen Johanniterorden als eine

ritterliche Hospitaliter-Genossenschaft

im ältesten Sinne des Ordens der Stiftung des Meisters Gerhard Tom wiederherzustellen.

Dies geschah durch Urkunde vom 15. Oktober 1852.

Die Ballei Brandenburg ward wieder hergestellt, jedoch ohne Rückgabe der 1810 und 1811 als Staatsgut eingezogenen Besitzungen derselben. Sie sollte in Zukunft durch Eintrittsgelder und regelmässige, wie freiwillige Beträge der Ritter erhalten werden. Was hiernach anfangs sehr zweifelhaft erscheinen musste, die Möglichkeit, mit so geringen Mitteln der hohen Aufgabe des Ordens zu entsprechen, ist in bewunderungswürdiger Weise erreicht worden, dank der energischen und unermüdlichen Fürsorge des ersten Herrenmeisters, Prinzen Karl von Preussen, der leitenden Umsicht und herzgewinnenden Liebenswürdigkeit des unvergesslichen Ordenskanzlers und Kommendators Eberhard, Grafen zu Stolberg-Wernigerode und der stets bereiten Opferwilligkeit des deutschen Adels, welcher es sich zur höchsten Ehre anrechnet, Mitglied dieser Genossenschaft zu sein, deren Hauptziel die Bethätigung christlicher Menschenliebe ist. Mehr aber noch, als die kühnste Hoffnung zu erreichen wagte, ist erreicht worden, seit der Orden seine Leistungsfähigkeit nicht nur im Frieden in der Stiftung und Unterhaltung zahlreicher Hospitaliter, sondern auch im Kriege bei der Pflege hülfloser Kranken und Verwundeten im feindlichen

Feuer, wie im heimischen Lazarett unter den Gefahren contagiöser und epidemischer Seuchen an den Tag legte.

Als der zweite Grossmeister Raymond du Puy die Ordensregeln dahin erweiterte, dass dessen Mitglieder sich an den Kämpfen gegen die Ungläubigen beteiligen sollten

„zur Ehre des Christentums und zum Schutze der Christen"

gewann der Orden hierdurch neue Kraft und neues Ansehen. Als der Orden seit 1864 seine Wirksamkeit dahin ausdehnte, sich nicht mehr auf blosse Geldbeiträge zu beschränken, sondern auch mit eigener Person für seine hohen Zwecke einzutreten, da erst gelangte seine Bedeutung zu erneutem Bewusstsein, da erst erwarb er sich auch in sonst feindlichen Kreisen die allgemeinste Anerkennung.

Was aber stillsteht, vergeht; daher darf auch der Orden nicht rasten. Er muss stetig fortschreiten auf der Bahn, welche die Geschichte ihm angewiesen hat. In immer weiteren Kreisen muss er seinen Einfluss zur Geltung bringen.

Dieser Erkenntnis gab der nach dem am 23. Januar 1883 erfolgten Tode des Prinzen Karl von Preussen (am 6. März vom Ordenskapitel zum zweiten Herrenmeister erwählte, am 12. d. Mts. Allerhöchst bestätigte und am 26. Juni 1883 zu Sonnenburg investierte) Prinz Albrecht von Preussen, Prinz-Regent von Braunschweig, bei der Übernahme dieser Würde in seiner Ansprache an die versammelten Ritter den lebhaftesten Ausdruck.

Auch der Orden kann sich einer mithelfenden Lösung der sozialen Fragen unserer Zeit nicht entziehen. Zwar ruht für ihn der Kampf gegen die Ungläubigen, nicht aber der Kampf gegen den Unglauben. Indem er diesen mutig aufnimmt, erfüllt er auch jetzt noch einen seiner ursprünglichen Zwecke. Zu der Linderung körperlicher Not, welcher er durch die Leitung der Krankenpflege abzuhelfen verpflichtet ist, tritt die dringende Abhilfe sozialer Not der arbeitenden Bevölkerung, die ihm ebenso ernst am Herzen liegen muss. So und erst dann wird er in Wahrheit eine Stütze des Glaubens, wie des Thrones und ein Segen der Menschheit, wie dies vordem kein anderer christlicher Orden zu werden vermochte.

Um so leichter aber wird diese schwere Aufgabe gelöst werden, wenn alle Ordensritter sich dazu vereinigen, wenn auch die Malteser-Ritter — jene katholischen Brüder der Johanniter — deren Zwecke ja mit den ihrigen grundsätzlich identisch sind, und deren katholisches Glaubensbekenntnis dafür kein Hindernis bietet, auch hierin mit ihren evangelischen Berufsgenossen gemeinschaftlich wirken.

Weshalb könnte nicht auch der evangelischen Ballei Brandenburg ein katholisches Priorat als gleichberechtigt sich anschliessen und innerhalb Preussens Grenzen in dem Herrenmeister der ersteren seinen Grossmeister anerkennen, wie ja auch zeitweise evangelische Ritter einem katholischen Heermeister (Schwarzenberg) unterstanden. Auch in Verfolgung der bisherigen Ordenszwecke würde durch diese Einigung Grösseres und Vorzüglicheres sich herstellen lassen.

Die Organisation der Ballei Brandenburg

enthält unter dem Herrenmeister, der nach der statutarischen Bestimmung vom 24. Juni 1853 ein Prinz aus dem preussischen Königshause sein muss, einen. Ordenskanzler, einen Ordenssekretär, einen Ordensschatzmeister und einen Ordenswerkmeister als stetige Ordensbeamte, deren Geschäftsanweisung, vom 12. Februar 1886 datiert; ausserdem einen Ordenshauptmann und einen Ordens-Obermarschall resp. verschiedene Ordensmarschälle zur Repräsentation bei feierlichen Gelegenheiten, welche der Herrenmeister unter geordneter Mitwirkung des Kapitels aus den Rechtsrittern ernennt. Das Ordenskapitel besteht ausser den genannten Beamten und den etwa zugezogenen Ehren-Kommendatoren, aus den sämtlichen Kommendatoren der einzelnen Provinzialgenossenschaften, deren es 14 giebt, in welche der Orden geteilt ist. Den Kommendatoren zur Seite in den resp. Provinzen stehen die Provinzialkonvente mit gleichnamigen Ordensbeamten, wie im Ordenskapitel, welche regelmässig einmal im Jahre die zur Genossenschaft gehörenden Rechtsritter zu einem Provinzialkapitel berufen.

Jeder unbescholtene Adelige evangelischer Konfession kann sich um Aufnahme in den Orden bewerben. Bedingung ist älterer Adel (wenigstens im dritten Grade), angemessene selbständige Lebensstellung und Einzahlung eines Eintrittsgeldes von 900 Mark. Nach Prüfung durch das Ordenskapitel erfolgt demnächst auf dessen Vorschlag die Ernennung des Antragstellers zum Ehrenritter durch den König von Preussen, welcher sich indes das Recht vorbehalten hat, ausnahmsweise verdienten Adeligen die Ehrenritter-Dekoration auch ohne solchen Vorschlag als besondere Auszeichnung zu verleihen. Dagegen erfolgt die Aufnahme zu Rechtsrittern lediglich infolge Beschlusses des Ordenskapitels und ohne Mitwirkung der Krone. Der Aufzunehmende muss herkömmlich wenigstens 4 Jahre Ehrenritter gewesen sein und die Aufnahme kann nur durch persönlich zu empfangenden Ritterschlag erlangt werden. Der Regel nach dauert die sogen. Prüfungszeit weit länger, oft 25 Jahre und darüber, während Abkürzung derselben zu besonderen Ausnahmen gehört.[1]) Dem Herrenmeister steht das Recht zu, um den Orden besonders verdiente Rechtsritter zu Ehren-Kommendatoren zu ernennen und denselben Zutritt zu den Versammlungen des Ordenskapitels zu gewähren.

Fremde Souveräne, deren Gemahlinnen resp. Witwen und die Gemahlin des Herrenmeisters kann der König von Preussen auf Vorschlag des Herrenmeisters zu Ehrenmitgliedern des Ordens ernennen.

In neuester Zeit ist die Einstellung von Johanniterinnen für die Krankenpflege in Aussicht genommen.

Die Geschichte des grossen Johanniterordens darf im allgemeinen als bekannt vorausgesetzt werden, sodass wir hier nur in grösseren Umrissen darauf hinweisen wollen. Päpste

---

[1]) Nähere Angaben über den Orden, die Ordenstracht, die Dekoration etc. finden sich in dem als Manuskript gedruckten Werk des Geheimen Hofrats Herrlich in Berlin, betitelt die Ballei Brandenburg, der auch das Johanniter Wochenblatt redigiert, welches amtliches Organ des Ordens ist und von jedem Mitgliede gehalten werden muss.

Der Rhodiser.

(Johanniter-Ritter.)

Der Rhodiser Orden.

(Johanniter-Ritter-Orden.)

Johanniter war'n diese genannt,
Groß Geld sie nahmen aus all' Land,
Nur dem Türken zuwiderstahn,
Der unsern Glauben fichtet an.
Erstlich zu Rhodus (sie) erstannen,[1]
Den Türken manche Schlacht gewannen.
Schwarz darauf weiß Kreuz ist ihr Tracht,
Ihr's Kriegs habens ..ein Ende gemacht.

Lesart: [1]) erstanden

und Kaiser hatten sich beeifert, dem Orden die ausgedehntesten Privilegien zu erteilen. Dafür waren dessen Mitglieder eine stets bereite Hülfe bei allen Kreuzzügen und ein dauernder Schutz der Christen des Morgenlandes. Sie konnten zwar die Wiedereroberung Jerusalems und des ganzen heiligen Landes durch die Mohammedaner nicht hindern, aber im Verein mit den Templern haben sie dieselbe wenigstens aufgehalten, bis ihr heldenmütiger Grossmeister Johann von Villiers (1288—1294) im Jahre 1292 Jerusalem preisgeben und Palästina verlassen musste.

Ihre nächste Zuflucht war Cypern gewesen. (1292—1309). Da eroberte (1309) der oben genannte Grossmeister Fulko von Vilares die Insel Rhodus, welche ihm der byzantinische Kaiser überlassen hatte. Diesen Besitz behaupteten sie über 200 Jahre (1309—1522) unter beständigen Kämpfen und führten danach den Namen

Rhodiserritter.

Der Übermacht des Sultans Soliman II., welcher mit einer Flotte von 400 Segeln und 140 000 Mann Landtruppen, deren nur aus 600 Rittern und 4500 Soldaten bestehende Besatzung der Insel angriff, konnten sie jedoch auf die Länge nicht widerstehen. Noch zahlreichen Kämpfen mussten sie sich ergeben und erhielten mit ihrer Habe freien Abzug. Acht Jahre lang waren sie heimatslos und nahmen in verschiedenen italienischen Städten, Messina, Rom, Viterbo, vorübergehenden Aufenthalt, bis ihnen Kaiser Karl V. unter der Bedingung eines beständigen Kampfes gegen die Ungläubigen die Inseln Malta, Gozzo und Comino überliess. Von nun an nannten sich die Johanniter

Malteserritter.

Malta ward Ausgangspunkt zahlreicher Kämpfe der Ritter gegen die Saracenen, denen es diesmal nicht gelang, ihre Erbfeinde zu bewältigen. Am 12. Juni 1798 übergaben aber die Johanniter unter dem Grossmeister Ferdinand von Hompesch dem General Bonaparte diese ihre letzte Zufluchtsstätte ohne Schwertstreich. Als Hompesch darauf seine Würde niederlegte, ward der russische Kaiser Paul, welcher schon 1797 dem Orden Ländereien von mehr als 300 000 fl. Einnahme zugewiesen und dadurch erreicht hatte, dass Russland ein Grosspriorat erhielt, zum Grossmeister erwählt. Ihm folgte 1802 Prinz Bartolomeo Ruspoli, welcher 1805 abdankte; dann der italienische Graf Thommasi.

Nach dessen am 13. Juni 1805 erfolgten Tode ward kein Grossmeister mehr gewählt, sondern nur ein Stellvertreter dieser Würde. Vom 27. Februar 1865, dem Todestage des Bailli Grafen Philipp von Coloredo Mansfeld, bis zum 13. Januar 1872 war dies der Bailli Alexander Borgia. Diesem folgte durch Wahl am 14. Februar 1872 der Bailli Fra Giovanni Battista Ceschi di Santa Croix, vom Papst bestätigt am 23. Januar.

Dieser alte Stamm des Johanniterordens, dessen Mitglieder sich zur Unterscheidung von den Mitgliedern der Ballei Brandenburg

Malteser oder Johanniter-Malteser

nennen, ist im Besitz des einzigen, dem Orden verbliebenen Eigentums, nämlich der vier Grosspriorate von Rom, Neapel, Prag und Venedig mit 100 Kommenden. Seit Vertreibung der Johanniter von Malta erlosch der Orden allmählich in den meisten Ländern. Es erhielten sich nur noch die Grosspriorate von Rom, Neapel und Böhmen. Diesen fügte Kaiser Ferdinand I. von Österreich 1841 ein lombardisch-venezianisches Grosspriorat hinzu. Der Orden besteht somit jetzt aus zwei katholischen Zungen, der italienischen und deutschen, welche dem Ordens-Magisterium und dem Sacro Collegio in Rom unterworfen sind. Die italienische Zunge umfasst die drei Grosspriorate Rom, Neapel und Lombardei-Venedig; die deutsche besteht nur aus dem Grosspriorat Böhmen.

Daneben giebt es noch drei Associationen von Ehren- und Devotionsrittern, nämlich eine rheinisch-westphälische, eine schlesische und eine britannische.

Papst Leo XIII. hat am 28. März 1879 die Grossmeister-Würde wieder ins Leben gerufen.

Aufnahme-Bedingungen für den Orden sind: Adel, katholische Religion, 16 Ahnen, Majorennität, Makellosigkeit des Charakters, angemessene Stellung in der Gesellschaft und Opferwilligkeit.

Die Organisation der Malteser besteht aus dem Grossmeister, den Grossprioren, dem Bailli-Anziano, den Grosskomthuren, dem Minister-Receveur, Komthuren, Professrittern, Justizrittern, Ehrenrittern, Chevaliers de grace, Donaten 1. und 2. Klasse, Ehrendamen und Ordensgeistlichen.

Diese verschiedenen Ordensklassen tragen im einzelnen zwar abweichende Abzeichen, einigen sich aber sämtlich in dem achtspitzigen Johanniterkreuze mit den Johannitern der Ballei Brandenburg.

Eine formelle Abtrennung der letzteren (des Sonnenburger Heermeistertums) von dem grossen Johanniterorden hat eigentlich nicht stattgefunden und sich nur faktisch dadurch vollzogen, dass der König von Preussen Friedrich Wilhelm III. 1811 die Ballei Brandenburg mit allen Komthureien unter Einziehung der dazu gehörenden Güter als Staatseigentum aufhob und durch eine blosse Johanniter-Dekoration ersetzte. Noch am 24. Oktober 1786 hatte der dermalige Heermeister Prinz Ferdinand von Preussen für den Prinzen Heinrich die Bestätigung als seinen Koadjutor beim Grossprior von Deutschland nachgesucht und erhalten. Dieser Koadjutor war aber im Jahre 1872 vom Könige zum Grossmeister des neuerrichteten königlich preussischen Johanniter-Ordens ernannt worden.

Nach der Wiederherstellung des alten Johanniterordens hat eine Wiedervereinigung desselben mit dem grossen Johanniterorden nicht stattgefunden.

Das Grosspriorat von Deutschland zu Heitersheim war inzwischen eingegangen, da Baden darin eine Beschränkung seiner Hoheitsrechte erblickte, der Kurfürst von Pfalz-Bayern Max Joseph I. aber um nach der Wahl des seines griechischen Bekenntnisses wegen als Grossmeister vom Papst nicht bestätigten Kaisers Paul I. von Russland, Streitigkeiten mit letzterem zu vermeiden, den Johanniterorden für seine Staaten gleichfalls unter Gütereinziehung aufgehoben hatte. In England, Skandinavien und den Niederlanden waren die Güter des Ordens schon bald nach der Reformation eingezogen, und auch das russische Grosspriorat demnächst wieder eingegangen.

Nachdem der Johanniterorden Malta verlassen hatte, sagten sich die spanischen Ritter von ihm los und bildeten, ähnlich der Ballei Brandenburg, eine besondere Ordensgruppe. Der König löste die Kommenden auf, zog die Ordensgüter als Krongüter ein und machte sich zum Grossmeister. Es wurden ausschliesslich Spanier katholischer Konfession unter sehr strengen Bestimmungen und mit grossem Ceremonialgepränge in denselben aufgenommen. Er soll so gut wie erloschen sein.

11. Ritter des heiligen Lazarus zu Jerusalem.

Der Lazarus-Ritterorden mag als solcher zwar ungefähr gleichzeitig mit dem Johanniterorden, also etwa 1120 entstanden sein; — Stifter und Stiftungsjahr sind unbekannt; — seinen Ursprung erkennen wir aber schon in den Lazarus-Vereinen, welche sich bereits im 4. Jahrhundert unter Leitung des heiligen Basilius (329—375) im Oriente bildeten und die nämlichen Zwecke verfolgten, wie der spätere Orden: „die Pflege der Aussätzigen".

Schon in jüdischer Zeit gab es Hospitäler für Aussätzige. Weltberühmt ward aber das grosse Hospital des heiligen Basilius zu Cäsarea, welches nicht nur für Aufnahme der Kranken, sondern auch der Ärzte, Wächter, Krankenpfleger und Lastträger, wie für alle Handwerker, die im Hause verwandt wurden, die ausgedehntesten Räumlichkeiten enthielt.

In der Folge verbreiteten sich zahlreiche Hospitäler dieser Art über den ganzen Orient, da die Bereitwilligkeit zu diesem Zwecke milde Gaben zu spenden, schon deshalb eine so allgemeine war, weil an Jeden die Gefahr, von der furchtbaren Krankheit des Aussatzes befallen zu werden, die absolute Ausschliessung von den übrigen Mitgliedern der menschlichen Gesellschaft zur Folge hatte, so drohend herantrat. Durch den stets lebhafter werdenden Verkehr mit dem Orient fand allmählich auch in Europa der Aussatz Eingang. Schon im 8. Jahrhundert kommen in Deutschland, Frankreich und Italien einzelne, seit den Kreuzzügen aber so zahlreiche Hospitäler für Aussätzige vor, dass beim Tode Ludwig VIII. von Frankreich um 1226 schon 2000 derartige Anstalten in Frankreich und 19000 im übrigen Europa bestanden.

Die Entstehung der

Ritter des heiligen Lazarus,

welche die Krankenpflege und den äusseren Schutz der Aussätzigen (Leprosi, Lepreux), sowie den Kampf gegen die Ungläubigen sich zur Aufgabe machten, ist nur annähernd zu bestimmen. Als Ludwig VII. König von Frankreich (1137—80) auf Antrieb des heiligen Bernhard, Cistercienser-Abts von Clairveaux mit Konrad III. von Deutschland sich (1447) an die Spitze des zweiten Kreuzzuges stellte, fand er im Orient den Orden schon völlig organisiert. Zu den eigentümlichsten Bestimmungen seiner Statuten gehörte, dass auch Aussätzige in denselben aufgenommen werden konnten, und dass sogar der Grossmeister ein Aussätziger sein m u s s t e. Man hatte geglaubt, nur auf diese Weise den heiligen Eifer für das verdienstvolle, aber opferreiche Unternehmen aufrecht erhalten zu können. Ludwig VII. veranlasste eine Anzahl Ritter, ihm nach Frankreich zu folgen, um dort die Leitung der Aussätzigen-Hospitäler zu übernehmen und schenkte ihnen 1154 die Herrschaft Broigny bei Orleans, sowie ein Schloss und eine Kirche vor den Thoren von Paris. Broigny ward später der Hauptsitz des Ordens in Frankreich. Das erwähnte Schloss bei Paris ward zum Hospital eingerichtet. Die nachfolgenden Könige bestätigten und vermehrten diese Schenkungen. Auch Ludwig IX., den Heiligen, (1226—70) begleiteten bei seiner Rückkehr vom Kreuzzuge Lazarusritter nach Europa und als 1255 Jerusalem von den Ungläubigen wieder erobert ward und die Christen aus Syrien vertrieben, die Aussätzigen aber im Orient fast überall niedergemetzelt wurden, verlegte auch das Ordensoberhaupt seine Residenz nach Broigny. Da dispensierte Papst Benedict IV. den Orden von der Verpflichtung, nur einen Aussätzigen zum Grossmeister zu wählen. Gleichzeitig wurde dem Orden gestattet, die bisher befolgte Regel des heiligen Basilius mit der des heiligen Augustinus zu vertauschen.

Durch die sorgfältige Pflege, welche den Aussätzigen zu Teil ward, gelang es allmählich diese im Occident nicht epidemisch, sondern nur contagiös sich ausbreitende Seuche auf ein so geringes Mass zu beschränken, dass die ungeheuren Reichtümer, welche im Laufe der Jahrhunderte zu diesem Zwecke angesammelt waren, hierfür kaum Verwendung mehr finden konnten. Der Orden artete daher aus in schwelgerische Üppigkeit und hörte überhaupt auf, zeitgemäss zu sein. Papst Innocenz II. erklärte ihn daher 1490 für aufgelöst und überwies die Ordensgüter den Johannitern. Diese Verfügung kam jedoch nur in einigen Ländern zur Ausführung, so namentlich in Deutschland, wo der Orden in Thüringen seinen Hauptsitz hatte und sogar der Personalbestand desselben an die Johanniter überging. Infolgedessen mussten gegen die Statuten des Johanniterordens auch einige Nichtadelige in den letzteren aufgenommen werden. In Italien wurden auf Verwendung Kaiser Karls V. dem Orden die Hospitäler zu Messina und Palermo zurückgegeben. Aber auch in anderen Teilen Italiens, so namentlich in Savoyen, hat er noch lange nachher fortbestanden; denn sonst hätte Papst Gregor XIII. nicht 1527 dessen Verbindung mit dem savoyischen Orden des heiligen Mauritius verfügen können.

Dieser letztere Ritterorden war in der Mitte des 15. Jahrhunderts von Amadeus VIII., Herzog von Savoyen, gestiftet worden, nachdem er 1449 als Papst Felix V. abgedankt und sich nach Ripaille am Genfer See zurückgezogen hatte. Dorthin waren ihm sechs bejahrte, verwittwete Edelleute gefolgt, welche sich

„Ritter vom heiligen Mauritius“

nannten und Amadeus zu ihrem Vorsteher oder Dechanten

wählten. Er gründete darauf zwei Häuser, eins für Ritter, das andere für regulierte Canoniker, die den Gottesdienst hielten und unter einem Abt standen. Die Ritter befolgten die Benedictiner-Regel nach der Cistercienser-Reform.

In der Folge waren die Herzöge von Savoyen, später Könige von Sardinien, stets Grossmeister des Ordens, dessen Mitglieder sich ohne Dispens einmal, aber nur mit einer Jungfrau, verheiraten durften. Die spätere Organisation des Ordens ist von Emanuel Philibert mit dem Beinamen „Eisenkopf", von 1553—80 Herzog von Savoyen, ausgegangen und 1572 von Gregor XIII. bestätigt.

Der Zweck des Ordens war Verteidigung des katholischen Glaubens und hauptsächlich gegen die Calvinisten gerichtet. Gregor XIII., welcher die Vereinigung des Lazarus-Ordens mit dem Mauritius-Orden verfügte, überwies gleichzeitig dem neuen Orden alle in Italien und Spanien belegenen Kommenderien des ersteren und übertrug die Grossmeister-Würde des „vereinigten" Ritterordens dem jedesmaligen Herzog von Savoyen, unter dem Vorwande, dass die Grossmeisterwürde des Lazarusordens durch dessen frühere Aufhebung erloschen sei. Hiergegen protestierte, wenn auch erfolglos, das dermalige Oberhaupt der Lazarusritter.

In Frankreich war nämlich die päpstliche Auflösungsbulle vom Jahre 1490 (nach Einigen 1479, aber publiziert 1491) niemals anerkannt und der Grossprior von Aquitanien des Johanniterordens, als er auf Grund jener Auflösung die Auslieferung der Besitzungen des Lazarusordens verlangte, durch Parlamentsbeschluss vom Jahre 1547 mit diesen Ansprüchen zurückgewiesen worden.

Der zu Broigny residierende Grossmeister des Lazarusordens, dessen Vorgänger sich schon seit dem Jahre 1154 den stolzen Titel eines „Grossmeisters des Ordens des heiligen Lazarus sowohl diesseits als jenseits des Meeres" beigelegt hatten, welcher Titel bei der 1565 von Papst Pius IV. erfolgten Ernennung des Jeannot de Chatillon zu dieser Würde noch ausdrücklich bestätigt war, konnte daher auch folgeweise die von Gregor XIII. nach der Vereinigung beider Orden in Italien zu Gunsten des Herzog Philibert Emanuel verfügte Übertragung der Grossmeisterwürde des Lazarus-Ordens an den Grossmeister des Mauritius-Ordens als zu Recht bestehend nicht anerkennen, solange dem Lazarus-Orden als solchem in Frankreich die staatliche Anerkennung nicht versagt war.

In einem in dieser Veranlassung zu Broigny abgehaltenen Generalkapitel ward das zeitweilige Oberhaupt der französischen Lazarusritter, Franz Salviati, als Grossmeister bestätigt und dem französischen Grossmeistertum das Recht vorbehalten, auch ferner Ritter aufzunehmen und Komthureien zu vergeben. Doch war auch in Frankreich die Selbständigkeit des Ordens nicht mehr von langer Dauer; denn im Jahre 1608 ward er dem vom Könige Heinrich IV. gestifteten

„Orden Unserer Lieben Frauen vom Berge Karmel“

inkorporiert oder richtiger in ähnlicher Weise damit vereinigt, wie in Italien mit dem Mauritiusorden. Bestätigungen dieser Verschmelzung beider Orden erfolgten in den Jahren 1658, 1664 und 1672.

In dieser veränderten Gestalt ward ihm die besondere Aufgabe in der Anzahl von 100 Rittern,

„in Kriegszeiten die geheiligte Person des Königs zu schützen.“

Eigentümlich war die 1779 von dem dermaligen Ordens-Grossmeister, dem späteren König Ludwig XVIII., getroffene Bestimmung, dass die Militärschule in der Weise zu dem Orden in Beziehung treten sollte, dass jährlich drei Eleven derselben in den Orden eintreten mussten. Andererseits ward die Dekoration des Lazarus-Kreuzes den Ordensrittern, welche bereits das Karmel-Ordenskreuz trugen, erst dann als besondere Auszeichnung verliehen, wenn sie durch ein Zeugnis des kommandierenden Generals und des Kriegsministers besondere militärische Leistungen nachzuweisen im Stande waren. Der Orden nahm daher eine Mittelstellung ein zwischen einem Ritterorden und einem Militärverdienstorden. Während der Revolution ward er aufgehoben.

Auch in Italien hat der vereinigte Mauritius- und Lazarusorden im Jahre 1816[1]) eine neue Reorganisation erfahren. Er ward dabei in einen gewöhnlichen Verdienstorden umgewandelt, welcher gegenwärtig vom Könige von Italien Civil- und Militärpersonen verliehen wird.

Die Ordenstracht der ursprünglichen Lazarusritter bestand in einem schwarzen Mantel mit einem grünen Kreuze, welches seit dem Ende des 15. Jahrhunderts achtspitzig war. Seit seiner Verschmelzung mit dem Mauritiusorden ist dieses achtspitzige grüne Kreuz der weiss-emaillierten Kriegsdekoration des letzteren, welches an einem grünen Bande getragen wird, kreuzweise untergelegt.

Die französische Dekoration der durch das Lazaruskreuz ausgezeichneten Karmelritter bestand in einem, in purpur und grün-emaillierten achtspitzigem goldenen Kreuze, dessen Ecken durch Lilien verziert waren. In der Mitte befand sich auf beiden Seiten ein Medaillon, auf der einen mit dem Bilde der Jungfrau, auf der anderen des heiligen Lazarus.

12. Ritter des Ordens vom heiligen Grabe, Sepulkriten.

Dieselben bilden zwar einen Ritterorden, aber weder eine mönchisch-ritterliche, noch überhaupt eine Genossenschaft und besitzen keine weitere Organisation, als dass ihnen ein Grossmeister vorsteht. Andererseits kann man diesen Orden nicht als einen reinen Verdienstorden bezeichnen, weil er auch ohne Verdienst zu erlangen ist. Endlich hat er auch von Anfang an kein bestimmtes Ziel verfolgt, sondern nur sehr fernliegende eventuelle Leistungen für seine Mitglieder in Aussicht genommen. Dadurch nimmt dieser Orden unter allen übrigen Ritterorden eine Ausnahmestellung ein. Er charakterisiert sich im allge-

[1]) NB. vom Könige Victor Emanual I. am 27. September 1816; ferner durch König Karl Albert am 9. Oktober 1831 und 19. Mai 1837; endlich vom König Victor Emanuel II. am 14. Dezember 1855.

meinen als eine verkörperte Erinnerung an eine Gefühlsrichtung, welche aus der Zeit der Kreuzzüge stammt und zugleich eine schwache Nachahmung der grossen Ordensverbindungen jener Zeit, welche teils längst wieder aufgelöst sind, teils in veränderter Gestalt mehr oder weniger kräftig fortblühen.

Nicht einmal seine Entstehungszeit lässt sich mit einiger Sicherheit nachweisen. Nur annähernd kannn man darüber Vermutungen aufstellen. Irrtümlich ist jedenfalls die Annahme, dass Gottfried von Bouillon den Grabesorden bald nach der Eroberung Jerusalems, 1099 gegründet. Zu der Stiftung eines besonderen Ritterordens, um das heilige Grab zu verteidigen, lag damals entschieden keine Veranlassung vor. Dazu waren ohnehin alle anwesenden Fürsten und Ritter eifrig bereit. Den Ritterschlag erteilte aber jeder souveräne Herr, ob hoch oder niedrig, und es entsprach ganz der Richtung jener Zeit, denselben grösserer Feierlichkeit willen am heiligen Grabe zu erteilen. Übrigens wird aber auch in keiner zuverlässigen Geschichtsquelle, deren es aus jener Zeit doch zahlreiche giebt, und welche uns die Gründung der Tempelherren, Johanniter und Deutschritter so ausführlich beschreiben, eines besonderen Ordens vom heiligen Grabe irgend Enwähnung gethan. Auch nach der Rückeroberung Jerusalems durch die Mohammedaner, zur Zeit der ersten Kreuzzüge, hört man nichts von einem solchen Orden. Um die Mitte des 14. Jahrhunderts wird jedoch der Sepulkriten als einer bestehenden Ritterschaft vorübergehend gedacht. Nach der Angabe des Markgrafen Nicolo d'Este, welcher 1413 nach Jerusalem gepilgert war, soll dieselbe 110 Jahre vordem (nach Anderen 200 Jahre) bestanden haben. Dies würde für die Stiftungszeit vielleicht die Mitte des 13. Jahrhunderts ergeben. Jedenfalls besass des Orden um 1413 schon festes Grundeigentum auf der Burg Zion. Dass derselbe damals schon in einer näheren organischen Verbindung mit den Franziskanern des dortigen Terra Santa-Klosters gestanden, aus dem Umstande zu schliessen, dass diesen die religiöse Feier vor dem Ritterschlage zustand, ist nicht stichhaltig; denn die

Franziskaner waren derzeit die einzigen in Jerusalem ansässigen katholischen Geistlichen. Die Wahrheit hinsichtlich des Ursprungs dürfte in der Mitte liegen. Es ist mehr als zweifelhaft, ob überhaupt ein wirklicher Stiftungsakt stattgefunden. Wahrscheinlich hat der Orden sich erst allmählich und ohne individuellen Machtspruch als eine Lösung von Pilgergelöbnissen, entwickelt. Letztere, welche insgesamt auf eine Anteilnahme an der Wiederbefreiung Jerusalems hinausgingen, hatten nach Ausgang der Kreuzzüge keine Aussicht auf Erfolg. Man verpflichtete sich daher für den unwahrscheinlichen Fall einer Unternehmung dieser Art, zur Anteilnahme und einstweilen dazu, seinen moralischen Einfluss auf die resp. Fürsten in diesem Sinne geltend zu machen. Auch nachdem der Orden sich auf diese Weise ausgebildet, konnte er zu einer festen Gestaltung nicht gelangen, weil er kein bestimmtes Oberhaupt und keine eigentliche Statuten hatten.

Es ist aber wohl glaubhaft, dass die genannten Franziskaner, denen das Messelesen oblag, sich bald bemühten, sich das Verleihungsrecht inbetreff dieses Ritterordens zu verschaffen, um dadurch ihre Einnahmen zu erhöhen. 1483 unternahm der Ulmer Dominikaner-Mönch Felix Faber eine Pilgerfahrt nach Jerusalem. Dieser berichtet, dass zu seiner Zeit ein vornehmer Graf und Deutschritter aus Preussen, den er Johann nennt, sich im dortigen Minoritenkloster auf Zion aufgehalten und als Prokurator desselben gegen ansehnliche Geschenke von 10, 8, 6 resp. 5 Dukaten, adeligen Pilgern auf deren Verlangen am heiligen Grabe den Ritterschlag erteilt habe. Aus diesen Beiträgen wäre das heilige Grab nebst Kirche instandgesetzt und die Unterhaltung der heiligen Stätten, wie der Brüder von der Wache des heiligen Grabes u. dgl. mehr besorgt.

Graf Johann, dessen Zuname uns nicht überliefert ist, war zur Zeit der Thronbesteigung Bajazets II. (also 1481) von Kaiser Friedrich III. und Papst Sixtus IV. mit einer Sendung an den Mameluken-Sultan nach Kahira (Kairo) betraut worden und darauf nach Jerusalem gekommen.

Es war dies gerade die Zeit, wo man allgemein nach Einigung der verschiedenen, unter den Kreuzfahrern entstandenen, Ritterorden strebte. So hatte Papst Innocenz VIII. 1484 die Verschmelzung des Sepulkritenordens mit den Johannitern verfügt, Alexander VI. diese Verfügung wieder rückgängig gemacht, indem er den Orden vom heiligen Grabe wiederherstellte, und sich selbst zu dessen Oberhaupt erklärte. Diese Annäherung war aber dem Orden des heiligen Grabes durch die Niederlassung des Grafen Johann auf dem Zion unmittelbar zu Gute gekommen; denn an eine Inkorporierung des Grabordens in den Deutschorden scheint er nie gedacht zu haben. Nun bezogen sämtliche Grabesritter das frühere Konventsgebäude der Johanniter (= Hospital, Hospiz, im Gegensatz zur Infirmerie, was unserm Krankenhause entspricht). Unser Berichterstatter Faber wohnte zwar im Terra Santa-Kloster, that aber Kaplansdienste im Hospital.

Durch den Grafen Johann gewann der Orden eine neue Gestalt. Es trat die Grossmeisterschaft nun schon faktisch an das in seinem Guardian personifizierte Terra Santa-Kloster heran. Vorläufig machte er als Graf und Bevollmächtigter für Papst und Kaiser dem Unwesen ein Ende, dass jeder nach Jerusalem pilgernde Souverän und hohe Adelige sich anmasste: Ritter vom heiligen Grabe zu creieren. Diese ihm zustehende Berechtigung übertrug er aber als Affiliierter des Klosters — dessen Tracht er auch anlegte, ohne sich dessen Regel zu unterwerfen, — auf dieses.

Anfangs war dabei noch der alte Brauch beim Ritterschlage beobachtet, dass Vornehmere den im Range Nächststehenden und so weiter herab zum Ritter schlugen. Bald aber verlangte jeder den Ritterschlag von Johann selbst und nach seiner Abreise trat das Kloster an seine Stelle. Nach einem Bericht des am 23. April 1829 in den Orden aufgenommenen Barons Prokesch von Osten, soll schon 1496 Papst Alexander VI. den Pater Guardian und seinen Generalvikar für alle Zeit zur ausschliesslichen Creierung von Rittern des heiligen Grabes ermächtigt haben:

> „um die Pietät gegen das Heiligtum zu wahren und die Gemüter der Gläubigen zur Rückeroberung der heiligen Stätten gewaltig anzustacheln.“

In dem nämlichen Jahre erklärte der Papst sich zum Oberhaupt des Ordens. Da der Pater Guardian, welcher am 25. Juni 1583 den Fürsten Radziwil zum Ritter schlug, in dem darüber ausgefertigten Diplome sich nur im allgemeinen auf seine apostolische Autorität beruft, kraft deren er handele, so scheint es fraglich, ob die Ermächtigung so unbedingt erteilt worden war. Denn einzelne Ermächtigungen erfolgten: am 4. Februar 1516 von Leo X.; am 1. August 1561 von Pius IV; am 3. August 1665 von Alexander VII; am 3. März 1727 von Benedict XIII.; am 7. Januar 1746 von Benedict XIII.

Fürst Radziwil's Autorisation:

> „nach Gutdünken die Insignien . . . . . . des allerheiligsten Grabes etc., öffentlich und heimlich zu verleihen“,

scheint nur auf einer besonderen Begünstigung und Rücksichtnahme auf die vielen von ihm dem heiligen Grabe etc. erwiesenen Wohlthaten zu beruhen. Ihm war derzeit der Titel General-Prokurator beigelegt.

Inzwischen war schon die feierliche Form bei der Aufnahme zu einer Formel geworden. Man beschränkte das Haupterfordernis auf Nachweis erblichen Adels vom Vater. Später nahm man einzeln gar Bürgerliche auf, sah von der Pilgerfahrt nach Jerusalem u. s. w. zu diesem Zwecke ab und verlangte nur Einsendnng einer bestimmten Summe — als Almosen — zu einem festgesetzten Minimalbetrage an den Patriarchen von Jerusalem, dem Pius IX. unterm 10. Dezember 1847 die Erteilung des Ritterdiploms übertragen hatte. Diese Ermächtigung wurde durch Breve vom 24. Januar 1868 erneuert, während der Orden gleichzeitig in drei Klassen geteilt ward.

Die Ordensdekoration besteht aus einem rot-emaillierten Krückenkreuz mit goldener Einfassung, in dessen vier Enden sich je ein gleichartiges kleineres Krückenkreuz findet. Das Ordensband ist schwarz.

13. Humiliaten — Barettiner von der Busse

gestiftet als Genossenschaft vom heiligen Bernhard 1134 nach der Regel des heiligen Benedict, bestätigt von Papst Alexander III. (1159—1181) und mit Privilegien versehen.

Lombardische Edelleute, welche Heinrich II. zu Anfang des 11. Jahrhunderts nach Deutschland geführt, vereinigten sich dort zu einem gottgeweihten, arbeitsamen Leben, und setzten, nachdem der Kaiser die „Gedemütigten = Humiliaten", aus der Verbannung entlassen, unter dem Namen

„Barettiner von der Busse"

in ihrem Vaterlande, wo sie namentlich die Wollmanufaktur verbreiteten, dies gemeinschaftliche Leben fort.

Durch den heil. Bernhard wurden 1134 die Mitglieder dieser Genossenschaft, welche bis dahin mehr eine Vereinigung religiöser Familien bildeten, zur Ablegung des Gelübdes der Enthaltsamkeit bestimmt und bald nachher gab ihnen der heil. Johann von Meda eine bestimmte Lebensordnung nach der Regel des heil. Benedict. Alexander III. verlieh dem Orden Anerkennung und Privilegien. 1246 erhielt er einen Grossmeister. Inzwischen war die Zahl seiner Klöster schon auf 94 gestiegen. Grosser Reichtum führte allmählich den Verfall aller Zucht herbei, infolge dessen Pius V. 1571 den Orden aufhob, nachdem die Bemühungen des heil. Boromaeus für eine Herstellung der alten Observanz vier Ordensglieder zu einem Mordanschlag auf dessen Leben geführt.

14. Klosterfrauen, welche sich Humiliatinnen nannten, führten ihren Ursprung gleichfalls auf die erwähnte Thätigkeit des heil. Bernhard zurück und wurden nach ihrer ersten Vorsteherin auch „Blassonische Nonnen“ genannt. Sie haben niemals grosse Bedeutung gewonnen und kamen eigentlich nur in Italien, aber ohne Einheit der Tracht und der Observanz vor.

15. Guilbertiner — Gilbertiner

gestiftet um 1150 vom heil. Gilbert; — eine in England entstandene geistliche Verbrüderung, deren Verfassung eine grosse Ähnlichkeit mit derjenigen des Ordens von Fontevraud hatte.

Gilbert oder Guilbert (geb. 1083 † 1189) vereinigte als Pfarrer von Seegnigham mehrere Jungfrauen unter Klausur in einem Hause und unterwarf gleichzeitig eine Genossenschaft von Männern einer bestimmten Lebensordnung. Da Papst Eugen III. deren Anschluss an den Cistercienser-Orden nicht gestattete, gab Gilbert seiner Stiftung eine eigene Regel.

Die Nonnen lebten nach den Satzungen Benedict's in strengster Zurückgezogenheit unter stetem Schweigen und Entsagung von Fleischgenuss, die Männer als Chorherrn nach der Augustiner-Regel.

Regelmässig finden sich zwei Klöster mit einer gemeinsamen Kirche (sog. Doppelklöster) nebeneinander; doch war die Trennung der Geschlechter auch bei dem Gottesdienste aufs Strengste durchgeführt.

Von dem Frauenhause, welches als Stamm des Ordens anzusehen war, empfing die Abteilung der Chorherren sogar die tägliche Nahrung. Der Verkehr wurde durch eine Drehlade vermittelt. Gilbert selbst hat 9 Doppelklöster und 4 besondere für Chorherrn gegründet. Zur Zeit der Reformation betrug die Zahl der Häuser dieses Ordens 27.

16. Ritter vom Orden San Jago di Compostella,

St. Jago-Ritter, Ritter des heiligen Jakob vom Schwert,

entstanden 1161 oder 1170 aus einem Verein einiger Ritter zur Verteidigung des am Wallfahrtsorte San Jago di Compostella befindlichen Grabes des heil. Jakobus; zum Schutz der Pilger, wie deren Beherbergung und Pflege und im allgemeinen zum Kampf mit den Saracenen. Im Jahre 1175 bestätigte Papst Alexander III. den Orden und gab ihm Statuten, welche nach der Kriegsprofession des heil. Augustin eingerichtet waren.

Diese Ritter, deren erster Ordensmeister Petrus Fernandez war, gelangten dadurch, dass sie das den Mauren abgenommene Land zum Eigentum erhielten, allmählich zu Reichtum und Macht. Die Einkünfte ihres Grossmeisters sollen am Ende des 15. Jahrhunderts jährlich 60000 Dukaten betragen haben. Sie konnten aber auch 400 Ritter und 1000 Lanzen ins Feld stellen.

Ihr Ordensgelübde verpflichtete sie zum Gehorsam, zur Gemeinschaft des Eigentums und ehelicher Keuschheit, aber nicht zu Ehelosigkeit, endlich zur Verteidigung der unbefleckten Empfängnis der Jungfrau Maria.

In späterer Zeit trennten sich die castilianischen Ritter von den portugiesischen und wählten einen eigenen Grossmeister. Da übernahm Ferdinand der Katholische 1493 für die castilischen die Grossmeisterschaft, welche er mit der Krone vereinigte. 1652 erhielten sie neue Statuten. 1835 ward der Orden in Spanien in einen Hof- und Militärverdienstorden umgewandelt.

Auch in Portugal ward der Orden nach seiner Spaltung mit der Krone vereinigt und 1789 von der Königin Maria säcularisiert und in einen Militärverdienst-Orden umgewandelt, an dessen Spitze ein Grossmeister und Grosskomthur stehen.

In beiden Ländern ist der Nachweis von 16 Ahnen Bedingung der Aufnahme. In Spanien, wo der Orden nur aus Einer Klasse besteht, ist derselbe ein ovales silbernes Schild, auf dem ein rot-emailliertes Kreuz liegt dessen oberer Arm ein Herz trägt, während der untere schwertartig zugespitzt ist und die beiden Seitenarme lilienartig auslaufen. Das rote Band wird auf der Brust getragen und bei Feierlichkeiten durch eine goldene Ordenskette ersetzt. In Portugal ist der Orden in drei Klassen geteilt, von denen die beiden ersten insoweit in

Der Barfüsser.

(Bettlerorden.)

Der Barfüsser Orden.

Grau bekleidt mit bloßen Füßen
Wollten sie ihr' Sünden büßen.
Auch gürtens'.. um, ein Seil mit Knöpf,
Dazu sind ihn geschor'n die Köpf.
Fast'ten und bet'ten sie auch sehr
Doch war ihr' Küche nimmer leer.
Macht'n ein' Mönch mit fünf Wunden*
Damit sie alle Welt schunden.

*) Franciscus v. Assisi S. unt. d. Minoriten.

der Zahl ihrer Mitglieder beschränkt sind, als es nur 6 Grosskreuze und 150 Komthurkreuze geben darf; für die Ritter der dritten Klasse besteht keine solche Beschränkung.

In Portugal besteht die Ordensdekoration aus einem rotemaillierten, goldberandeten Christuskreuz oben und an den Seiten lilienartig endend, unten schwertartig zugespitzt. Die Grosskreuze tragen darüber noch einen achtspitzigen Silberstern auf goldenen Strahlen mit einem Mittelschilde, worin ein grün umkränztes rotes Herz.

Die Ritter trugen früher einen weissen Mantel mit einem blutigen Schwerte in Kreuzesform und einer Muschelschale als Sinnbild des heiligen Jakobus, welche die Pilger bei ihren Wallfahrten an ihrer Kutte zu tragen pflegten. In Spanien wird dieser Mantel bei feierlichen Gelegenheiten noch angelegt.

17. Trinitarier.

Zweck: Loskaufung christlicher Gefangener aus den Händen der Ungläubigen.

a) Älterer Orden. Hauptkloster: Cecfroid in Frankreich, gestiftet ca. 1200 von Johann von Matha († 1223) und dem Eremiten Felix von Valois, bestätigt von Innocenz III. (1198 bis 1216) ward anfangs genannt:

„Ordo. s. trinitatis et de redemptione captivorum".

Die Kleidung war weiss mit rotem und blauem Kreuz auf der Brust. Ein Dritteil ihrer Einnahmen musste zur Loskaufung von Gefangenen verwendet werden. Auf diese Weise konnte der Orden schon in den ersten zwei Jahren 300 Christen aus der Sklaverei befreien.

Ursprünglich durften die Mitglieder dieses Ordens weder Fisch noch Fleisch essen und auf ihren Reisen kein Pferd, sondern nur einen Esel besteigen. Dies verschaffte ihnen die Bezeichnung:

„Eselsbrüder".

Ein dritter Name kam in Frankreich vor, wo man sie

Mathuriner

nannte, weil ihr Kloster bei der Kapelle des heil. Mathurin in Paris stand.

Auch in Italien, England und Spanien fanden sie weite Verbreitung. Gegen Ende des 13. Jahrhunderts besassen sie bereits 250 Klöster in fast allen Ländern des Abendlandes; allmählich begannen sie jedoch ihren Zweck zu vernachlässigen und in Schwelgerei zu verfallen. Gegen Ende des 16. Jahrhunderts wurden einige Verbesserungen vorgenommen. Die strengsten Reformen traten ein in den spanischen Klöstern durch Johann Baptista de Conceptione im Jahre 1594.

Diese „verbesserten Trinitarier" nannten sich

„Trinitarier-Barfüsser".

Sie wurden in Polen, Österreich, Ober-Italien eingeführt. Besonders in Spanien bildete sich im 13. Jahrhundert ein Zweig von

„Trinitarierinnen"

aus. Endlich gab es noch einen sog. dritten Orden der Trinitarier,

„Trinitarier-Tertiarier"

genannt. — Gegenwärtig finden sich die beiden Haupthäuser der Trinitarier zu Murcia in Spanien und in Rom. Übrigens zählen die in verschiedenen Ländern Europas und Amerikas zerstreut liegenden Klöster jetzt nur noch wenige Genossen.

b) Jüngerer Orden. Hauptkloster in Barcelona, gestiftet 1223 von dem französischen Edelmanne Petrus Nolaskus als militärisch-religiöser Orden mit dem gleichen Zweck.

Er war in Ritter und Brüder geteilt, welche letztere aber Priester sein mussten.

Die Genossenschaft lebte nach der Augustiner-Regel und nannte sich

„Orden Unserer Lieben Frau von der Gnade"

erhielt 1230 von Gregor IX. ihre Bestätigung.

Der Stifter und erste General des Ordens Petrus Nolaskus opferte sein ganzes Vermögen dem Ordenszweck und befreite persönlich an 400 Christen aus der Gefangenschaft. Papst Clemens V. (1305—1314) und Johann XXII. (1316—1334) verordneten, dass nur Priester zu Ordens-Generalen befördert werden dürften. Die Folge war, dass die Ritter ausschieden und in andere Kriegsorden eintraten.

Die „Trinitarier-Nolasker“,

wie sie sich nach ihrem Stifter nannten, verbreiteten sich anfangs rasch in Spanien, Frankreich und Amerika. Durch Johann Baptista de Gonzales wurden sie 1604 in eine strengere Observanz unter dem Namen

„Barfüsser U. L. Frau von der Gnade“

reformiert, gingen aber in den Stürmen der Revolutionszeit grösstenteils unter; doch bestehen noch mehrere Häuser in Spanien, Italien und Amerika. Ihr Haupthaus war früher zu Madrid, später in Rom.

Seit 1518 gab es von diesem Orden auch

Trinitarierinnen = Urbanistinnen — Verbesserte Augustinerinnen,

welche nicht verwechselt werden dürfen mit den schon 1264 als Zweig der Franziskaner gestifteten Urbanistinnen.

18. Olivetaner, Benedictiner vom Ölberge,

gestiftet 1313 von Johann Tolomeï, einem Edelmann aus Siena, (geb. 1272) und zwei Senatoren Patricio Patrici und Ambrosio Piccolomini, welche im Gebirge, 15 Meilen von Siena ein nur dem Gebete und den strengsten Abtötungen gewidmetes Leben führen wollten. Papst Johann XXII. (1316—1334) gebot denselben die Annahme approbierter Ordensstatuten, worauf der Bischof von Arezzo ihnen 1319 die Regel des heil. Benedict gab und ihrem Aufenthaltsorte den Namen Ölberg verlieh. So entstand die

„Kongregation der Benedictiner vom Ölberge“,

welche sich die Verehrung der heiligen Jungfrau zur besonderen Pflicht machte.

Ihr Stifter, mit dem Klosternamen Bernhard, bekleidete die Würde eines Generals von 1322—1328, wo er mit vielen seiner Religiosen als Opfer der Nächstenliebe von der Pest dahingerafft wurde, worauf die Kirche ihn später heilig sprach.

Im Kloster Oliveto leitete der General die Kongregation. Ihm standen ein Generalvikar und sechs Visitatoren zur Seite. Die Vorsteher der einzelnen Klöster hiessen Äbte, deren Amtswaltung drei Jahre dauerte. Die Visitationen waren strenge vorgeschrieben. Jährliche Versammlungen berieten die allgemeinen Angelegenheiten und wählten die Vorgesetzten aus den Ältesten und Bewährtesten, und den General der Reihe nach aus einer der sechs Provinzen.

In einzelnen Klöstern befanden sich Lehrstühle der schönen Wissenschaften, der Philosophie und der Theologie. Auch waren wöchentliche Konferenzen der Mönche über praktische Fälle, oder theologische Erörterungen vorgeschrieben.

Die Kleidung glich derjenigen der Benedictiner, deren Farbe war aber weiss.

Schon zu Bernhard's Zeit entstanden 8 Klöster, bald stieg deren Zahl aber auf 80. Viele derselben waren sehr reich. Zur Aufnahme in den Orden ward adelige Geburt verlangt. Die Lebensordnung war mehr eine Milderung, als eine Verschärfung der Benedictiner-Regel, gleichwohl gingen sowohl mehrere Heilige als Bischöfe aus dem Orden hervor.

1582 vereinigte Papst Gregor XIII. die Kongregation vom heiligen Frohnleichnam (corpus Christi) welche 1328 durch Andreas Paolo von Assisi nach der Benedictiner-Regel und den Cistercienser-Gebräuchen gestiftet wurde und sich besonders der Anbetung und Verehrung des heil. Sakramentes widmete, mit den Olivetanern.

Hauptkloster war später das Kloster zur heiligen Maria in campis bei Faligna.

19. Ritter des Ordens U. L. Frau von Montesa

gestiftet 1316 von König Jakob II. von Arragonien und Valencia unter der Regel der Benedictiner, welcher denselben mit Genehmigung des Papstes Johann XXII., die Güter der 1312 aufgehobenen Tempelherren, sowie Stadt und Festung Montesa überliess, wonach sie sich benannten. Sie wurden den Statuten des Ordens von Calatrava unterstellt.

1572 erteilte Papst Paul den Rittern die Erlaubnis, sich zu verheiraten. König Philipp II. vereinigte den Orden vollständig mit der Krone Spaniens und nahm 1587 die Würde des Grossmeisters an.

Die Ordensdekoration besteht aus einem goldenen Schilde, in Gestalt eines verschobenen Vierecks, welches von einem roten Rande eingefasst ist und in der Mitte ein rotes Kreuz enthält. Das Band ist rot. Die Ritter tragen einen langen Mantel aus weissem Wollenstoff, mit einem roten Kreuz auf der linken Seite.

20. Ritter des Christus-Ordens,

gestiftet 1317 vom Könige Dionys von Portugal nach Aufhebung des Templerordens (1312) cf. oben pag. 31.

Die Ordensdekoration besteht aus einem goldenen, teilweise rot-emaillierten, inmitten ausgebrochenen Kreuz mit ausgeschweiften Armen, von denen der untere etwas länger ist, überragt von einer goldenen Krone. Die Militärklasse trägt ausserdem kriegerische Embleme.

Der portugiesische Orden ist dreiklassig, der päpstliche nur einklassig und wird um den Hals getragen.

Das Ordensband ist bei beiden rot.

21. Benedictiner von St. Vanne et St. Hidulph,

gestiftet 1601 von Didier de la Cour de St. Vanne in Lothringen, als die Zuchtlosigkeit und Erschlaffung der Benedictiner einen solchen Grad erreicht hatte, dass der Kardinal Karl von Lothringen sich genötigt sah, einzelne Klöster zu säcularisieren und mit dem Gedanken umging, den ganzen Orden in seiner Legation zu unterdrücken.

Didier, welcher schon als Laienbruder und später als Priestermönch des Klosters St. Vanne vergeblich sich bemüht, der Sittenlosigkeit seiner Mitbrüder Einhalt zu thun, konnte erst 1596 als Prior des Klosters die beabsichtigte Verbesserunng damit einleiten, dass er die Novizen zur strengsten Befolgung der Regel des heil. Benedict anhielt, darauf 1601 auf diese Regel selbst von neuem Profess ablegte und nun den älteren Mönchen die Wahl liess, die neue Ordnung anzunehmen, oder das Kloster zu verlassen.

Das nächste Kloster, welches sich dieser Ordnung anschloss, war das dem heil. Hidulph gewidmete Kloster Mayen-Moutier im Wasgau. Papst Clemens VIII. bestätigte 1604 die Statuten und die Vereinigung. Allmählich traten alle Benedictinerklöster in Elsass-Lothringen derselben bei. Ausser der Klosterzucht bezog sich diese Reform auch auf höhere Befriedigung wissenschaftlicher Bedürfnisse. Gelehrte Bildung ward durch Errichtung trefflicher Unterrichtsanstalten gefördert. Die Kongregation sollte durch einen General oder Präsidenten, welcher jährlich wechselte, geleitet werden, in gleicher Weise ein Kapitel zur Beratung der allgemeinen Angelegenheiten, Vorsteher und Visitatoren-Wahl stattfinden. Viele bedeutende Gelehrte sind aus dieser Kongregation hervorgegangen.

22. Benedictiner von St. Maur.

1618 ward im Generalkapitel der Benedictinerklöster Frankreichs, welche die sub 21 bezeichneten Verbesserungen angenommen hatten oder dies beabsichtigten, beschlossen, sich zu einer eigenen Kongregation zu verbinden, welche nach 1621 erlangter päpstlicher (1618 schon königlicher) Bestätigung nach dem grossen Schüler des heil. Benedict als

Kongregation des heiligen Maurus

ins Leben trat. Sie bestand, nach Wiederaufhebung der 1634 vom Kardinal Richelieu vollzogenen Verschmelzung der Mauriner und Cluniacenser zu einer „allgemeinen Kongregation des heil. Benedict in Frankreich“ durch Urban VIII. im Jahre 1644, bis zur Revolution fort. In ihrer Blütezeit umfasste sie in 6 Provinzen mehr als 180 Abteien und Priorate, darunter die berühmtesten Frankreichs, wie St. Germain, St. Denis, Fleury, Chaise Dieu, Marmontiers. Diese Klöster waren Erziehungsanstalten im höchsten Sinne des Worts, für Geist und Körper, für Kloster und Welt.

Die Erziehung des Eintretenden war auf 8 Jahre berechnet. In den beiden ersten ward er in den Ordensregeln, dem Ritus und Kirchengesange unterrichtet. Die folgenden fünf Jahre waren den umfassendsten Studien gewidmet, das letzte der ascetischen Sammlung und Vorbereitung auf den Empfang der heiligen Weihe. Dann ward jedem nach seiner Befähigung der zukünftige Aufenthaltsort und Wirkungskreis zugewiesen. Wer am wenigsten befähigt war, wurde mit der Seelsorge und einem Pfarramt betraut, oder musste den Unterricht in der Elementarschule des Klosters leiten; Talentvollere wurden auf den Klosterakademien noch höher ausgebildet und dann entweder als Erzieher und Lehrer der Novizen oder junger Edelleute in eigenen Anstalten, als Klosterbibliothekare verwandt, oder beauftragt, sich gelehrter Arbeiten und tiefer Geistesforschungen zu unterziehen.

Am hervorragendsten in dieser Beziehung waren die Klöster St. Germain, wo der General der Kongregation seinen Sitz hatte, und Blancmonteaux zu Paris. Dem General standen zwei Assistenten und sechs Visitatoren zur Seite. Die einzelnen Klöster wurden von Superioren geleitet, welche der General auf je drei Jahre ernannte. Er selbst ward gewählt und war stets wieder wählbar.

Durch jenes so tief durchdachte Erziehungssystem pflegte die Kongregation von St. Maur in ihren Gliedern den Keim einer mit Wissenschaft gepaarten Frömmigkeit und gelangte dadurch zu einer unsterblichen Berühmtheit.

23. Bethlehemiten.

1687 erfolgte durch Papst Innocenz XI. die Bestätigung einer Kongregation dieses Namens, der er die Regel des heiligen Augustinus gab.

Die eigentliche Stiftungszeit dieser Kongregation ist um so schwieriger zu bestimmen, als es zweifelhaft ist, ob dieselbe erst damals ins Leben gerufen ward, oder gewissermassen an früher bestehende Genossenschaften dieses Namens nur anknüpfte.

Nach dem englischen Chronisten Matth. Paris (1644) gab es schon im 13. Jahrhundert in England einen Mönchsorden dieses Namens, welcher zwar die Kleidung der Dominikaner trug, sich aber durch einen hinzugefügten Stern mit fünf roten Strahlen von ihnen unterschied. Da weiteres jedoch über diesen Orden nicht bekannt ist, bleibt die Frage der Identität mit unserm Orden ungelöst. Dagegen gründete ein Franzose Betencourt, welcher in Guatemala in Mittelamerika 1655 als Tertiarier der Franziskaner es unternahm die Kinder der Armen im Lesen und der Religion zu unterrichten und hilflose Kranke in einem gemieteten Hause zu verpflegen, in Amerika auch einen geistlichen Orden und zwar lediglich aus erbetteltem Gelde. Als derselbe 1667 mit Tod abging, entschlossen sich reiche Bürger von Guatemala dieses Haus zu kaufen und in ein Hospital umzuwandeln, welches sie Bethlehem nannten. Hiervon bekam diese Genossenschaft auch den Namen

Kongregation der Bethlehemiten.

Dies erst war die 1687 von Papst Innocenz XI. bestätigte und mit den Regeln des heiligen Augustin versehene, oberwähnte Genossenschaft der Bethlehemiten. Clemens XI. erteilte derselben 1707 die Privilegien der Bettelmönche. Die Mitglieder tragen eine den Kapuzinern ähnliche Kleidung, anstatt der Kapuze aber Hüte, und anstatt des Strickes einen ledernen Gürtel, als besonderes Merkzeichen aber eine Medaille am Halse mit einer Darstellung der Geburt Christi.

Hauptzweck des Ordens ist Krankenpflege und Ausübung der Gastfreundschaft, womit die Erteilung von Elementar-Unterricht an arme Kinder verbunden ist.

Dieser Orden hat sich auf den Canarischen Inseln und in allen Teilen Amerikas verbreitet, wo die spanische Herrschaft bestanden hat. Sitz des General-Vorstehers ist Guatemala geblieben.

Seit 1668 kommen auch Bethlehemiten-Schwestern vor, welche sich ebenso kleiden, aber eine strengere Klausur haben. Deren Vorsteherinnen nennen sich: „grössere Schwestern“.

24. Cölestiner.

Einsiedler vom heil. Damian oder von Murrone,

gestiftet ca. 1250 vom Einsiedler Peter (geb. 1215 zu Sergna Neapel † 1296) auf dem Berge Murrone, dann in einem Kloster auf Monte Majella als Genossenschaft, bestätigt 1264 von Urban IV. als

Einsiedler vom heiligen Damian oder von Murrone

mit der Benedictiner-Regel und 1274 von Gregor X. mit erweiterten Privilegien versehen Nur der Hauptsitz, erst Monte Majella-Kloster, dann Hl. Geist-Kloster bei Sulmona sollte ausschliesslich Abtei, jedes andere Kloster nur Priorat sein, durch regelmässige Kapitel und Visitationen Zucht und Ordnung aufrecht erhalten werden. Bis 1286 war Peter General, 1294 ward derselbe Papst als Cölestin V. worauf der Orden wieder neue Vorrechte und den Namen

Cölestiner

erhielt. Derselbe verbreitete sich rasch über Italien, Frankreich und Deutschland.

Die Ordenstracht war weiss; (Kapuze, Scapulier und die grosse Kutte für den Chordienst schwarz) bei den Laienbrüdern braun (Scapulier durch ein Kreuz ausgezeichnet, dessen Fuss ein „S“ umschlang).

Die Mendicanten oder Bettelmönche.

Das gesamte Ordenswesen wurzelt im Christentum. Das Vorbild des Erlösers hatte schon früh fromme Bekenner veranlasst, anfangs zu eigener Erbauung sich vom weltlichen Treiben zurückzuziehen, später in brüderlicher Teilnahme mit dem Geschick der Nebenmenschen, sich denselben wieder zu nähern, um Sünder zu bekehren, Kranke zu pflegen, Armen zu helfen, oder in frommer Andacht für deren Heil zu beten. Verschieden waren die Wege, welche sie einschlugen, ihre Ziele zu erreichen; aber segensreich war ihr Walten überall.

Für den Occident ward dies vorzugsweise der heilige Benedict, der im vollen Verständnis seiner Zeit seinem Orden eine praktische Richtung gab und ihm dadurch, oft gleichzeitig mit der Bekehrung zum Christentum in den weitesten Kreisen Eingang verschaffte. Doch nicht lange vermochte derselbe seine natürliche Einfachheit zu behaupten. Bald schon verzweigte er sich in eine Menge, oft freilich nur in unerheblichen Punkten abweichender Systeme und so entstanden zahlreiche Ordensabteilungen, die sich den Ausschüssen vergleichen lassen, welche dem alternden Stamme eines Baumes entspriessen. Noch im Untergange nährte er sie und zwar so reichlich, dass sie anfingen, sich gegenseitig zu stören, anstatt selbständiger Entwickelung entgegenzugehen.

Die Vervielfältigung der Orden trug zu einer wirklichen Reorganisation des Mönchswesens nicht bei; denn die frühere aufopfernde Begeisterung fehlte. Die zahlreichen Ordens-

Kongregationen waren ebenso viele Kleinstaaten in der Kirche geworden, deren Vorsteher der Autorität der hohen geistlichen Würdenträger ihrer Diözese sich nicht mehr fügen wollten, und nebenher deren Einfluss auf die kirchlichen Gemeinden in vielen Richtungen schädigten. In diesem Macht- und Rangstreit zwischen Äbten und Bischöfen war die klösterliche Zucht in unbotsame Schlaffheit, das höhere Streben nach christlicher Vollkommenheit in einer rastlosen Jagd nach Reichtum und behaglichen Lebensgenuss verloren gegangen. Der Lateransynode von 1215 konnte diese traurige Thatsache nicht verborgen bleiben; sie konnte in dieser fortwährenden Vermehrung der Orden ein Mittel zu einer gründlichen Besserung nicht erkennen, solange nicht ein neuer Geist dieselben zu durchdringen vermochte. Sie beschloss daher die Errichtung neuer Orden einstweilen zu verbieten.

Da aber erstanden fast gleichzeitig zwei gottbegnadigte Männer, der heilige Franziskus von Assisi und der heilige Dominikus von Guzmann, welche ganz erfüllt von der hohen Bedeutung eines geläuterten Mönchswesens, den rechten Ausgangspunkt für eine wirkliche Neubildung desselben zu finden wussten.

Sie legten damit den Grund zu einer Reihe von Orden einer anderen Richtung, welche man nach dem zur Erreichung ihres Zweckes angewandten Mittel des Almosensammelns zusammenfasst unter dem Namen der

Bettelmönche.

Alle Bettelorden beruhten auf der Überzeugung ihrer Stifter, dass die Entartung der übrigen Orden von der übermässigen Anhäufung von Reichtümern ausgegangen sei, welche deren Besitzer verweichlicht und ihren hohen Zielen entfremdet habe, und dass man nur durch völlige Entsagung irdischen Besitzes die Kraft und Würde erlangen könne, welche zu deren Errichtung erforderlich sei.

Der erste Orden dieser Art waren die

I. Franziskaner oder Minoriten im weiteren Sinne

gestiftet 1210 vom heiligen Franziskus von Assisi (geb. 1182 † 1226, heilig gesprochen 1228) Sohn des dortigen Kaufmanns Peter de Bernardone. Sein wirklicher Vorname war Johannes, und Franziskus nur ein Beiname, der ihm von seinen Zeitgenossen, vermutlich wegen seiner französischen Vorbildung beigelegt ward.

Aus einem lebensfrohen Jünglinge machten eine erlittene Kriegsgefangenschaft in Perugia und eine bestandene schwere Krankheit einen ernsten Mann, welcher in irdischer Entsagung zum Besten der übrigen Menschheit die herrlichste Aufgabe eines geistlichen Ordens zu erkennen glaubte. Weil er aber in der Begeisterung für diesen Gedanken sich nicht nur seines eigenen Vermögens zu Gunsten der Armen entledigte, sondern auch verwaltete Gelder seines Vaters zu diesem Zwecke verausgabte, ward er vom Vater verstossen und begann darauf seine neue Laufbahn mit Almosensammeln, welches so viel einbrachte, dass er schon nach Verlauf von zwei Jahren damit die Damianskirche und einige Kapellen ausbauen lassen konnte. (Um eine dieser Kapellen ward später die berühmte Portiuncula-Kirche gebaut.) Unablässig sammelte er fortan Almosen zu ähnlichen Zwecken, indem er dabei in strengster Selbstabtötung lebte. Während dieser Wanderungen vernahm er in einer Predigt die Worte des Herrn, Matth. 10. 9. 10 „Ihr sollt nicht Gold, noch Silber, noch Erz in Euren Gürteln haben; auch keine Tasche zur Wegfahrt, auch nicht zwei Röcke, keine Schuhe, auch keinen Stecken.“

Diese Worte fasste er buchstäblich auf, umgürtete sich mit einem Strick, ging barfuss und führte niemals Geld bei sich, begann dagegen überall Busse zu predigen mit dem Gruss: „Der Herr gebe Euch den Frieden“. Sehr bald bekam er Anhänger, welche anfangs beisammen wohnten, dann aber paar-

Die Minoriten.

(Franciskaner.)

Die Minoriten.*

(Franciskaner Orden.)

Aus der Grau=Barfüsser=Orden,
Sind wie folgt mehr Secten worden,
Als **Minores** und **Minimi**,
Observantes und **Clarini**,
Etlich' **de Evangelio**,
Mehr die sind **de Caputio**,
Und also viel dergleichen mehr,
Die halten **Sanct Francisci** Lehr.

---

*) Lesart: Die Minores Brüder.

weise im Lande umherzogen und sich ihre Lebensnotdurft erbettelten, nachdem sie allen Besitz zu milden Zwecken verwandt.

Als ihre Zahl 1210 auf 12 Mitglieder angewachsen war, verfasste er die erste Regel für seinen neuen Orden, deren Mitglieder er

fratres minores = die geringeren Brüder

nannte. Daraus entstand deren ursprüngliche Bezeichnung als

Minoriten.

Erst später legte man ihnen den Namen

Franziskaner

nach ihrem Stifter bei. Eine weitere Bezeichnung als

Seraphinen

leitet sich von dem Ehren-Beinamen des heiligen Franziskus der „Seraph" her. Der Name Franziskaner umfasst übrigens alle Orden, welche irgend eine seiner Regeln angenommen, Minoriten nennt man dagegen streng genommen nur diejenigen, welche nach seiner ersten Regel leben.

1. Minoriten im engern Sinn.

Die Minoriten-Regel fordert Gehorsam, Keuschheit und völlige Entsagung allen Eigentums.

Letzteres namentlich war die charakteristische Eigentümlichkeit derselben, wodurch sie sich von der aller bestehenden Orden unterschied. Sie ging darin so weit, dass sie nicht nur dem Einzelnen, sondern auch dem Kloster den Besitz von Vermögen untersagte. Die Ordensmitglieder sollten nur durch Almosensammeln unterhalten werden, welches sich aber auch hierauf beschränken musste, damit sie nicht einmal die Seligkeit des Gebers erführen. Schon 1210 hatte Innocenz III. die Stiftung dieses Ordens — trotz jenes Synodebeschlusses — mündlich genehmigt. Eine schriftliche Bestätigung derselben erteilte erst Papst Honorius III. 1223, obwohl er die Regel für zu streng hielt.

Es waren aber schon damals Klöster dieser Regel überallhin verbreitet — nach Italien, Frankreich, Spanien, Portugal,

England, Schweden und Deutschland. Vervollständigungen und Zusätze der letzteren, welche sich notwendig erwiesen, betrafen mehr die innere Organisation des Ordens, als die Pflichten der Ordensbrüder. So sollte u. a. jedes Kloster einem Guardian = (Wächter = custos) die Mehrheit von Klöstern einer Provinz einem Provinzial (minister provinciae) sämtliche Provinzen aber dem General-Minister des Ordens (minister generalis servus totius fraternitatis) untergeben sein.

Alle Stellen wurden durch Wahl besetzt, Novizen nur vom Provinzial aufgenommen, nachdem sie ihr Vermögen den Armen gegeben. Erst nach Jahresfrist konnten sie dem Orden selbst einverleibt werden.

2. Franziskanerinnen — Klarissinnen,

welche den sogen. zweiten Orden des heil. Franziskus bilden, weil dieser auf Antrieb der heil. Klara von Assisi (1193—1254) aus dem Geschlechte der Ciffi für das weibliche Geschlecht eine zweite Ordensregel verfasst hat. Darauf gründete die heil. Klara schon 1212 das Kloster St. Damian zu Assisi, welches für alle späteren Klöster dieser weiblichen Genossenschaft zum Vorbilde ward. Die Nonnen nannten sich entweder nach jenem Kloster

Damianistinnen

oder nach der Stifterin:

Klarissinnen

und erst später nach dem Regelgeber:

Franziskanerinnen.

Andere Bezeichnungen für dieselben waren:
„Arme Frauen; eingeschlossene Frauen; niedere Schwestern.“

Da jedoch diese verschiedenen Bezeichnungen zu grosser Verwirrung führten, bemühte sich der Ordens-General der Minoriten, Bonaventura, welcher auch die Oberaufsicht über diese Klöster führte, durch Erneuerung der Ordensregel und gleiche Benennung der Nonnen, eine bessere Übereinstimmung hierin herbeizuführen. Danach sollten diejenigen, welche diese von Urban IV. 1264 bestätigte etwas mildere Regel annahmen, fortan

Urbanistinnen

heissen. Da aber bei weitem nicht alle hierauf eingingen, sondern viele die strengere Regel beibehalten wollten, so verblieb den remonstrierenden der Name Klarissinnen. Zu diesen kamen viele neuentstehende Klöster, die sich sofort der alten Strenge zuwandten.

Dahin gehörten die sogen.

armen Klarissinnen

gestiftet von Colette Boilet (1380—1447), ferner die

Kapuzinerinnen

gestiftet von Maria Longa zu Neapel unter Paul III. (1534—49),

die Klarissinnen der strengsten Observanz

gestiftet von Franziska von Jesus-Maria aus dem Hause Farnese 1631 endlich die

Nonnen des heil. Peter von Alcantara

gestiftet mit Genehmigung des Papstes Clemens X. (1670—76) und noch früher (1500) die Nonnen der unbefleckten Empfängniss der heil. Maria.

Ursprünglich lebten die Damianistinnen nur nach der mündlichen Vorschrift des heil. Franziskus. Ihre erste schriftliche Regel erhielten sie vom Kardinal Ugolino und erst 1224 gab der heil. Franziskus ihnen seine Regel schriftlich.

Danach waren sie auch zu Fasten, Schweigen, Klausur, und Andachts-Übungen verpflichtet; doch hatte der heil. Franziskus schon bei seiner zweiten Regel etwas von der früheren Strenge nachgelassen. Die zahlreichen Klöster, welche sich bald dieser Regel unterwarfen, unterstanden, wie schon bemerkt, den Oberen der Minoriten, also ihren Provinzialen und dem Generalminister, einzelne nur ihrer eigenen Äbtissin.

Die Kleidung bestand aus einem grauen, sergenen Rock mit weissem Gürtel, was hinsichtlich des Stoffes von Papst Eugen IV. (1431—1447) eine Milderung erfuhr.

3. Einfache Tertiarier

für welche der heilige Franziskus eine besondere Regel verfasste und die daher dritter Orden des heil. Franziskus genannt wurden. Es hatten sich nämlich in frommer Begeisterung so ungewöhnlich viele zur Aufnahme in den Minoritenorden gemeldet, dass der heil. Franziskus zur Vermeidung einer Entvölkerung des ganzen Landes sich 1221 genötigt sah, Vorschriften aufzustellen, welche dem religiösen Bedürfnisse der Antragsteller Genüge zu leisten vermochtén, ohne dieselben dem Leben in der Welt zu entziehen. Hiermit hatten sich die Päpste Honorius III. (1216—27) und Gregor IX. (1227—41) mündlich, Nikolaus IV. aber 1289 durch bosondere Bulle einverstanden erklärt.

Nach dieser dritten Regel sollte jeder, ohne Unterschied des Standes und Geschlechts, in den Orden aufgenommen werden können, welcher unbescholten und nicht durch eheliche Bande davon abgehalten war. Das nach bestandenem Probejahr vom Eintretenden abzulegende Gelübde enthielt keinen Klosterzwang. Derselbe sollte aber die allgemeinen göttlichen Gebote aufs Pünktlichste befolgen und die besonderen Vorschriften der Ordensregel genau beachten, allen ungerechten Erwerb sofort zurückerstatten und binnen 3 Monaten über sein Vermögen testamentarisch verfügen, häufig fasten, wiederholt am Tage beten, sich einfach kleiden und aller zerstreuenden Vergnügungen enthalten.

Eine unglaubliche Menge Menschen aus allen Ländern liess sich unter diesen Bedingungen in den Orden aufnehmen. Sehr viele derselben begnügten sich aber nicht mit deren Erfüllung; sie wollten daneben auch wirklich der Welt entsagen.

4. Regulierte Tertiarier männlichen Geschlechts,

welche in klösterlichen Genossenschaften lebten und unter sich wieder Kongregationen gebildet hatten. Dazu gehörten:

a) die Kongregation der Lombardei,

die unter sich alle Klöster Italiens vereinigte, von Nikolaus V. 1447 die Erlaubnis erhielt, eine besondere Tracht anzulegen, für sich Generalkapitel zu halten, aus ihrer Mitte einen Generalvikar und seit 1458 auch einen eigenen Generalminister zu wählen. Von 1568—1586 unterwarf Pius V. sie zwar dem Generalminister der Minoriten; aber seit dem Generalkapitel von 1647 wählten sie wieder ihren eigenen Generalminister;

b) die Kongregation von Sicilien

von besonderer Strenge, gestiftet von Jakob von Eugubio, namentlich blühend im 16. Jahrhundert. Deren Mitglieder wurden

Barfüsser (gli scalzi)

genannt, weil sie auf blossen Füssen gingen. Auch dieser Kongregation hatte Pius V. gestattet, Generalkapitel zu halten und einen eigenen Provinzial zu wählen. Doch wurden sie 1602 auf Anordnung des Papstes Clemens VIII. mit der Kongregation der Lombardei vereinigt;

c) zwei in Dalmatien und Istrien entstandene Kongregationen,

welche auf die dortigen politischen Verhältnisse zeitweise grossen Einfluss ausübten;

d) Kongregationen in Deutschland, Böhmen, Ungarn, Dänemark, Schweden, Irland und England,

welche dort entstanden und untergingen.

e) Kongregation in Spanien,

welche seit 1442 einen eigenen General hatte, von Pius V. (1566—72) aber dem Orden der Observanten unterworfen wurde.

f) Kongregation von Portugal,

1444 in Blüte, aber in den Stürmen der Neuzeit untergegangen.

g) Kongregationen in Frankreich,

wo schon 1284 Klöster dieser Art zu Toulouse bestanden, welche Vincenz Mussart (1570—1637) reformierte. Von neuern Klöstern verdient Erwähnung das Kloster Picpus in der Pariser Vorstadt St. Antoine. Clemens VIII. erlaubte denselben 1603 Abhaltung von Generalkapiteln und Wahl eines Generalvikars. Sie besassen die vier Provinzen: Frankreich, Aquitanien, Normandie und Lyon, und darin 59 Klöster. 1648 entzog Innocenz X. ihnen den Generalvikar, worauf die Provinzialen die Klöster leiteten. Mit der Revolution verschwanden sie sämtlich.

h) Kongregation in Flandern und den Niederlanden (gewöhnlich genannt Kongregation von Zapporn)

deren Mitglieder Begharden hiessen (aber nicht mit der Schwärmer-Sekte dieses Namens verwechselt werden dürfen, cf. auch Bulle Johann's XXII. (1316—34) und von Nikolaus V. 1447—55) die Erlaubnis erhielten, einen eigenen General zu wählen, später aber mit Rücksicht auf die in ihrer Mitte ausgebrochenen Streitigkeiten von Gregor XV. (1621—23) und Innocenz X. (1650) der lombardischen Kongregation einverleibt wurden.

i) Kongregation der Hospitaliter-Obregonen-Minimen,

welche ausser dem gewöhnlichen Gelübde auch das der Abwartung von Kranken und Irren abzulegen hatten und entweder zusammen in Hospitälern, oder in „Familien“ benannten Gesellschaften lebten. Da ein gewisser Bernhard Obregon (1540—99) in Spanien die ersten Hospitäler gründete, welche 1599 päpstliche Bestätigung erhielten, nannten die Hospitaliter sich anfangs nach ihm

Obregonen

übrigens auch Minimen = Wenigste. Sie breiteten sich bald in ganz Spanien und Portugal aus.

k) Kongregation der guten Söhne („bons fieux“) entstand 1615 zu Armentiéres in Flandern, war anfangs den Recollecten, später ihrem Diözesanbischofe unterworfen.

5. Regulierte Tertiarierinnen.

a) Elisabethinerinnen.

Da die heil. Elisabeth von Thüringen (geb. 1207 † 1231 hl. gespr. 1235) soweit bekannt, die erste war, welche dies Ordensgelübde ablegte und hinsichtlich seiner Befolgung für alle Zeit als leuchtendes Muster von Selbstabtötung, Wohlthätigkeit und Krankenpflege dasteht, haben auch später alle derartigen klösterlichen Vereine in Deutschland sie als ihre Patronin betrachtet und sich nach ihr benannt.

Zur weiteren Verbreitung dieses Ordens hat vorzugsweise beigetragen Angelika von Corbaro (1377—1435).

Sie begründete ihr erstes Kloster zu Foligno bei Assisi und legte 1395 ausser den gewöhnlichen Gelübden auch das der ewigen Klausur ab. Nach dieser strengen Form entstanden in rascher Folge so viele Klöster, dass dieselben schon 1428 eine Kongregation bilden konnten und die Erlaubnis erhielten, sowohl Generalkapitel abzuhalten, als eine Generalin zu wählen. Doch stellte Martin V. diese 1430 unter den General der Observanten und Pius II. 1459 jedes einzelne Kloster. Infolge ging die Würde einer Generalin dem Namen nach ein, faktisch erhielt aber jede Superiorin dadurch Generalsmacht. 1481 ging die Oberleitung auf Wunsch der Nonnen zunächst auf die Amadeïsten über, fiel aber nach deren Untergang teilweise an die Observanten zurück, während sie anderenteils an die Diözesanbischöfe kam.

Nach verlässiger Angabe betrug die Zahl dieser Nonnenklöster, mit denen durchgehends auch Spitäler und Armenhäuser verbunden waren, am Ende des 16. Jahrhunderts 150, die der Nonnen 4000.

b) Hospitaliterinnen — hospitalières,

welche die gleiche Pflege der Kranken und Armen in Frankreich besorgten, wie die Elisabethinerinnen in Deutschland.

Eine Übergangsstufe von den Elisabethinerinnen zu jenen bildeten gewissermassen zwei vordem entstandene Genossenschaften, nämlich die der Zellenschwestern (soeurs de la celle) welche nur von Almosen lebten und die Kranken ausser dem Kloster besuchten; und Mantelschwestern (soeurs de la faille) so genannt nach ihrem Mantel, womit sie sich bei Ausgehen verhüllten.

Zu den eigentlichen Hospitaliterinnen, welche besondere Häuser zur Aufnahme von Kranken und Armen besassen, rechnete man aber erst die

Grauen Schwestern

(hospitalières, soeurs grises) nach dem grauen Gewande, welches sie anfangs trugen, obwohl sie dasselbe später resp. mit einem weissen, schwarzen, oder dunkelblauen vertauschten.

In Flandern und Frankreich standen sie unter Aufsicht des Minoriten-Provinzials von Paris. Ein solcher Provinzial, Johann Chrochin gab ihnen 1483 genauere Statuten, welche von den meisten Klöstern angenommen wurden. Nicht in allen waren aber die Klostergelübde gleich strenge. So ward beispielsweise in vielen derselben, wie im Picpus-Kloster zu Paris, zu Lyon und Nancy die Reform eingeführt, welche von Franziska von Besançon, Superiorin von Salins in Bourgogne, und deren Tochter Klara Franziska seit 1608 nach der strengen Regel Mussarts mit Genehmigung Urban's VIII. von 1638, ausgegangen war. In Flandern geschah dies durch die Superiorin (Mutter) Johanna von Jesus († 1644) in Verbindung mit dem Recollecten Peter Marchant († 1661).

6. Minoriten verschiedener Observanzen.

Durchbrochen ward das frühere Grundgesetz absoluter Armut durch das dem Orden der Minoriten von Papst Innocenz IV. (1243—1254) erteilte Zugeständnis des Besitzes von Grundeigentum und gab zur Bildung verschiedener Unterabteilungen Anlass, indem ein Teil der Ordensmitglieder die strengere Regel beibehalten wollte, während andere die erteilte Bevorrechtung annahmen. Wir machen nachstehend die bedeutenderen namhaft:

a) Cäsariner

hielten die alte Strenge aufrecht;

b) die armen Einsiedler Cölestiner

sonderten sich mit Genehmigung des Papstes Cölestin V. (1292—94) von den übrigen Minoriten ab, erlagen aber teils schon unter Bonifacius VIII. (1294—1303) den Verfolgungen der übrigen, oder bildeten anderenteils in der Provence in Verbindung mit den strengeren die Kongregation der Spiritualen und von Narbonne. Da die Kirchenversammlung von Vienne sie jedoch nicht anerkannte, verfielen sie bald dem Schisma und 1318 der Inquisition;

c) die Clareniner

in der Mark Ancona 1302 ohne hervortretende Abweichungen und den Bischöfen unterworfen.

Diese beständigen Streitigkeiten zwischen den strengeren und milderen Minoriten veranlasste endlich die Päpste beiden Richtungen kirchliche Anerkennung zu erteilen. Es entstand folgeweise eine bestimmte Scheidung zwischen Konventualen (milderen) und Observanten (strengeren Minoriten).

Nach der ursprünglichen Auffassung nahm man beide Worte buchstäblich und verstand unter ersteren die Klosterleute d. h. diejenigen welche trotz der in das Kloster eindringenden grösseren Lauigkeit oder Milderung dort verblieben; unter letzteren diejenigen, welche die Regel in voller Strenge beachten (= observare) wollten und sich deshalb von den übrigen Brüdern in Einsiedeleien zurückzogen.

Später dienten diese Bezeichnungen zur Unterscheidung in solche der milderen Richtung, welche das päpstliche Zugeständnis des Eigentumsbesitzes und sonstiger Milderungen annahmen, und in solche, welche dasselbe verwarfen und sich an die strengere Regel hielten.

Die Konsequenz, mit der letztere dem Urprinzip des Bettelordens treu blieben, erregte allgemeine Bewunderung und veranlasste die grosse Mehrzahl, sich vorzugsweise ihnen anzuschliessen. Strahlen der Begeisterung gingen namentlich aus von der Kongregation des Paoletto von Foligno und deren Erstarkung wuchs, seit Papst Julius II. (1502--13) derselben alle einzeln bestehenden Kongregationen, wie der Amadeïsten, Coletaner etc. zuwies.

Die italienische Bezeichnung der Observanten war

Socolaner

weil sie hohe Schuhe trugen, die französische mit Rücksicht auf den Strick, mit dem sie sich gürteten,

Cordeliers.

Auch unter den Observanten kamen wieder verschiedene Abstufungen vor, je nach der Strenge der von ihnen beobachteten Ordensregeln.

7. Minoriten der strengsten Observanz.

a) in Portugal die Alcantara-Mönche,

gestiftet von Peter von Alcantara (1499—1562), beobachteten strengste Klausur, gingen barfuss, schliefen auf blosser Erde oder auf Matten, enthielten sich des Weines, des Fleisches und der Fische. Sie standen unter dem General der Observanten;

b) in Spanien

1. die Provinz zu den Engeln,

gestiftet 1489 von Johannes della Puebla. Die Mönche in ihren 14 Klöstern waren, unter Beibehaltung ihrer eigentümlichen Strenge, den übrigen Observanten einverleibt.

2. die Provinz der Brüder von der Kapuze,

gestiftet 1496 von Johann von Guadeloupe; noch strenger besonders hinsichtlich der Armut und Ordenstracht. Sie führen auch den Namen Barfüsser und seit sie sich 1577 den Observanten unterwarfen: „Verbesserte Observanten“. Sie teilten sich zu ihrer Blütezeit in Spanien, Portugal und Indien in 12 Provinzen.

c) in Italien die Kapuziner,

gestiftet vom Franziskaner-Mönch Matthias von Bassi im Herzogtum Urbino aus dem Observanten-Kloster Monte Falko, 1525.

Der Name des Ordens ist der spitzzulaufenden Kopfbedeckung entnommen, die sie als Abzeichen gewählt, um damit anzudeuten, dass sie auch in der Tracht, wie in allem übrigen sich bemühen wollten, dem heiligen Franziskus ähnlich zu sein. Daher auch ihr auffallend langer Bart. Beide Eigentümlichkeiten wurden von Clemens VII. (1523—34) genehmigt. Derselbe Papst gestattete ihnen „freie Ausübung des Predigtamts“ und gemeinschaftliches Leben unter der Bezeichnung

Minoriten Einsiedler Brüder,

welche erst 1536 der erst erwähnten bekannteren Platz machte. Um sie der Obedienz und den Verfolgungen der Observanten zu entziehen, die sie an Strenge noch übertrafen und durch Ausübung des Predigtamts besonders reizten, unterordnete er sie den friedfertigeren Konventualen.

Ihr erstes Kloster ward 1528 bei Camarino gegründet. Bald folgten andere, seit diese beredten Volksprediger bei ansteckenden Seuchen ihren Eifer bewährt und die Liebe des Volkes gewonnen hatten. 1529 wählten sie in ihrem ersten Kapitel ihren Stifter, den Matthias von Bassi zum Generalvikar und beschlossen die genaueste Befolgung der Regel des heil. Franziskus, namentlich hinsichtlich der täglichen Selbstbetrachtung, der strengen Disziplin, der Verbannung edler Metalle und Stoffe aus ihren Kirchen, des Gesanges bei der Psalmodei (die dadurch herbeigeführte Eintönigkeit im Vortrag gab Anlass zu dem Worte: Kapuzinerton) und der Unzulässigkeit der Aufhäufung von Lebensvorräten.

Im Jahre 1542 war der Orden nahe daran aufgelöst zu werden, als sein vierter Generalvikar Bernhardin Orchin die

Konfession wechselte und sich verheiratete. Zwei Jahre lang ward ihnen die Ausübung des Predigtamts entzogen. Erst 1573 gestattete Gregor XIII. wieder Klostergründungen, aber nur ausserhalb Italiens. Dies brachte die Kapuziner nach Frankreich. Anfangs des 17. Jahrhunderts kamen sie nach Spanien; im 18. besass der Orden in 50 Provinzen 1600 Klöster mit 20 000 Mönchen und war über alle Weltteile verbreitet.

1538 gründete Maria Laurentia Longa in Neapel Kapuzinerinnen, indem sie das von ihr gestiftete Kloster U. L. Fr. von Jerusalem der Leitung der Kapuziner übergab. Bisher hatten die nach der Regel der heil. Klara lebenden Nonnen sich

Töchter des Leidens

genannt, nachdem sie aber zu derselben mehrfache Zusätze und auch die Kleidung der Kapuziner erhalten, ging auch deren Namen als

Kapuzinerinnen

auf sie über.

d) in Frankreich die Recollecten

wurden die Minoriten der strengsten Observanz Recollecten (recollèger = sich sammeln) genannt, weil sie besserer Sammlung wegen in möglichster Zurückgezogenheit lebten. Sie hatten dort 150 Klöster in 12 Provinzen und errichteten namentlich in Canada zahlreiche Häuser ihres Ordens.

Alle diese verschiedenen Abstufungen in der Ausübung der Regel des heil. Franziskus kommen in den gleichmässig verfolgten Hauptzielen überein, mehr hinzuwirken auf Hebung und Förderung des christlichen Lebens, als auf Pflege und Ausbildung der Wissenschaft. Der heilige Franziskus wollte dieses Ziel mehr durch die That, als durch das Wort erreichen. Er unterschätzte nicht den Wert der Predigt, wie dies seine treuesten Anhänger, die Kapuziner, am glänzendsten darthaten; er stellte aber das Beispiel eines werkthätigen, erbauenden Lebens höher und dies ging so weit, dass er die vom heil. Dominikus ihm vorgeschlagene Verschmelzung mit dem Predigerorden der Dominikaner geradezu zurückwies.

Seine Schüler — d. h. die Mitglieder seines Ordens sollten daher verzichten auf allen Glanz und alle Ehre dieser Welt. Sie sollten in vollständiger Armut und im ausschliesslichen Dienste Gottes sich selbst und andern zum Heile der Seele leben und so dem erhabenen Vorbilde des göttlichen Erlösers, der sich für uns alle erniedrigte, in Entsagung, Selbstverdemütigung, Gebetsübung, Wohlthätigkeit, Menschenliebe, sich so viel wie möglich nähern.

Die aufopfernde Bethätigung dieser erhabenen Lebensanschauung musste von bewältigendem Einfluss auf alle Gläubigen sein und jedes ihrer mahnenden Worte zu einer eindringlichen Busspredigt machen. So wurden sie nicht nur die Lehrer und Erzieher des Volkes; sie wurden auch im täglichen Leben ihre vertrautesten Freunde und Ratgeber. Sogar in ferne Länder, zu rohen, heidnischen Völkerschaften trugen sie das lebendige Christentum und legten dort den Grund, auf dem höhere Bildung später bauen konnte. Indes auch dieser waren sie nicht abhold. Auch in der wissenschaftlichen Litteratur haben Franziskaner sich einen Namen erworben. So verdient es besonderer Erwähnung, dass selbst der heilige Franziskus ein nicht unbedeutender Dichter war. Vielen seiner Nachfolger fehlte es ebensowenig an wissenschaftlicher Schärfe, die sie während ihrer — sonst beklagenswerten — Streitigkeiten mit den Dominikanern glänzend bewährten und aus ihrem Orden sind Koryphäen der Wissenschaft hervorgegangen, welche weit über die Ordensphäre hinaus allgemeine Anerkennung fanden; so Alexander von Hales, Bonaventura, Robert Bacon, Johann Scotus und viele andere.

cf. Helyot Bd. VII., Fehr Bd. I 236—308. Vogt, d. heil. Franz von Assisi.

II. Bettelorden.

Dominikaner oder Predigermönche,

gestiftet 1215 von Dominikus von Guzmann (geb. 1171 zu Calaruega in Spanien † 1221 heilig gesprochen 1234). Während der heil. Franziskus seiner ganzen Jugendbildung nach dem praktischen Geschäftsleben angehörte und erst in reiferem Alter sich gelehrten Studien hingab, so hatte der heil. Dominikus sich diesen schon früh mit einem solchen Eifer gewidmet, dass er in den verdienten Ruf hoher Wissenschaftlichkeit kam. War Ersterer ein Mann des Volks und kannte dieses aus sich selbst heraus, so war Letzterer ein Mann gediegenster Weltbildung und mehr vertraut mit den Vorzügen und Fehlern seiner vornehmen Standesgenossen. Nur in christlichem Eifer waren beide Männer sich gleich, in allem übrigen führten bei ähnlichen Zielen ihre Wege sie weit auseinander. Dies erkennen wir an den verschiedenen Mitteln, mit denen sie diese zu erreichen strebten.

Der heilige Franziskus, dem die theologischen Kenntnisse zu einer systematischen Bekehrung der vom wahren Glauben Abgewichenen gefehlt haben mochten, gab seinem Orden eine lediglich praktische Richtung. Nur insoweit sollte das Wort die grosse Mehrheit des Volks dem Christentum zuführen, als es, allgemein verständlich, diesem zu Herzen ging; mehr als Vorbild christlicher Pflichttreue sollten seine Ordensbrüder, gleich den Jüngern des Herrn, tröstend, ratend und helfend mit dem Volke verkehren und es dadurch heranziehen zu höherer Vollkommenheit.

Der heilige Dominikus war nicht jener milde leitende Freund und Vater des Volks. Er war der eifrige, hochbegeisterte Glaubensapostel, der in der unablässigen Verkündigung der Wahrheit allen Irrglauben zu bekämpfen strebte, den er im vermeintlichen Interesse des Seelenheils, mit eiserner Strenge verfolgte, und der mit unwiderleglichen Gründen die Notwendigkeit christlichen Denkens und Handelns aller Welt predigen liess. Diese mehr dogmatische Behandlung des Gegenstandes wurde in Verbindung mit der angewandten rhetorischen Emphase allerdings ein zündendes Mittel zur Bekehrung verirrter Seelen der höheren Stände; dem eigentlichen Volk erschien der vornehme Priester zwar Gegenstand hoher Verehrung, und Bewunderung, nicht aber gleicher tiefempfundener Befriedigung, weil ihm dafür das Verständnis fehlte.

Franziskus wollte Lehrer und Freund, Dominikus Herr und Gesetzgeber sein. Verfolgen wir daher zunächst seinen Bildungsgang, weil wir darin den Schlüssel zu seinem späteren Auftreten als Stifter eines der berühmtesten geistlichen Orden erkennen.

Einem der vornehmsten Geschlechter Spaniens entstammend und von hoher geistiger Begabung, bildete er sich an der Hochschule von Valencia zum Geistlichen aus, trat 1194 als Subprior in das Kathedralstift von Osmo ein, wo der Bischof Diego von Azevedo das gemeinschaftliche Leben nach der Regel des heil. Augustin eingeführt hatte. Von 1205—1215 unterstützte er seinen Bischof in Unterdrückung der albigensischen Irrlehre, und bewies durch sein streng ascetisches Leben, wie ernst es ihm um wahre Gottgefälligkeit sei. An den dabei begangenen Greuelthaten hat er nach Urteil der meisten Chronisten niemals teilgenommen.

Nur mit beredten Worten, welche durch seine tugendhafte, entsagende Lebensweise unterstützt ward, suchte er die Irrenden auf den rechten Pfad zurückzuführen. Mit besonderem Eifer trat er den gemischten Ehen entgegen, weil er darin einen Antrieb zur Apostasie zu erkennen glaubte. Aus eigener Erfahrung überzeugte er sich, dass eine Hauptbedingung für die Bekämpfung der Irrlehre die Anerziehung eines würdigen und tüchtigen Priesterstandes sei. Dies führte ihn auf den Gedanken, einen Orden zu stiften, in welchem das Mönchsleben mit dem Berufe des Weltpriesters sich verbände und dadurch die höhere Bildung im Kloster auch dem Seelenheil der Menschen ausserhalb desselben zu gute käme.

Zu dem Ende begab er sich 1215 mit 6 Gefährten nach Rom, um die päpstliche Genehmigung hierfür nachzusuchen, welche ihm auch unter der Bedingung erteilt ward, dass dabei eine der bestehenden Ordensregeln zu Grunde gelegt werde, worauf er sich für die Regel des Augustin und die Satzungen der Prämonstratenser entschied. Anstatt aber, wie sonst üblich, sich vorläufig mit der Gründung e i n e s Klosters zu begnügen und von dort aus seinen Orden weiter auszubreiten, entsandte Dominikus noch im nämlichen Jahre 4 Ordensbrüder nach Spanien und 7 nach Paris, 2 liess er in der Prouille und ebenso viele in Toulouse, seinem Ausgangspunkte zurück, während er selbst nach Rom ging, wo er mit Rücksicht auf einige ascetische Vorträge, welche er den Hausbeamten des Papstes hielt, mit dem — seitdem dem Orden verbliebenen — Amte eines magister sacri palatii betraut ward.

Diese Verteilung seiner im Anfange noch wenig zahlreichen Jünger und seine eigenen apostolischen Reisen durch Italien, Frankreich und Spanien, trugen nicht wenig zu der verhältnismässig raschen Ausbreitung des Ordens bei. Zahlreich meldete man sich zum Eintritt in denselben, namentlich in Rom, wo er selbst wirkte, und überall wurden Niederlassungen begründet. In Frankreich nannte man seine Anhänger

Jakobiner,

weil sie eine solche bei der Kirche vom heil. Jakob in Paris begründet hatten. Die beiden ersten Klöster seines Ordens wurden 1218 und 1219 zu Bologna erbaut, wo Dominikus 1220 das erste General-Kapitel abhielt, und 1221 zählte der Orden schon 60 Häuser in den 8 Provinzen: Spanien, Provence, Frankreich, Lombardei, Rom, Deutschland, England und Ungarn. Im 18. Jahrhundert zählte er über 1000 Klöster in 49 Provinzen in Europa, Asien und Amerika.

In dem erwähnten Generalkapitel wurden die vom Orden zu beobachtenden Grundsätze näher präzisiert, unter denen „strengste evangelische Armut“ an der Spitze stand, wodurch der Orden als

Bettelorden

begründet wurde. Bald nach Abhaltung dieses Kapitels im Jahre 1221 starb Dominikus und 1234 ward er vom Papst Gregor IX., früher Kardinal Ugolino, heilig gesprochen.

Als Ordens-Vorstand folgte ihm Jordan von Sachsen, dann Raymond von Pennaforte, der 1238 die Ordensstatuten sammelte.

Der S. Jacobs-Ordensbruder.

(Jacobiner.)

Der Sanct Jacobs Orden.

Der Teufel hat nicht eher[1] Ruh,
Bis er sein' Schalkheit richtet zu.
Zu Sanct Jacob in Engeland
Allda der Orden erst[2] entstand.
Groß Gut und Geld dar kommen ist
Durch des Lucifers Tück und List.
Zu Pilgergraufarb' haben sie Lust,
Ein' Jacobsmuschel auf der Brust.

---

*) Lesart: 1) hätt' doch nicht ehe Ruh. 2) erstlich

Die Regel des heil. Dominikus verlangte
„Vollkommenheit des Lebens, des Studiums und der Lehrthätigkeit“.

Das Tragen der Leinwand und Fleischgenuss waren geboten, strenge Fasten vorgeschrieben, doch war bei anstrengenden Beschäftigungen ausser dem Kloster Milderung hierin zulässig.

Die Kleidung bestand in einem weisswollenen Scapulier und einem schwarzen Mantel und Kapuze.

Die Eintretenden wurden vorbereitet vom Lector des Klosters, die talentvolleren in Ordens-Universitäten, deren jede Provinz eine haben sollte, drei Jahre lang weiter ausgebildet.

Da das Predigen zu den Hauptaufgaben der Dominikaner gehört, ward auf tüchtige Ausbildung dazu hauptsächlich Gewicht gelegt. Die Erlaubnis zur Ausübung des Predigeramts in verschiedenen Graden ist daher auch an bestimmte Bedingungen geknüpft, deren Erfüllung die Provinzial-Examinatoren zu beurteilen haben. Für den praedicator specialis wird fünfundzwanzigjähriges, für den praedicator generalis, den lector (Lehrer im Konvent) und Baccalaureus oder Magister der Theologie an der Universität — höheres Alter und genaue Ermittelung der Fähigkeit, wie auch mehrjährige erfolgreiche Übung gefordert. Selbst dann darf das Predigtamt nur mit besonderer Genehmigung des Priors und Bischofs und ganz genau nach des letzteren Weisung ausgeübt werden; es sei denn, dass päpstliche Dispens hiervon erteilt sei. Dabei soll jede Reibung mit Weltgeistlichen oder Mitgliedern anderer Orden, überhaupt alles thunlichst vermieden werden, was dazu führen konnte, wie gerichtliche Belangung oder Vertretung, Testamentsvollstreckung und eine ihnen von ihren geistlichen Oberen nicht ausdrücklich anbefohlene Inquisition.

Die Ordensverfassung ist sehr kompliziert

Das Generalkapitel wählt den Grossmeister, früher auf Lebenszeit, dann auf 6 Jahre. Dieser residiert im Kloster Maria sopra Minerva zu Rom, das Provinzial-Kapitel wählt den Provinzial-Prior; die Ordensmitglieder jeden Klosters, deren Zahl aus 10 Priestern und 2 Laien bestehen soll, den Konventual-Prior. Dieser ernennt seinen Superior. Jeder dieser Gewählten unterliegt der Bestätigung der nächsten Vorgesetzten und kann nur in seinem Kreise und für seine Amtsdauer Verfügungen treffen.

Die verschiedenen Kapitel kontrolieren wieder ihre resp. Vorsteher durch ständige Definitoren. Alle drei Jahre sollen allgemeine Kapitel diesseits und jenseits der Berge abgehalten und von jeder Provinz durch ihren Provinzial und ihre Definitoren beschickt werden, die Provinzialkapitel dagegen alle zwei Jahre von den Prioren und einem Abgeordneten jeden Hauses.

Diese Definitoren (Entscheider) sind mithin eine Art von Kontrolbeamten, denen sowohl dem Grossmeister, als dem Provinzial Prioren zur Seite stehen, um ihre Handlungsweise zu prüfen und zu beurteilen. Halten sie dieselbe für statutenwidrig, so steht ihnen das Recht zu, sofort dawider einzuschreiten, d. h. die Sachen vor den resp. Kapiteln zum Austrag zu bringen. Die Gesetzgebung liegt in den Händen des Generalkapitels; Gesetzeskraft erlangt ein Statut jedoch erst nach dreimaliger Beratung und Annahme.

Um die Unabhängigkeit des Ordens von der Weltgeistlichkeit zu wahren, ist dessen Mitgliedern die Annahme von kirchlichen Würden ausserhalb des Klosters, neben den klösterlichen nur in seltenen Ausnahmen gestattet, selbst dann, wenn erstere ein Bistum wäre. Auch diese Ausnahmen können nur von den Ordensvorstehern im einzelnen Falle und unter besonderen beschränkenden Bedingungen bewilligt werden.

Wie es in der ganzen Tendenz des Ordens liegt, entfalteten die Dominikaner von jeher eine ausserordentliche Missionsthätigkeit. Sie besassen sogar zur Vorbereitung der Missionare eine eigene

„Kongregation der Brüder, welche für Jesus Christus zu den Ungläubigen wandern“.

Der Andrang hierzu war ein so grosser, dass Papst Johann XXII. derselben Schranken setzen musste. Unter diesen Missionären haben eine hervorragende Berühmtheit beispielsweise erlangt: Julian, Bischof von Tlascala, Dominikus Belanzoo und Bartholomäus de las Casas.

Für die innere Mission durch Predigt unter den Gläubigen, erhielten die Dominikaner so ausschliessliche Vorrechte, dass die Bischöfe nur einzelne, nicht den Orden, davon auszuschliessen berechtigt waren. Gleiches galt für die Verwaltung des Busssakraments und Spendung der übrigen Heilmittel. Auch besassen sie das besondere Recht, Begräbnisstätten in ihre Kirchen aufzunehmen.

Selbstverständlich führte diese vielseitige Bevorrechtung zu mannichfachen Klagen der Weltgeistlichen, als ordentlicher Seelsorger, über Eingriffe in ihre Befugnisse nnd über Missbräuche zu selbstsüchtigen Zwecken.

Weil ferner der Orden die Ausbildung der Kandidaten zu besonderer Aufgabe sich gestellt hatte, so war er schon dadurch genötigt, der kirchlichen Wissenschaft vorzugsweise Beachtung zu schenken. Männer, wie Albertus Magnus und Thomas Aquin gingen daher auch zahlreich aus dem Orden der Dominikaner hervor, deren Lehren auch über die Anhänger des katholischen Glaubens hinaus die höchste Würdigung gefunden haben und noch finden.

Die Dominikaner wurden durch die Gründlichkeit und Gewissenhaftigkeit ihrer Studien die zuverlässigsten Ausleger der kirchlichen Glaubenswahrheiten, weshalb man den Orden auch

„den Orden der Wahrheit"

(Ordo veritatis) nennt. Derselbe unterhielt dafür zahlreiche Lehranstalten und erlangte ausserdem Lehrstühle an verschiedenen Universitäten, 1230 zuerst in Paris.

Hier namentlich entwickelten sich die wissenschaftlichen Kämpfe mit den Franziskanern, welche allerdings von grosser Verstandesschärfe und Wissenschaftlichkeit der Dominikaner zeugten, andererseits aber ihrer übertriebenen Spitzfindigkeiten wegen nicht geringen Anstoss erregten und wiederholt Veranlassung zu Schiedssprüchen der Päpste gaben. Die Zahl der Kirchenschriftsteller unter den Dominikanern ist gleichfalls so gross, (man will deren 4000 aufgezählt haben) dass wir von einer Namhaftmachung auch der bedeutenderen hier absehen müssen.

Noch immer bekleidet der jedesmalige Grossmeister des Dominikaner-Ordens das Amt eines Magisterpalatii des Papstes, welches einst dem heil. Dominikus übertragen ward, und ist ständiges Mitglied der Kongregation der Kardinäle, namentlich der congregatio socti officii et indicis, womit die Censur verbunden ist.

Der Orden ist mehrfach reformiert worden. Papst Martin V. (1417—31) verlieh demselben das Vorrecht des Besitzes von Immobilien und festen Einkünften. Da nicht alle Kongregationen hiervon Gebrauch machen, sondern die alte Strenge behaupten wollten, bildete sich in Frankreich unter Antonius le Quien (geb. 1601 † 1676) die

„Kongregation des heiligen Sakraments oder von der ursprünglichen Offenbarung“.

Einen zweiten Orden hat der heilige Dominikus in den Dominikanerinnen — wahrscheinlich schon 1215 — ins Leben gerufen oder vielleicht 1219 aus einem Kloster einzelner Nonnen zu San Sisto in Rom, welche nach seiner Regel lebten, hergestellt.

Er schrieb ihnen insonderheit: Schweigen, Handarbeit, strengste Klausur und persönliche Armut vor, woran jedoch das Kloster als solches so wenig gebunden war, dass vielmehr zu dessen Gründung der Nachweis eigener Erhaltungsfähigkeit verlangt ward.

Endlich bildete sich in der Lombardei oder Südfrankreich noch ein dritter Orden des heil. Dominikus, unter dem Namen

„Miliz Jesu Christi“

und „Brüder von der Busse des heil. Dominikus zum Zweck der Verteidigung der kirchlichen Rechte und Güter und des Strebens nach Vollkommenheit.“

Es war dies keine eigentliche klösterliche Verbindung, sondern nur ein Verein von Weltleuten beiderlei Geschlechts, welche ohne ihren weltlichen Verhältnissen zu entsagen und Profess abzulegen, sich nur in geistige Verbindung mit dem Orden stellen wollten. Hierfür entwarf der siebente Grossmeister der Dominikaner, Mario von Zamora, besondere Statuten. Der Verein bekam kirchliche Vorrechte, durfte auch an dem Gottesdienst und an der Sakramentenpflege bei den Dominikanern teilnehmen. Ihre Verbrüderungen hatten eigene Vorsteher, standen aber unter Oberleitung eines Dominikaners. Die Aufnahme erfolgte durch Einkleidung in die Ordenstracht, und das Gelöbnis eines regelrechten Lebens und Entsagung aller Vergnügungen, Verpflichtung zu Liebeswerken bei Kranken und für Verstorbene, zu häufigem Empfang der Sakramente und Übung der Enthaltsamkeit. Für Verheiratete war daher Einwilligung des anderen Teils Vorbedingung des Eintritts.

Brüder und Schwestern versammelten sich zweimal monatlich, um einer Erklärung der Regel und einer Predigt beizuwohnen. Es war mithin die ganze Vereinigung dieser Tertiarier und Tertiarierinnen hauptsächlich ein Orden der Busse, woher auch der Name.

III. Bettelorden 1245.

Karmeliter.

Die Zeit der Stiftung dieses Ordens ist seit Anfang des 17. Jahrhunderts Gegenstand einer mit solcher Erbitterung geführten und mit dem Propheten Elias in Verbindung gebrachten Kontroverse gewesen, dass Papst Innocenz XII. sich 1698 genötigt sah, ein Breve zu erlassen, welches unter Strafe der Exkommunikation über diese Streitfrage gänzliches Stillschweigen gebot. Es steht übrigens ziemlich fest, dass der sel. Berthold, ein Kreuzfahrer aus Calabrien die nächste Veranlassung des Ordens dadurch geworden ist, dass er im letzten Drittel des 12. Jahrhunderts sich mit einigen Einsiedlern auf dem Berge Karmel in Syrien ansiedelte. Noch jetzt sollen sich an dieser Stelle Spuren eines alten verschanzten Klosters finden.

Dieser Eremitenverein erhielt unter seinem Nachfolger Brokard vom heiligen Albert, Patriarchen von Jerusalem, um 1209 eine aus 16 Artikeln bestehende, 1224 von Papst Honorius III. bestätigte Regel.

Hinsichtlich der Wohnung und Lebensweise wird darin bestimmt, dass die Mitglieder einzeln in Zellen wohnen und gespeist werden sollen, welche ein Oratorium umgaben, wo die Brüder sich morgens zur Anhörung der heiligen Messe versammeln. Sondereigentum ist nicht statthaft. Was sie besitzen, ist Gemeingut. Fleischgenuss ist ganz untersagt. Nur Kranken und Schwachen wird Nachlass in den strengen Fastenregeln zugestanden. Von Vesper bis Terz ist absolutes Stillschweigen geboten. Sonntags finden Konferenzen statt, in denen Regel-Übertretungen zur Erörterung kommen. An der Spitze dieser Vereine stand ein Prior; gleichwohl konnte man dieselben keine klösterliche nennen. Als aber 1238 die Karmeliter sich vor den Saracenen nach Europa flüchteten, und auf Cypern, in Südfrankreich und England niederliessen, erlitten ihre Grundgesetze wesentliche Abänderungen. Der auf dem Berge Karmel verbliebene Prior ward als General-Prior anerkannt. Es wurden nun Lokal- und Generalkapitel abgehalten und zwar das erste der letzteren im Jahre 1245 zu Aylesword in England. Unter anderen Beschlüssen ward dort der

Beitritt zu den Bettelorden

angenommen und diesen Zeitpunkt müssen wir daher für die eigentliche Stiftung des Ordens als solchen in Anspruch nehmen.

Es scheint, dass man schon damals einzelne bei den Dominikanern bestehende Einrichtungen, wie die der Definitoren auch hier einführte und die Regel den veränderten Verhältnissen entsprechend abänderte. Die neue Regel entstand unter Beihilfe des Kardinals Hugo von St. Charo und des Bischofs Wilhelm von Antrado in Syrien und ward 1247 von Papst Innocenz IV. bestätigt. Die anachoretische Richtung und Strenge der früheren war darin beseitigt. Die Klöster durften fortan auch in Städten (nicht blos in Einöden und Wüsten) angelegt werden. Das Speisen sollte gemeinschaftlich stattfinden; die Pflicht des Schweigens ward beschränkt; auf Reisen ward Fleischgenuss mit Gemüsen, auf der See und bei Körperschwäche auch ohne letztere gestattet.

Von nun an blühte der von den Päpsten begünstigte Karmeliter-Orden rasch auf und verbreitete sich über alle Länder Europas. Seit 1245 hatten die Mitglieder sich

„Brüder der seligen Jungfrau Maria“

genannt und dadurch bezeichnet, dass sie sich als „besondere Schützlinge der Jungfrau“ betrachteten, der sie auch besondere Verehrung bewiesen. Auch wollen sie ihr Scapulier unmittelbar von dieser erhalten haben und tragen es deshalb auch seit 1287 gegen sonstiges Herkommen, über dem Rocke. Seitdem wurden auch ihre weiss und schwarz oder braun gestreiften Mäntel oder Kapuzen in weisse umgewandelt.

Während des Streites zwischen den Päpsten in Rom und Avignon im 14. Jahrhundert bildeten sich auch im Karmeliterorden zwei Parteien, von denen jede ihren eigenen General wählte. Dies führte zu Unordnungen und Verfall der Zucht.

Eugen IV. (1431—47) genehmigte auf Verlangen der Karmeliter eine weitere Milderung der Regel. Hiernach durften sie nun 3mal wöchentlich — mit Ausnahme der Advent- und Fastenzeit Fleisch essen und in freien Stunden im Klosterbezirk spazieren gehen. Pius II. (1458—64) bevollmächtigte sogar 1462 den General, in den Tagen, in denen das Abstinenzgebot aufgehoben war, auch vom Fasten zu entbinden.

Indes fand der schon tief gesunkene Orden auch diese Regel noch zu strenge und vergiftete seinen General Soreth, 1471 in Nantes, weil er an eine „Verbesserung“ des Ordens dachte. Doch wurden dessen Anordnungen, welche er in einer grossen Menge von Klöstern in Italien, Frankreich, Belgien, Deutschland etc. mit Erfolg schon durchgeführt hatte, nach seinem Tode vom Generalkapitel bestätigt.

Auf seinen Vorschlag hatte inzwischen Nikolaus V. (1447 bis 1455) die Gründung eines weiblichen Zweigs des Karmeliter-Ordens genehmigt und den Karmeliterinnen gleiche Privilegien, wie den Franziskanerinnen und Dominikanerinnen verliehen, Soreth darauf aber fünf Nonnenklöster dieses Ordens nach dessen gemilderten Regel gestiftet.

Die erwähnte Entartung des Ordens führte wie gewöhnlich in solchen Fällen zu einer Reaktion. Auch auf ihn fand die allgemeine Teilung des Ordens in Observanten, welche die alte Strenge wieder einzuführen strebten, und Konventualen, welche die zugestandenen Milderungen beizuhalten wünschten, Anwendung. Eine solche Rückkehr zur alten Observanz ging zuerst 1424 von Thomas Connecte zu Rennes in der Bretagne aus in piemontesischen Klöstern. Deren Zahl stieg bald auf 50, welche sich verbanden zu der

„Kongregation von Mantua"

und einen eigenen Generalvikar wählten, der nicht einmal der Bestätigung des Generals bedurfte und diesem nur nominell untergeordnet war.

Die Mönche derselben trugen braune Kleidung mit weissem, ihnen eigentümlichen, Hut mit breiter, schwarz gefasster Krempe.

Eine andere Reform versuchte der Mönch Ugolino durchzuführen. Sie fand aber nur im Kloster Oliveto Eingang.

Die nach dem Vorbilde der Kongregation von Mantua gebildete

„Kongregation von Albi"

vereinigte Gregor XIII. 1580 wieder mit dem Orden.

Die bedeutendste aller Reformen stammt von der spanischen Karmeliterin Theresia a Jesu (geb. 1515 † 1582 heil. gespr. 1622) aus dem Karmeliter-Kloster „von der Menschwerdung" zu Avila. Sie führte dieselbe ein unter Beihilfe des Franz Borgia und Peter von Alcantara.

Ihre bis zur alten Strenge verschärften Satzungen bestätigte Pius IV. 1565. Zu diesen Vorschriften gehörte Gebet, Handarbeit, ewiges Stillschweigen — ausgenommen nach dem

Mittagsessen mit besonderer Genehmigung der Priorin—strengste Klausur und vollständige Armut.

Die Nonnen trugen ein enges, bis auf die Füsse reichendes Gewand von grobem naturbraunen Tuch, ein in Farbe und Stoff gleiches Scapulier, einen Mantel von grobem weissen Tuch, zusammengehalten von einem hölzernen Knopfe, ein wollenes Schnupftuch, drei Finger breiten ledernen Gürtel, einen Schleier von grober Leinwand, die Novizen weiss, die Nonnen schwarz, endlich an den Füssen grobe Strümpfe und Sandalen. Nach letzteren hiessen sie

unbeschuhte oder barfüsser Karmeliter-Nonnen (Discalceatinnen).

Ein Strohsack auf einem Brett diente ihnen als Lager, welches sie mit wollenen Betttüchern zudeckten.

Die Aufnahmebedingungen waren sehr strenge, die Zahl der Nonnen auf 13—21 beschränkt, worunter drei Laienschwestern sein konnten.

Mit Genehmigung des Generals der Karmeliter gründete Theresia a Jesu mehrere Klöster der Karmeliterinnen und zwei Mannsklöster nach ihrer Regel.

Im Jahre 1575 besassen die sogen. barfüsser Karmeliter (richtiger schuhlosen = Discalceaten) schon 11 Klöster. Da eröffneten die Konventualen eine heftige Verfolgung gegen die Reform, aus welcher die Discalceaten jedoch schliesslich als Sieger hervorgingen, indem Gregor XIII. sie am 20. Juni 1580 zu einer eigenen Provinz erhob und ihnen gestattete, sich einen Provinzial aus ihrer Mitte zu wählen. 1582 — dem Todesjahr der heil. Theresia — gab es 15 Mönchs- und 17 Nonnenklöster ihrer reformierten Regel, 1591 im ganzen schon 78 Häuser, welche in 5 Provinzen unter einem Generalvikar von Sixtus V. (1585—90) eingeteilt waren.

Clemens VIII. trennte 1595 die Discalceaten vollständig von den Konventualen, indem er ihnen gestattete, sich einen eigenen General zu wählen. Als die Spanier sich der Ausbreitung des Discalceaten-Ordens über die Grenze der spanischen

Monarchie hinaus widersetzten, trennte der Orden sich in eine spanische und italienische (genannt: „vom heiligen Elias“ mit dem von Papst Clemens VIII. 1593 gestifteten Hauptkloster della Scala zu Rom) Papst Paul V. errichtete 1608 für die Missionäre eine dritte

„Kongregation von St. Paul“,

welche jedoch schon 1613 in das

„Missionsseminar von St. Pauli Bekehrung“

überging, das 1665 dem General vom heil. Elias und seinen Definitoren unterstellt ward.

Beide Kongregationen wuchsen rasch. Während die spanische sich über alle spanischen Länder in der alten und neuen Welt ausdehnte und in 10 Provinzen 3—4000 Mönche und Nonnen umfasste, breitete die italienische sich in Italien, Frankreich, Belgien, Irland, Deutschland, Polen und Lithauen aus, mit einzelnen Niederlassungen in Holland, England, Schottland, Nordamerika, Mosambique und Syrien, wo sie 1631 wieder vom Berge Karmel Besitz nahm; ferner in Persien, auf den Malabaren und in der Mongolei, im ganzen mit den Missionsstationen 24 Provinzen.

Die Verfassung der Discalceaten-Kongregationen war von den Konventualen entlehnt. Wir finden hier wieder neben dem General Definitoren, unter ihnen Provinzialen, Prioren und Priorinnen. Ausserdem gibt es exemte Klöster, welche seit 1604 aus Spanien in Frankreich eingeführt wurden, und unter Rektoren oder Superioren stehen, welche zwei vom Nuntius ernannte Visitatoren kontrolieren.

Die Klöster zerfallen in Professhäuser, Noviziate und Kollegien (= Studienhäuser). Ausserdem befindet sich in jeder Provinz eine Einsiedelei, (ein in einsamer Gegend liegendes, nach Art der Karthäuser eingerichtetes Kloster, welches die Bestimmung hat, eine treue Nachbildung des ursprünglichen Lebens der Karmeliter zu geben, wie desjenigen der heiligen Theresia).

Im 17. Jahrhundert dachten auch die Konventualen an eine Reform. P. Bouhourt machte 1603 im Kloster zu Rennes damit den Anfang und hatte Erfolg. Bald gehörten 25 Manns-4 Frauenklöster und 2 Hospitien zur strengen Observanz und bildeten die

„Provinz Tourraine“.

Von Frankreich aus breitete diese Reform sich allmählich nach Belgien und einigen Klöstern Deutschlands aus.

Seit 1646 bestand auf Sicilien eine eigene Provinz unter dem Namen

„Monte Santo“

welche 1709 geteilt ward. Stifter waren die Väter Desiderius Placa von Catanea und Alphius Licander.

Schon 1633 war die strenge Observanz zu Turin in Oberitalien eingeführt. 1634 hatte P. Blanchard bei Bazas in Frankreich eine Einsiedelei nach ältester Observanz gestiftet, die jedoch bald wieder einging.

In neuester Zeit ist auf dem Berge Karmel wieder ein Kloster neben den Ruinen des alten erbaut.

Die Zahl der Karmeliterinnen übersteigt die der Karmeliter um ein Bedeutendes.

Bereits 1477 hatte Papst Sixtus IV. die Karmeliter ermächtigt nach Vorgang der Franziskaner einen

Dritten- oder Tertiarier-Orden ihrer Regel zu errichten. Dessen Mitglieder hielten sich lange an die Vorschriften des heiligen Albert; 1635 gab ihnen der General der Karmeliter Theodor Stratius eine eigene, 1678 P. Amilius Jacomelli eine verbesserte Regel.

Danach können alle Personen beiderlei Geschlechts Aufnahme finden, wenn sie ein gottesfürchtiges Leben führen, zur seligsten Jungfrau eine grosse Andacht tragen, keinem 3. Orden schon angehören, von allem Verdacht der Ketzerei und des Ungehorsams gegen die Kirche und von solchen körperlichen Gebrechen, welche Anderen den Verkehr mit ihnen sehr erschweren würden, frei sind, so viel besitzen oder verdienen, dass sie anderen nicht zur Last fallen. Nach dem Probejahr verpflichten sie sich gegen den General nach den Gesetzen des 3. Ordens zu Gehorsam und Keuschheit bis zum Tode. Ausserdem müssen die gelehrten das canonische Officium abhalten, die ungelehrten statt dessen eine bestimmte Anzahl Vaterunser beten und sich zur Beobachtung mehrerer Fast- und Abstinenztage verpflichten.

Die Ordenstracht besteht in braunem Rock, sechs Zoll breitem Scapulier, weisser, mantelförmiger Kapuze — bei den Schwestern ausserdem aus einem weissen Schleier; — doch ist das Anlegen dieser Kleidung nicht obligatorisch. Sie können sich wie Weltleute kleiden, müssen dabei aber die braune Farbe wählen.

Dieser dritte Orden verbreitete sich zunächst über Italien, und Spanien und ward 1629 in Portugal eingeführt, in Frankreich nur in der Provence und Bretagne, erst seit 1702 auch in der Normandie, Diözese Avranches, aber nur als Genossenschaft von Schwestern, welche 1709 vom Bischof Balboeuf eine aus acht Artikeln bestehende Regel erhielt.

IV. Bettelorden 1564.

Augustiner (1256).

Fast zurück in die apostolische Zeit führt uns die Vorgeschichte dieses berühmten Ordens. Wenn die Zeit seiner Stiftung auch ebenso schwer anzugeben ist, wie die des Karmeliterordens, so müssen wir doch die Keime seiner Entstehung schon in den Anordnungen erkennen, welche der bedeutendste aller Kirchenlehrer den Freunden und Anhängern gab, mit denen er ein canonisches Zusammenleben begründete. Manche Umänderung und Vervollständigung mögen dieselben erfahren haben bis die Päpste Gregor IX. (1227—41) und Innocenz IV. (1243—54) sie als sogenannte „Augustiner-Regeln“ einigen Eremiten-Gesellschaften als Lebensnorm aufstellten; aber der

Der Augustiner Eremit.

Bettlerorden.

Der Augustiner Eremiter* Orden.

Nicht weiß ich wo diese worden,
  Die auch für'n Augustiner Orden.
Die Kleidung schier dergleichen ist
  Fromm zu werden han sie Frist[1]
Wiewohls'.. fromme Herr'n woll'n seyn genannt.
  Ein'm Jedermann sie sind bekannt.
Sind sie nicht reich, das ist ihn'n leid,
  Doch stets zu nehmen sind sie bereit.

Lesart: *) [Eremiter od.] Heremiter Augustiner. 1) noch lang Frist

Geist des grossen Augustinus durchdrang sie noch immer; und seine hohe Autorität und ihr innerer Wert wurden Veranlassung, dass sie weit über den Augustinerorden hinaus von zahlreichen geistlichen Genossenschaften als massgebend angenommen wurden. Kann man sie daher auch in gewissem Sinne als von Augustinus herstammend betrachten, so ist dies doch keineswegs mit den Augustinerklöstern der Fall. Einen geistlichen Orden hat dieser überhaupt nicht gestiftet, auch gar nicht begründen wollen. Dies erhellt aus seiner Geschichte.

Aurelius Augustinus wurde am 13. November 354 zu Tagaste bei Hippo in der afrikanischen Provinz Numidien geboren. († 28. August 430.) Sein Vater Patricius, war ein vornehmer Heide, seine Mutter, Monica, eifrige Christin und erzog den Sohn daher auch in dieser Lehre. Gleichwohl liess er sich erst 387 zu Rom vom heil. Ambrosius taufen. Er hatte zwar viel gelernt, sich dann aber einer leichtsinnigen Lebensweise ergeben, bis der Wissensdrang, nicht der Glaube, seine bessere Natur zum Durchbruch brachte. Merkwürdigerweise bahnten erst diese philosophischen Studien ihm zu letzterem den Weg und als er sich taufen liess, geschah dies aus innerster Überzeugung von dem beseligenden Geiste des Christentums. Gegen Ende des Jahres 388 zog er sich mit einigen Freunden nach seinem kleinen Landgut bei Tagaste zurück, um als Laie in Übungen der Gottseligkeit und schriftlichen Leistungen zum Besten der Menschheit seine Lebenswege zu verbringen. Eine Menge Werke, welche philosophische und religiöse Themata zu verschmelzen bemüht waren, stammen aus dieser Zeit. Gegen seinen Willen ward der hierdurch berühmt gewordene Mann 391 vom Bischof Valerius von Hippo zum Priester geweiht und zum Adjutor bestellt, worauf er bald darauf diesem in der bischöflichen Würde folgte. Auch dorthin begleiteten ihn seine Freunde und setzten die frühere Lebensweise fort. Man darf sich diese aber weder als eine wirklich mönchische, noch als eine heidnisch convivische vorstellen. Sie bildeten einen Verein zu höherer religiöser Ausbildung unter der Leitung des Augustin, der für die gegenseitigen Beziehungen gewisse Verhaltungsregeln aufstellte, an welche sie durch kein eigentliches Gelübde, sondern nur aus freiem Willen gebunden waren. Am besten lassen sie sich noch mit den Domherrn der späteren Zeit vergleichen. Ihr Hauptzweck bestand in gottseligen Betrachtungen, frommen Übungen und theologischen Studien. Für die kirchliche Wissenschaft sind sie von unberechenbarem Nutzen gewesen; ohne ihre Beihilfe würde der heil. Augustinus schwerlich im Stande gewesen sein, in dieser Beziehung so Ausserordentliches zu leisten. Sie waren aber weder Eremiten, noch Ascetiker und, wie gesagt, ebensowenig Mönche, obwohl sie für ein Vorbild erhabenen Klosterlebens gelten können.

Von Augustinerklöstern lassen sich vor dem 11. Jahrhundert keine Spuren nachweisen; dagegen fanden sich im 12. und 13. Jahrhundert in Italien mehrere Eremiten-Gesellschaften oder Kongregationen (Johannboniten, Brittiner, toskanische Eremiten, Sack oder Bussbrüder etc.) die nach keiner bestimmten Regel lebten; während andere bereits die sogen. Augustiner-Regel von den Päpsten erhielten. Die Vereinigung derselben war schon von Gregor IX. und Innocenz IV. angebahnt, aber erst 1256 von Alexander IV. durchgeführt worden. Sie waren zu einer Eremitengesellschaft verschmolzen, für welche nun ausschliesslich die Augustiner-Regel als Norm galt. So entstand der

Orden der Augustiner-Eremiten,

welche in mehrere Kongregationen unter einem gemeinschaftlichen Oberhaupt oder General zerfielen, die ihre Superioren zu wählen hatten. Der erste war Lanfranco Septala. Im Grunde war übrigens die Bezeichnung als Eremiten eine blos nominelle, da sie jetzt eine klösterliche Genossenschaft bildeten und nicht mehr als Einsiedler, sondern in Klöstern vereinigt lebten.[1])

---

[1]) Zu den Observanten der Augustiner-Eremiten gehörte die Kongregation von Sachsen, gestiftet 1493 in welcher Staupitz (als Generalvikar) und Martin Luther Mitglieder waren.

Der heilige Stuhl nahm sich ihrer besonders an. Sie erhielten einen Kardinal als Protektor und wurden dem Papst unmittelbar unterstellt.

Ihre Kleidung bestand in einer schwarzen Kutte mit langen weiten Ärmeln und einer hinten spitz zulaufenden Kapuze. Unter der Kutte trugen sie einen weissen Rock und ein schwarzes Scapulier.

Anfangs in die 4 Provinzen: Italien, Frankreich, Spanien und Deutschland geteilt, gewannen sie bald eine grosse Ausbreitung: Da aber im Laufe des 15. Jahrhunderts unter ihren Mitgliedern Schlaffheit und Zuchtlosigkeit einrissen, wurden sie durch Bildung besonderer

Kongregationen der sog. regulierten Observanten

unter eigenen Generalvikaren wenigstens teilweise reformiert, welche jedoch zu den alten Augustiner-Observanten (reformierte Kloster-Augustiner der älteren Zeit) in Beziehung blieben.

Der Augustinerorden brachte es zur Zeit seiner Blüte auf 42 Provinzen mit ca. 2000 Klöstern, von denen jedes unter einem Prior stand. Die Provinz ward von einem Provinzial und mehreren Definitoren und Visitatoren geleitet. 1564 nahm Papst Pius V. die Augustiner unter die Bettelorden auf, obwohl sie Grundeigentum besassen und feste Einkünfte hatten.

Für die Bestimmung des Zeitpunktes der Stiftung dieses Ordens müssen wir daher dem Vorstehenden nach die vereinzelten Augustinerklöster des 11. Jahrhunderts ausser Rechnung stellen. Es fällt dann die erste Begründung mit der Vereinigung jener Eremitengesellschaften zum Orden der Augustiner-Eremiten zusammen und ergiebt sich als Zeit der Stiftung das Jahr 1256, während die Einreihung unter die Bettelorden erst mit dem Jahre 1564 erfolgte.

Vom 16. Jahrhundert an kommen mehrere erhebliche Reformationen des Ordens vor, unter denen die vom Portugiesen Thomas von Jesus 1532 ausgegangene der

Augustiner Barfüsser oder Recollecten

von strenger Observanz die wichtigste war. Sie verbreiteten

sich unter verschiedenen Modifikationen nach Italien, Frankreich, Amerika, Ostindien, 1607 sogar nach Japan. Nach Deutschland kamen sie erst im folgenden Jahrhundert. Sie waren in Provinzen geteilt und einem Generalvikar unterstellt.

Noch strengere Regeln beobachteten die

spanischen Augustiner-Barfüsser,

welche in jeder Provinz ein einsames Kloster und in dessen Nähe eine Einsiedelei sog. Recollecten-Wohnung für diejenigen anlegten, welche noch grösserer Zurückgezogenheit zu ihrer Sammlung und strengerer Weltentsagung für ihr Seelenheil bedürftig zu sein glaubten.

Gleich alten Ursprungs, wie die Augustiner glauben die

Augustiner-Nonnen

zu sein. Es hat damit jedoch eine ähnliche Bewandnis, wie mit den Mönchen. Der heilige Augustinus hatte nämlich eine Gesellschaft unverheirateter Frauen gestiftet, welche unter Leitung seiner Schwester Perpetua sich frommen Betrachtungen zu widmen wünschten, und ihnen gleichfalls eine Art Lebensvorschrift gegeben, welche aber ebensowenig eine Klosterregel war, wie ihre Verbindung eine klösterliche. Auch löste diese Gesellschaft sich beim Tode der Perpetua wegen innerer Streitigkeiten wieder auf.

Achthundert Jahre vergingen, bis wieder von vereinzelt in Klöstern vorkommenden Augustinerinnen überhaupt die Rede war und erst längere Zeit nach Gründung der Augustiner-Eremiten (1256) ward denselben mit Unterstellung unter bischöfliche Jurisdiction eine besondere Ordenstracht und eine bestimmte Ordensregel gegeben. Erst nun konnten sie als wirkliche

Augustiner-Nonnen

gelten. Dies ist um so mehr zu beachten, als auch verschiedene andere ausser aller Verbindung mit ihnen bestehende Gesellschaften, wie die der Annunciaden, Brigitten etc. sich gleichfalls Augustinerinnen nannten, weil sie freiwillig nach Vorschrift des heiligen Augustinus lebten.

Gegen Ende des 16. und Anfang des 17. Jahrhunderts entstanden in Spanien vier Kongregationen

Augustinerinnen von strenger Observanz:

1. Unbeschuhte Augustinerinnen,

gestiftet vom spanischen Hoffräulein Prudentia Grillo, welche sich der Erziehung der weiblichen Jugend widmeten.

Ordenstracht war schwarz mit grobem weissen Unterrock und Schleier.

2. Unbeschuhte sog. verbesserte Augustinerinnen, gestiftet vom Erzbischof Jean de Robert von Valencia, welche die Vorschriften der Karmeliter-Barfüsserinnen beobachteten.

3. Augustinerinnen,

gestiftet von der portugiesischen Königin Luisa, Gemahlin des Johann IV., welche als 4. Gelübde strenges Stillschweigen annahmen und an Festtagen einen schwarzen Rock trugen.

4. Unbeschuhte Augustinerinnen,

Schwestern von der Recollection oder Recollectinnen,

gestiftet von der Augustiner-Nonne Mariana Mazavedo von St. Joseph zu Cybar in Biscaya; die indes wegen zu grosser Strenge wenig verbreitet waren.

Von den 300 Klöstern, welche die Augustiner-Nonnen zu ihrer Blütezeit inne hatten, finden sich nur noch wenige in Italien und Frankreich.

Ausserdem gab es als Nachahmung des Büsserordens der Franziskaner-Tertiarier auch

Augustiner-Tertiarier (Ordensbrüder der Busse des h. Augustin).

Es war dies eine Stiftung für solche Personen beiderlei Geschlechts, welche ohne wirkliches Klostergelübde, in ihren Privatwohnungen und im Weltverkehr verbleibend, sich dem Orden anschlossen. So gestattete Bonifazius IX. (1389—1404) den Augustiner-Eremiten, Witwen, Jungfrauen, ja verheirateten Frauen, das Kleid des dritten Ordens zu verleihen; und Sixtus IV. (1471—84) auch Männer in den dritten Orden aufzunehmen.

Die Aufgenommenen beiderlei Geschlechts mussten aber wenigstens 40 Jahre alt sein und sich verpflichten, täglich eine Anzahl Gebete zu verrichten und strengere und häufigere Fasten, als für Laien vorgeschrieben waren, zu beobachten.

V. Bettelorden.

Serviten, Servi beatae virginis,

Brüder vom Leiden Christi, Brüder vom Ave Maria,

gestiftet 1233 von Bonfiglio Monaldi und 6 anderen reichen florentinischen Kaufleuten, bestätigt 1255 von Alexander IV. für den 5. Bettelorden erklärt von Martin V. (1417—31).

Die Stifter begründeten die erste Niederlassung dieser Mönchsgenossenschaft mit einer Kirche auf dem Monte Sanario in Toskana. Die von ihnen eingeführte überstrenge Lebensweise, bei der beispielsweise Wurzeln und Kräuter ihr einziges Nahrungsmittel waren, milderte schon Kardinal Gottfried von Chatillon 1239. Bischof Ardinghus von Florenz gab ihnen die Augustiner-Regel. Als sie 1255 vom Papst Alexander IV. bestätigt wurden, hatten sie sich schon weit ausgebreitet. (Niederlande, Deutschland, Polen, Ungarn) erlitten aber von den Dominikanern so heftige Anfeindungen, dass Papst Innocenz V. nahe daran war, sie aufzuheben und ihnen 1276 die weitere Aufnahme von Novizen untersagte. Doch nahm der Papst Honorius IV. (1285—1287) sich ihrer wieder an und schützte sie gegen die Verfolgungen der Bischöfe. Martin V. (1417—31) erklärte sie endlich für den 5. Bettelorden, was Pius V. (1566—72) bestätigte.

Dann trat zeitweise eine Spaltung unter ihnen ein, zwischen Konventualen und Observanten, welche indes von Angelus von Azorell wieder ausgeglichen ward. Reformversuche machte Bernhard Ricciolini, indem er die

Kongregation der Einsiedler-Serviten

begründete, die sich auch

Diener der heiligen Jungfrau von Monte Sanario

nannten und in Italien und Deutschland, sogar nach der Reformation rasch verbreiteten, jetzt aber fast überall erloschen sind.[1]) Als zweiten Orden gab es auch

Servitinnen,

welche jedoch nur wenig Verbreitung fanden. Dagegen stiftete Philipp Beneti in Florenz 1285 eine in demselben Jahre von Urban IV. bestätigte Genossenschaft von

Serviten Tertiariern und Tertiarierinnen.

Letztere widmeten sich der Krankenpflege und wurden Mantenaten oder Ärmelnonnen genannt, weil sie kurze Ärmel trugen. Sie kamen namentlich in Italien und Österreich vor und wurden in letzterem Lande vorzugsweise begünstigt, seit 1595 die verwitwete Erzherzogin Anna Katharina sich darin hatte aufnehmen und dem Orden für Deutschland eine neue, von Papst Paul V. 1617 bestätigte Einrichtung geben lassen.

Hiernach war die deutsche Ordenstracht schwarz mit einem weissen auf der Stirn von einem hellblauen Stern überragten Schleier.

VI. Sonstige Bettelorden,

welche sich an die vorhergehenden mehr ober weniger eng anschlossen, ohne als solche unmittelbar anerkannt zu sein. Die meisten derselben haben die Augustiner-Regel entweder von den Päpsten bei ihrer Bestätigung erhalten, oder sofern sie nur geduldete Genossenschaften waren, freiwillig sich zur Richtschnur genommen. Wir haben bei der nachfolgenden Zusammenstellung im allgemeinen die chronologische Ordnung beibehalten, wo nicht ausnahmsweise, namentlich bei unsicherer Zeitbestimmung, die systematische angemessener erschien.

---

[1]) Nicht zu verwechseln mit ihnen ist eine 1258 in Paris entstandene religiöse Gesellschaft, welche sich „Serven der heiligen Jungfrau“ nannte, nach ihren weissen Mänteln die Bezeichnung Blancs manteaux führte und 1274 wieder aufgehoben wurde.

1. Pauliner

Einsiedler oder Eremiten des heil. Paulus,

gestiftet 1225 von Eusebius, Domherrn zu Gran, welcher sich anfangs des 13. Jahrhunderts auf dem Berg Iruph bei Patacs, mit einigen Gleichgesinnten zurückzog, um als Einsiedler zu leben und nachdem Bischof Bartolomäus von Fünfkirchen ihnen Zellen und eine Kirche zum heiligen Jakob hatte erbauen und alle Einsiedler seines Sprengels auffordern lassen, sich mit ihnen zu vereinigen, eine Genossenschaft gegründet, welche die Augustiner-Regel annahm. In der Folge stiftete Eusebius auch das Eremitarium zum heiligen Kreuz auf dem Piliser Berge.

Erst im 14. Jahrhundert jedoch erhielt der neue Orden die päpstliche Bestätigung als

Orden des heil. Paulus, des ersten Einsiedlers,

welcher sich inzwischen schon über Ungarn verbreitet und 1317 in dem grossen Eremitarium Mariathal in der Pressburger Gespannschaft seinen Mittelpunkt gefunden hatte.

An der Spitze des Ordens stand ein General. Es waren regelmässige Versammlungen und zeitiger Wechsel in den höheren Ämtern angeordnet.

Die Regel verlangte gemeinsames Leben und Gottesdienst, Hand und Feldarbeit, Pflege der Wissenschaft und Unterrichtserteilung.

Von Ungarn aus verbreitete sich der Orden nur in einzelnen Klöstern nach Polen, Schweden, Deutschland, Illyrien, Portugal (wo sie in neuerer Zeit noch bestanden) und Frankreich. In letzterem Lande nannten sie sich

Brüder des Todes,

weil das Leben nur eine Vorbereitung zum Tode sei. In ihren Entsagungen gingen sie sehr weit und suchten in jeder Weise die Sinnlichkeit zu tödten, durch Fasten, Kasteiungen, sogar Vermeidung des Anblicks schöner Farben und des Wohlgeruchs der Blumen. Alles sollte bei ihnen auf den Tod hinweisen.

2. Französische Hospitals-Schwestern.

Die Zeit ihrer Stiftung genauer anzugeben, ist nicht leicht, weil verschiedene Genossenschaften dieses Namens bestanden haben, so beispielsweise eine im 13. Jahrhundert schon verbesserte, also noch ältere, „Gesellschaft von Hospitalschwestern der heil. Katharina zu Paris", ferner eine „Genossenschaft von Hospitalschwestern der heil. Martha zu Bourgogne"; dann die „Hospitalschwestern von Loches" nach der Regel des heil. Augustin (im 17. Jahrhundert) „des heil. Joseph zu Bordeaux" (17. Jahrh.) welche ausser Krankenpflege die Erziehung verwaister Mädchen übernahmen; die „Hospitalschwestern zu Dijon und Langres" gegen Ende des 17. Jahrhunderts u. s. w. Die Mehrzahl dieser Genossenschaften dürfte aber aus dem 13. Jahrhundert stammen.

3. der Hospitalorden vom heiligen Geist,

gestiftet anfangs des 13. Jahrhunderts durch Guido von Montpellier, welcher sich mit einigen andern Männern in einem dazu hergerichteten Hause dem Krankendienste widmete und dafür eine eigene Regel entwarf. An vielen Orten errichteten die Hospitaliter Krankenhäuser nach dieser Regel. Innocenz III. (1198—1206) bestätigte sie und gab ihnen Privilegien; überwies ihnen auch 1204 das „Hospital zum heil. Geist in Rom". Hiervon nahmen sie den Namen an, welcher auf fast alle grösseren Hospitäler Europa's überging.

Als der Orden später grosse Reichtümer erworben hatte, ward er in einen Ritterorden verwandelt, der jedoch allmählich ausartete. In Deutschland wurde die Mehrzahl seiner Anstalten zur Zeit der Reformation säkularisiert.

4. Hieronymiten, Einsiedler des heil. Hieronymus

enstanden im 14. Jahrhundert aus einer cönobitischen Vereinigung mehrerer Eremiten vom 3. Orden des heil. Franziskus und wurden 1374 von Papst Gregor IX. unter der Augustinischen Regel bestätigt.

Sie charakterisieren sich durch strenge Zurückgezogenheit grosse Mildthätigkeit und wissenschaftliche Beschäftigung und haben namentlich in Spanien und Portugal, aber auch nach Amerika grosse Ausbreitung gefunden. Berühmte spanische Klöster derselben waren u. a. das U. L Frau von Guadeloupe von Estremadura, das Eskurial, das Kloster St. Just (Aufenthaltsort Kaiser Karl V.); in Portugal sind zu nennen Belam, Mafra.

Ihre Kleidung bestand in einem weisswollenen Gewande mit lohfarbenem Scapulier, Mantel und Kapuze.

5. Jesuaten des heiligen Hieronymus,

gestiftet 1363 von Johannes Colombino von Siena, welcher sein Haus der Pflege der Kranken und Armen öffnete und auch seinen übrigen Besitz dafür hingab, worin ihm sein Freund, Franz von Mino Vincenti folgte.

Diese auf Italien beschränkte Genossenschaft fand bald zahlreiche Anhänger, welche heilige Lieder sangen, in denen der Name Jesus häufig vorkam — woher ihr Name — Almosen sammelten, Busse predigten und sich den niedersten Diensten, namentlieh auch der Pflege ekelhafter Kranken unterzogen.

In einem Generalkapitel ward 1426 zunächst die vom Erzbischof Johann von Frossignone entworfene, später die Augustinische, Regel angenommen, Papst Pius V. (1566—72) erteilte ihnen die Privilegien der Bettelorden; Paul V. (1605 bis 1621) gestattete den Mitgliedern 1606, obwohl sie Laienbrüder blieben, die geistlichen Weihen. Clemens IX. (1667—69) hob den inzwischen reich gewordenen Orden auf und gestattete, dass dessen Güter zu den Kosten des Türkenkrieges verwendet wurden.

6. Lollharden — Alexianer — Celliden,

eine anfangs des 14. Jahrhunderts am Niederrhein entstandene Ordensgesellschaft, welche sich der Krankenpflege und Totenbestattung widmete. Der erste Name stammt vom altdeutschen

Die Brigittinerin.

Der Sankt Brigitten Orden.

Sancta Brigitta hat gemacht
  Daß dieser Orden ward erdacht,
Mit ihr große Wunderthaten.
  Dem Teufel ist das wohl gerathen.
Ganz grau mußt ihr Kleid nur* seyn,
  Ein Ring und ein Kreuz mitten drein.
Schwarz von Farb, mitten auf der Brust,
  Bedeut: „Allein zu Gott ihr Lust.“

*) Lesart: nur ihr Kleid

Lollen oder Lullen d. i. leise singen (bei der Totenbestattung) der zweite von ihrem Schutzheiligen Alexius, der dritte von ihren schlechten Wohnungen oder Hütten = Cellae.

7. Nollharden — Nollbrüder,

eine wahrscheinlich zu gleicher Zeit entstandene Barfüsser-Genossenschaft. Sie lebten in keinem Kloster, sondern zogen zur Wartung der Kranken und Beerdigung der Toten umher.

8. Gregorius-Mönche.

Die Stiftung dieses Ordens fällt auch ins 14. Jahrhundert. Er ging hervor aus einer Anzahl armenischer Klostervorsteher, welche bisher nach der Regel des heiligen Basilius gelebt hatten, von dem Dominikaner Dominikus aus Bologna (den Papst Johann XXII (1316—34) nach dem Orient sandte, um die Wiedervereinigung der armenischen Kirche mit der katholischen anzubahnen) jedoch veranlasst wurden, sich zu einer neuen geistlichen Genossenschaft zu verbinden, welche den heiligen Gregorius, den Erlauchten, (lebte Ende des 3. Jahrhunderts) zu ihrem Patron wählten und sich nach ihm

Vereinigte Brüder vom heiligen Gregorius

nannten. Darauf nahm dieselbe die Regel des heil. Augustin und die Satzungen des Dominikaner-Ordens an.

Der Orden besteht noch in der armenisch-gregorianischen Kirche.

9. Salvator-Orden — Orden des Weltheilandes — Brigitten-Orden,

gestiftet im 14. Jahrhundert von der heiligen Brigitta oder Birgitta aus Schweden (geb. 1302 † 1374).

Es war eine Genossenschaft beider Geschlechter: zur Verehrung des Leidens Jesu Christi in stiller Zurückgezogenheit.

Die Stifterin gab selbst dem Orden eine Regel, welche sie unmittelbar vom Heiland erhalten zu haben behauptete, daher der Name

Heilandsorden.

Da sie mit ihrem Gemahl dem dritten Orden der Franziskaner-

Tertiarier angehörte, wird ihr Orden den Bettelorden beizuzählen sein.

Ihr erstes Kloster begründete sie zu Wlodstana, Diözese Linköping in Schweden. Es bestand aus zwei getrennten Gebäuden für Mönche und Nonnen. Die Ordensvorschriften waren ungewöhnlich strenge, namentlich hinsichtlich der Klausur. Im Kloster sollte alles an den irdischen Tod mahnen. Dies war bis aufs Äusserste durchgeführt.

Zur Zeit der Reformation wurden die ziemlich zahreichen Klöster in Schweden und England aufgehoben.

Die Ordenstracht war graufarbig und bestand aus grobem Tuch. Die Nonnen trugen darüber einen schwarzen Schleier mit einer Krone von weissem Tuch und fünf kleinen roten Zeugstücken, welche an die Wundmale des Herrn erinnern sollten. Die Ordensgeistlichen unterschieden sich durch ein rotes Kreuz mit einer Hostie auf der linken Brust, die Diakonen durch ein weisses Kreuz mit roter Flamme, endlich die Laienbrüder durch ein weisses Kreuz mit fünf roten (Blut) Flecken.

In Bezug auf die Fasten und Vermögensbesitz war der Orden ziemlich nachsichtig.

10. Bartholomiten.

Es waren dies armenische Basilianer-Mönche, welche sich 1307 nach Genua flüchteten und an der dort von ihnen erbauten Bartholomäus-Kirche eine Kongregation errichteten, die Regel des heiligen Augustin und die weisse Ordenstracht der Laienbrüder der Dominikaner annahmen, denen sie sich auch in der Richtung, durch Predigen zu wirken, anschlossen. Diese Genossenschaft war wenig verbreitet und ward 1650 von Innocenz X. aufgehoben.

11. Französische Annunciaden — Orden der Verkündigung Mariä, Orden von den zehn Tugenden U. L. Frau,

gestiftet 1500 von der heil. Johanna von Valois, Schwester Karl VIII., geschiedenen Gemahlin Ludwigs XII. zu Bourges, päpstlich bestätigt von Alexander VI. 1501.

Ordens- und Lebensregeln waren Keuschheit, Klugheit, Demut, Glauben, Andacht, Gehorsam, Armut, Geduld, Gottesfurcht, Mitleid (d. h. die zehn Tugenden).

Sie standen unter Aufsicht der Franziskaner. Die Supriorin hiess Mutter Magd.

Der Orden verbreitete sich namentlich über Frankreich und die Niederlande und zählte 45 Klöster.

Die Nonnen trugen einen braunen Rock (Busse) ein scharlach Scapulier (Christus Leiden), schwarzen Schleier (Andacht), weissen Mantel (Reinheit), an einem himmelblauen Halsbande (Himmel) eine silberne Medaille, einen Gürtel mit 10 Knoten (10 Tugenden) und 3 Quästen (Geisselungen Jesu) endlich einen Ring (Treue für den himmlischen Bräutigam).

Der Orden ging ein zur Zeit der grossen französischen Revolution.

12. Angeliken oder Guastallinen-Orden,

gestiftet 1530 von Luisa Torelli von Guastalla. Die eintretenden Jungfrauen sollten die Reinheit der Engel erstreben — daher der Name — und alle sinnlichen Neigungen überwinden.

Paul III. gestattete die Annahme der Regel des heiligen Augustin und regulierte Klosterzucht. Klausur war anfangs nicht vorgeschrieben. Die Nonnen begleiteten sogar oft die regulierten Kleriker auf ihren Missionen. Nach dem zweiten Kloster, welches die Gräfin in Mailand gründete, nannten sie sich **Guastallinen.**

Die Kleidung unterschied sich von derjenigen der Dominikanerinnen nur durch das auf der Brust getragene hölzerne Kreuz, den Strick um den Hals und die bei kirchlichen Festen getragene Dornenkrone.

13. Ursulinerinnen — die göttliche Gesellschaft,

gestiftet 1537 als religiöse Gesellschaft von Schwestern von Angela Merici von Brescia († 1540) zu dem Zweck Kranke zu pflegen, Arme zu unterstützen und junge Mädchen zu unterrichten. Sie hielten es hierfür wirksamer, wenn die Schwestern nicht in einem Kloster, sondern je im Privathause bei ihren Eltern und sonstigen Angehörigen wohnten.

Die Gesellschaft ward erst 1544 (vier Jahre nach dem Tode der Stifterin) von Paul III. bestätigt, von Sixtus V. (1585—90) begünstigt und 1572 von Gregor XIII. mit dem Rechte eines religiösen Ordens versehen.

Von Italien breiteten sie sich in Frankreich aus, wo im 17. Jahrhundert in vielen Städten solche Schwesterschaften, jedoch ohne gegenseitige Beziehungen errichtet wurden. Fast jede hatte ihre besonderen Satzungen, doch hielten die meisten sich an die Augustinische Regel. So entstanden an 20 verschiedene Kongregationen, unter denen wir zwei als die bedeutendsten hervorheben.

a) die Kongregation von Paris,

seit 1604, welche 1614 unter Mitwirkung der Magdalena Lhuillier, Frau von Sainte Beuve und der Nonne Cäcilia de Belloy sich zu einem von Paul V. (1605—21) bestätigten, klösterlichen Verein ausbildete. Zu den Hauptgelübden der Augustinischen Regel kam hier die Übernahme des Unterrichts junger Mädchen. Dieser Umstand hat den Ursulinerinnen den Fortbestand bis auf die Gegenwart gesichert. Sie waren der bischöflichen Jurisdiktion unterworfen und wurden von den Jesuiten geleitet, die sie auch zu ihren Beichtvätern wählten. 1640 wurden die Statuten dieser Kongregation, welche 84 Klöster zählte und sich auch nach Deutschland erstreckte, geändert und verschärft. Die Zahl der Nonnen jedes Klosters ward darin auf 60, die der Laienschwestern (welche kein Gelübde ablegten) auf 20 beschränkt, die Zeit des Noviziats von 3 auf 2 Jahre herabgesetzt und Profess schon mit dem 15. Jahre zugelassen.

Es gab genaue Vorschriften für Fasten, Andachtsübungen, Geisselungen. Die Klausur war sehr strenge.

Die Tracht bestand in einem grauen Unterkleide, schwarzem Rock mit ledernem Gürtel und eiserner Schnalle, schwarzem

Kirchenmantel, Vortuch mit Kopfbinde und einem schwarzen mit weisser Leinwand gefütterten Schleier.

b) die Burgundische Kongregation,

gestiftet von Franziska von Xaintonge aus Dijon 1606. Durch Ablegung feierlicher Gelübde konstituierte sie sich zu einem förmlichen Orden nach der Augustinischen Regel und ward 1648 von Innocenz X. bestätigt. Sie zählte 39 Klöster, von denen später jedoch viele sich der Pariser Kongregation anschlossen.

Die Tracht war davon nur durch den wollenen Strickgürtel unterschieden.

Infolge seiner Nützlichkeit für das Gemeinwohl hat der Orden der Ursulinerinnen die weiteste Verbreitung gefunden, namentlich in Italien, Frankreich, Belgien, Schweiz, Österreich, Irland, Schottland, Nordamerika.

14. Barmherzige Brüder — Spitalbrüder — Hospitaliter, Wohlthätigkeits-Brüder — Frères de la charité,

gestiftet 1540 vom Portugiesen Johann von Gott (1600 heilig gesprochen) als geistliche Gesellschaft:

„um Gott zu dienen durch Pflege der Kranken“,

indem er die Mittel hierfür zusammenbettelte und zuerst in Granada ein Krankenhaus errichtete. Bald bildete sich um ihn eine Genossenschaft, welche die Krankenpflege als 4. Gelübde aufnahm und 1572 von Pius V. bestätigt ward. Sie erhielt die Augustiner-Regel.

Die Hospitaliter-Vorsteher führten die Titel „Major“, ihr höchster Oberer „General-Major“. In Spanien nannte man die Brüder: Spitalbrüder oder Hospitaliter; in Deutschland und Frankreich: Barmherzige Brüder und Frères de la charité; in Italien: Wohlthätigkeits-Brüder (fate ben fratelli oder ben fratelli).

Ihre Kleidung war einfach geistlich von braunem oder schwarzem Tuch.

Die praktische Richtung der Genossenschaft sicherte ihren Fortbestand auch in denjenigen Ländern, wo die Klöster aufgehoben wurden; nur in Frankreich unterlagen sie vorübergehend den Stürmen der Revolution. Übrigens haben sie sich dort vorzugsweise der Irrenpflege angenommen.

Es ist ihnen gestattet, ihre freie Zeit zur Ausbildung bei der Arzeneikunde zu verwenden, um diese wieder in der Krankenpflege nutzbar machen zu können. Die Mehrzal besteht aus Laien, doch können sie in jedes Hospital einen Bruder aufnehmen, welcher die Priesterweihe erhalten hat, um die Sakramente austeilen und die geistlichen Funktionen verrichten zu können.

15. Barmherzige Schwestern.

Dies ist ein sehr weiter Begriff, indem viele Schwesterschaften so genannt werden, welche anderen Orden angehören; so z. B. die dem 3. Orden des heil. Franziskus angehörenden Klosterfrauen, welche 1395 als Elisabethinerinnen auftraten (cf. Seite 115).

Die eigentlichen barmherzigen Schwestern verdanken dem heiligen Vincenz von Paul ihre Begründung.[1]) Veranlasst durch das opferwillige Anerbieten einiger Damen der vornehmen Welt (Frau von Chassaigne und Frau von Brunaud) ihr Leben fortan dem Dienst der Armen und Kranken zu widmen, stiftete er 1617 zunächst einen

„Frauen-Verein für Liebesdienst“,

dem er 1618 eine Regel gab, welche vom Erzbischof von Lyon mit der Klausel bestätigt ward, dass er daran beliebige Änderungen vornehmen könne. Es sollte diese Stiftung ursprünglich nur eine für Dörfer und kleine Städte bestimmte „Schwesterschaft“ sein. Sie fand jedoch auch in Paris und in vielen anderen grösseren Städten Eingang und unterstand überall der Aufsicht des Vincenz von Paul. Hierin unterstützte ihn kräftig die reiche und ein-

---

[1]) Vincenz von Paul war Pfarrer von Chatillon les Dombes, geboren zu Poni bei Acqs, in der Gascogne 1576 † 1660.

flussreiche Edeldame Louise le Gras, geborene de Marillac, welcher er nebst einigen anderen Damen 1629 die Inspektionsreisen übertrug. Der günstige Erfolg bestimmte die Frau le Gras für den „wirklichen Dienst unter Leitung der Schwesterschaft“ fromme Jungfrauen zu gewinnen. Die Ausbildung der zahlreich sich Meldenden übernahm sie persönlich. Hierin ward sie von der 1634 von Vincenz von Paul gestifteten und ihr unterordneten

„Gesellschaft der Matronen„

unterstützt. Hauptsächlich wandte sie ihre Pflege dem berühmten Pariser Spital: Hotel Dieu zu.

Mit dem Anwachsen der Genossenschaft wuchs auch das Bedürfnis für ihr Unterkommen zu sorgen. Dies geschah 1636 in einem zu Paris gemieteten Hause, welches somit das erste eigene Hospital und Mutterhaus der

a) barmherzigen Schwestern des heil. Vincenz von Paul,

auch „Töchter der Liebe = filles de la charité“ genannt und nach der grauen Kleidung „les soeurs grises“ (graue Schwestern) die sich selbst: „Dienerinnen der Armen“ nennen, geworden ist.

Ausser dem Krankendienst in Hospitälern und Privathäusern, übernahmen dieselben nun auch bald andere Werke der Liebe, wie Erteilung von Unterricht an arme Mädchen, Erziehung von Waisen- und Findelkindern, Abhaltung geistlicher Übungen für Frauen, Pflege von Altersschwachen, von Irren, von Galeerensklaven und von verwundeten Soldaten.

Vincenz von Paul gab ihnen eine, (nie gedruckte) 1651 vom Erzbischof von Paris, von Gondi, bestätigte Regel, welche sein Nachfolger, der berühmte Kardinal de Retz erneuerte, indem er gleichzeitig die Gesellschaft unter seiner Autorität zu einer Kongregation erhob mit dem Titel

„filles de la charité oder servantes des pauvres“

und unter die Oberleitung des jedesmaligen Generaloberen der Missionspriester stellte. Die erste General-Oberin dieser Kongregation war die wohlthätige Louise le Gras († 1660).

Die Regel derselben ist 1668 von Clemens IX. bestätigt und ausserdem von Ludwig XIV. anerkannt.

Sie enthielt weder Klausur noch Klosterzwang, nur einfache Gelübde, welche das erste Mal nach 5jährigem Aufenthalt in der Anstalt abgelegt und dann von Jahr zu Jahr wiederholt wurden, ohne dass kaum je von der Freiheit des Rücktritts wäre Gebrauch gemacht worden. Besondere Abtötungen sind nicht vorgeschrieben. Der harte Dienst wird freiwillig geleistet.

Die Ausbreitung der barmherzigen Schwestern erstreckt sich fast auf alle Länder Europas, wie auf viele Länder Asiens und Amerikas in den verschiedensten Verzweigungen.

Ihr Hauptmutterhaus befindet sich in Paris, rue du Barc, mit 300 Mitgliedern und Novizen.

b) Fast 40 Jahre später als diese Genossenschaft entstand eine zweite, nicht minder verdienstvolle, in Frankreich, die der

„barmherzigen Schwestern von St. Charles Borromé zu Nancy“

welche mit allen denkbaren Aufgaben der christlichen Barmherzigkeit beschauliches Leben vereinigte. Ihr Orden ist räumlich beschränkter als der erstgenannte, aber vorleuchtend durch seine innere Gediegenheit.

Er hatte einen ebenso unscheinbaren Anfang, wie der erstere. Aus blosser Menschenliebe nahm sich anfangs des 17. Jahrhunderts ein junger Advokat zu Nancy, Emanuel Chauvenel der Armen und Kranken an, denen er unentgeltlich Arzeneien bereitete, Nahrungsmittel verabreichte und persönliche Pflege zu teil werden liess. In diesem selbstgewählten Beruf ward er 1651 zu Toul von einer pestartigen Krankheit dahingerafft, nachdem er die Armen zu seinen Erben eingesetzt. Sein Vater, der Herr von Hourdaille, erkannte diese Verfügung an und gründete am 18. Juni 1652 eine

„Gesellschaft ausgezeichneter Witwen und Jungfrauen“,

die ihm ihre Dienste zunächst am Hospital St. Julien und dem seit 1631 damit verbundenen Hospital von St. Charles angeboten hatten und stellte sie unter Aufsicht der Barbara Thouvenin zu Nancy. Endlich vermachte er der neuen Schöpfung alle seine Güter. Mit Bewilligung des Bischofs und Grafen von Toul de Sauzay legten die Schwestern Gelübde ab, nachdem am 23. November 1662 der Stiftungsakt erneuert war. Sie nahmen von dem Hause St. Charles den Namen an der

„Schwestern des heiligen Karl Borromäus“,

verehrten Letzteren als ihren Patron und beobachteten fortan die Regel, welche der heilige Franz von Sales den Frauen von der Heimsuchung (Salesianerinnen) gegeben hatte. Eine spätere Regel und die vollständige innere Organisation gab ihnen jedoch erst Epiphanias Louys, Abt von Estival und Generalvikar der erneuerten Prämonstratenser (geb. 1614 † 1682). 1837 ward unter ihrer Beihülfe ein Schwesternhaus in Prag errichtet. Trier besass eine solche Anstalt schon seit 1811, Koblenz seit 1826, Aachen seit 1838, ausserdem u. a. Saarlouis, Andernach etc.

Nancy hat ausser dem Mutterhause „Maison St. Charles“ noch 5 andere Häuser, welche fast sämtliche Zweige ihrer Wirksamkeit darstellen: Kranken- und Armenpflege im Hospital und ausser dem Hause und in der Stadt (St. Charles und Charité), Sorge für Irre (Maréville), für alte Leute (St. Julien), für Findlinge und Waisen, für Unheilbare und ekelhafte Kranke und eine Mädchenschule. Ausserdem hatten sie noch (in anderen Städten) Korrektionshäuser, Militärhospitäler und ausgezeichnete Pensionate für wohlhabende Bürgerstöchter. Jedes Hospital besitzt eine Apotheke, die von einer Schwester geführt wird.

Die Aufnahmebedingungen sind sehr strenge.

16. Oratorianer — Priester vom Oratorium.

a) Italienische Oratorianer — Philippiner,

gestiftet 1564 von Philippo Neri von Florenz (geb. 1515 † 1595). Der eigentlichen Stiftung ging eine andere voraus. Schon 1548 stiftete derselbe nämlich eine

„Brüderschaft von der heil. Dreifaltigkeit“

welche bestimmte monatliche religiöse Übungen hielt und ihre

Werke der Barmherzigkeit dahin erweiterte, dass sie ein Hospital anlegte zu dreitägiger Verpflegung aller armen Pilger, welche nach Rom kamen, um an den Gräbern der heil. Apostel zu beten, wobei Papst Paul IV. (1555—1559) sie auf das Kräftigste unterstützte. Schon 1551 war Neri Priester geworden und hatte sich seitdem aufs Eifrigste dem geistlichen Berufe gewidmet.

Im Verein mit einer Anzahl junger Priester stellte er sich die Aufgabe, ganz dem Gebet, dem Volksunterricht und dem Besuch der Hospitäler sich zu widmen, um Arme und Kranke zu unterstützen. Mit Rücksicht auf ihre regelmässigen Zusammenkünfte in einem Oratorium (Bethause) nannten sie sich „geistliche Genossenschaft vom Oratorium, oder Oratorianer" und wurden 1575 von Gregor XIII., 1612 von Paul V. als solche bestätigt.

In Florenz hatte Neri 1574 ein grosses Oratorium erhalten. Seine Genossenschaft lebte nach der Augustinischen Regel, legte aber keine Klostergelübde ab. Den Namen Philippiner entlehnten die Oratorianer ihrem Stifter. Ihr Vorsteher hiess General.

Erster Nachfolger des Neri in dieser Stellung war der berühmte Kirchenschriftsteller Baronius.

b) Französische Oratorianer — Väter vom Oratorium Jesu

gestiftet 1611 von Peter von Berülle, bestätigt 1613 von Paul V. als „Priester vom Oratorium Jesu".

Auch der Stifter dieser, der italienischen nachgebildeten, Kongregation, einem vornehmen Geschlechte aus Troyes entsprossen, ward Priester. Als solcher wirkte er namentlich erfolgreich für Einführung der Karmeliterinnen in Frankreich. Sein Streben war zunächst darauf gerichtet, den sehr verweltlichten französischen Priesterstand wieder zu heben. Zu diesem Zweck eröffnete er 1611 mit 4 Genossen die erste Niederlassung des „Oratoriums" in der St. Jakobsstrasse zu Paris, „zu Gebet und theologischen Studien".

Als nach zwei Jahren diese kleine Genossenschaft auf 18 Personen herangewachsen war und die päpstliche Bestätigung als Priester des Oratoriums Jesu erhalten hatte, bezog sie ein grösseres Haus in der rue St. Honoré.

Von nun an verbreiteten sich die Oratorianer, denen viele Pfarreien, Kollegien und Seminarien anvertraut wurden, über Frankreich, Savoyen, Spanien und die Niederlande.

Berülle (geb. 1575), den Urban VIII. 1627 zum Kardinal erhob, starb 1629 als erster General-Superior der französischen Oratorianer. Diese, welche auch kein förmliches Gelübde ablegen, teilen sich in wirkliche Mitglieder, (Inkorporierte) und Beigesellte (Associierte). Die vollziehende Gewalt liegt in Händen der General-Versammlung. Dem General-Superior sind für die weltlichen Geschäfte 3 Assistenten beigegeben. Das Noviziat dauert 3 Jahre und 3 Monate. Der Austritt steht jederzeit frei.

17. Einsiedler der Engelspforte,

gestiftet anfangs des 17. Jahrhunderts durch den Calabresen Altenza, welcher am Engelsthore in Rom von Almosen lebte, dann daselbst zur Aufnahme der Einsiedler, die zu den Gräbern der Apostel wallfahrteten, ein Spital erbaute, in welchem auch Kranke verpflegt wurden. Als er hinreichend Genossen gefunden hatte, bildete er eine Kongregation, die sich durch Werke der Barmherzigkeit auszeichnete und deshalb auch reichliche Unterstützung fand.

18. Himmlische Annunciaden, Nonnenorden von der Verkündigung Mariä,

gestiftet ca. 1604 von Maria Victoria Fornari, Witwe des Genuesers Angelo Strata, bestätigt 1604 von Clemens VIII., nach der Augustinischen Regel.

Zweck ist: durch klösterliche Andachtsübungen der heil. Jungfrau so ähnlich wie möglich zu werden. Ausser diesen und dem Absingen des Offiziums der heil. Jungfrau, haben sie Handarbeiten zu verrichten, teils zu eigenem Unterhalt, teils darüber hinaus zur Versorgung armer Kirchen mit den nötigen Korporalen und Kelchtüchern. Ihre eigenen Kirchen dürfen keinerlei Spuren von Reichtum und Wohlhabenheit enthalten.

Die Nonnen haben als viertes Gelübde das der strengen Klausur und völligen Abgeschlossenheit von der Welt, ausgenommen seltene Unterhaltung mit ihren Angehörigen durch verhängte Sprachgitter. Auch hierauf verzichten die frömmeren.

Ihre Kleidung soll eine vollständige Nachahmung derjenigen der heil. Jungfrau sein. Leibrock und Brusttuch sind weiss, Gürtel, Scapulier, Chormantel und Pantoffeln himmelblau, um stets daran zu erinnern, dass ihre ganze Lebens- und Handlungsweise himmlisch sein soll. Daher auch der Name.

Der Orden verbreitete sich über Frankreich und Deutschland und zählte einst an 50 Klöster. In der grossen französischen Revolution ward er aufgehoben. Auch anderswo ist er meistens erloschen. Ihre letzten Häuser in Italien hatten die Annunciaden zu Genua (Haupthaus) und Rom, wo sie Turchine d. i. Veilchenblaue, genannt wurden. In Frankreich sind sie wieder eingeführt.[1])

19. Salesianerinnen, Nonnen von der Heimsuchung U. L. Frauen, gestiftet 1610 vom Grafen Franz von Sales, Bischof von Genf und der Baronesse Johanna Franziska Fremiot von Chantal zu Annecy.

Es war eine klösterliche Genossenschaft, welche aus Witwen und Jungfrauen bestand, sich dem Gebete, der Ascese und guten Werken, namentlich der Kranken- und Armenpflege widmete.

---

[1]) Ausser aller Beziehung zu den französischen und genuesischeu Annunciaden steht der zum Andenken an die tapfere Verteidigung von Rhodus oder nach Anderen: zu Ehren des heil. Rosenkranzes 1362 vom Grafen Amadaeus VI. gestiftete Ritter-Orden der Annunciaden.

Ebensowenig steht ihre Genossenschaft in Verbindung mit der römischen Bruderschaft der Annunciaten.

Die Klosterfrauen trugen schwarze Kleidung und teilten sich in Choristinnen (welche im Chor sangen) und Zugesellte oder Hausgenossen. Vom Papst Paul V. erhielten sie die Regel des heil. Augustin und Privilegien, von Franz von Sales 1618 Satzungen, welche Urban VIII. 1626 bestätigte. Zur Zeit ihrer Blüte besassen sie 200 Häuser und bei 7000 Nonnen, sind aber seitdem unter die Hälfte herabgegangen.

20. Einsiedler des heil. Johannes des Täufers,

gestiftet 1630 von St. Sabine in Frankreich als religiöse Genossenschaft, um Bet- und Bussübungen ungestörter obliegen zu können.

21. Calvaristen-Priester des Calvarienbergs,

1633 gestiftet von Hubert Charpentier, Licentiaten der Sorbonne, als geistliche Genossenschaft:

„zur Verehrung des gekreuzigten Christus und Verbreitung des katholischen Glaubens in Bearn“,

wo die Hugenotten denselben teilweise verdrängt hatten. Eine ihrer Niederlassungen war auf dem Mont Valerien bei Paris. Sie vereinigten sich jedoch bald mit der „Gesellschaft zur Verbreitung christlichen Glaubens“. In Erreichung ihres Hauptzweckes waren sie nicht sehr erfolgreich. Da sie jedoch als Eremiten lebten, entgingen sie dem Sturm der Revolution, ihre Kongregations-Einrichtungen haben indes seit 1650 wesentliche Änderungen erfahren.

22. Bartholomäer oder Bartholomiten,

1640 gestiftet von dem Priester Bartholomäus Holzhauser zu Salzburg als freie geistliche Gesellschaft gemeinschaftlich lebender Weltgeistlichen

„zur Erziehung junger Kleriker und gegenseitiger Unterstützung der Mitglieder, wie auch zur Hinarbeitung auf eine Reformation der Sitten des weltlichen Klerus“,

welche unter einem Präsidenten und unter Oberaufsicht des

Bischofs stand. In besonderen Häusern wohnten Seminaristen, Priester und ausgediente kranke Geistliche.

Im südlichen Deutschland begünstigten die Bischöfe die Bartholomäer in jeder Weise. Sie durften Pfarrstellen bekleiden und erhielten auch die Leitung der Seminarien für angehende Geistliche. In Ungarn, Polen, Spanien fanden sie ihrer nützlichen Wirksamkeit wegen überall willkommene Aufnahme. Gegen Ende des 17. Jahrhunderts gerieten sie aber schon in Verfall und behaupteten sich daher nur noch in einigen schwäbischen und fränkischen Bistümern bis ins 18. Jahrhundert als Leiter der Seminarien. König Ludwig I. von Bayern stellte in einigen neu errichteten Seminaria puerorum, besonders aber in dem Weltpriester-Institut zu Altötting die Holzhauser'sche Stiftung gewissermassen wieder her.

23. Eudisten oder Euditen,

1643 gestiftet von Eudes, Priester des Oratoriums zu Caën in der Normandie als religiöse Genossenschaft unter dem Namen

„Gesellschaft von Jesus und Maria"

zum Zweck Seminarien vorzustehen und junge Geistliche zu Missionaren auszubilden. Sie legten keine Gelübde ab und verwendeten ihre Einkünfte zu milden und wohlthätigen Zwecken.

24. Minimen — Mindeste Brüder,

Einsiedler des heil. Franziskus (de Paula) Minimi fratres eremitae, les bons hommes — Brüder oder Väter des Sieges,

gestiftet um die Mitte des 15. Jahrhunderts von Franziskus de Paula (geb. 1416 in Calabrien † 1508, von Leo X. heilig gesprochen 1519) bestätigt 1473 von Sixtus IV., mit den Privilegien der Bettelmönche versehen von Alexander VI. (1493—1503) ausgehend von Calabrien und Sicilien und bald über ganz Italien, Frankreich und Spanien verbreitet, vereinzelt auch in Deutschland. Nachdem sich eine Kongregation gebildet, war ihr Stifter erster Generalsuperior derselben, der dem Orden 1493 eine Regel gab und zwar in dreifacher Form:

für Mönche, Klosterfrauen (gestiftet von den Schwestern Maria und Franziska von Lucena) und Tertiarier.

Darin war strenges Fasten, zur Erhöhung der Andacht beständiges Stillschweigen und Beschränkung der Nahrungsmittel auf Brot, Wasser und Öl.

Völlige Enthaltung des Fleischgenusses, sowie alles dessen, was überhaupt von Tieren kam, hatte er als 4. Ordensgelübde aufgenommen.

Die Mönche sollten einen langen schwarzen Rock und einen gleichfarbigen Gürtel mit fünf, die Minimen-Tertiarier einen solchen mit zwei Knoten tragen und an diesem der Rosenkranz hängen. Von der Verpflichtung barfuss zu gehen, nahm man später Abstand.

Der Kloster-Obere führte den Titel Korrektor, die Oberin der Frauenklöster Korrektrize.

In Frankreich nannte man die Einsiedler des heil. Franziskus zuerst les bons hommes (die guten Leute) dann Minimen; in Spanien „Brüder oder Väter des Sieges“, weil man glaubte, dass man durch Hilfe ihrer Gebete die Mauren besiegt habe.

Seiner ganzen Richtung nach war dieser Orden mehr für beschauliches Leben in Einsamkeit und Enthaltsamkeit, als für thätiges Eingreifen in das praktische Leben der Mitmenschen gerichtet, nimmt daher unter den Bettelorden den letzten Platz ein.

25. St. Georgs-Ritter

hat es zu verschiedenen Zeiten gegeben, ohne dass eine innere Verbindung derselben sich nachweisen lässt. Mit Vorliebe wählten ritterliche Vereine den heiligen Georg als besonders wirksamen Kriegshelden zu ihrem Patron, obwohl die kriegerischen Leistungen desselben erweislich nur dem Heidentum zu gute kamen und er sein Märtyrertum nur für eine zu offenherzige Missbilligung der Diocletianischen Christenverfolgung erlitt.

Ein geistlicher Ritterorden des heil. Georg ward gegen Mitte des 15. Jahrhunderts von Kaiser Friedrich III. für

Österreich und Kärnten gestiftet und 1468 von Papst Paul II. bestätigt:

„zum Kampfe für die Ehre Gottes, der heil. Jungfrau und des katholischen Glaubens“.

Der Orden teilte sich in Ritter und Priester und stand unter einem Grossmeister, während die Priester noch ausserdem von einem Probst beaufsichtigt wurden. Die Ritter verpflichteten sich zu Gehorsam und Keuschheit, nicht zu Armut. Nur bei feierlichen Gelegenheiten legten sie die aus einem weissen Mantel mit rotem Kreuz bestehende Ordenstracht an.

Kaiser Maximilian I. und Papst Alexander III. gestatteten 1494 den Anschluss einer Genossenschaft von Männern und Frauen, welche im allgemeinen den Ordenszwecken förderlich sein sollte. — Dieser Orden erlosch schon im 16. Jahrhundert.

Ein zweiter Orden des heil. Georg kam in Bayern vor und soll aus der Zeit der Kreuzzüge stammen. Jedenfalls war er längst erloschen, als Kaiser Maximilian ihn wiederherstellte. Beide Male hatte er keine weitere Bedeutung erlangt und war auch das zweite Mal bald wieder eingegangen.

Endlich rief ihn aber am 20. März 1729 Kurfürst Karl Albert (als Kaiser Karl VII.) nochmals ins Leben; worauf Papst Benedict XIII. ihn unter der Verpflichtung bestätigte

„Beschützer der unbefleckten Empfängnis der h. Mutter Maria“ zu sein. Kurfürst Karl Theodor erkannte ihn 1778 als Pfalz-Bayerischen Orden an. König Ludwig I. gab ihm umfassende Statuten, wonach er sich in 2 Zungen, eine deutsche und fremde teilte, 5 Klassen erhielt und 16 Ahnen zur Aufnahme erforderte.

Sein Hauptzweck — neben Förderung des bayerischen Adels — besteht in der Ausübung von Werken der Barmherzigkeit und der Verteidigung des katholischen Glaubens.

Demnach müssen wir ihn zu der zweiten Ordensrichtung zählen, obwohl er nicht mehr den reinen Charakter der Bettelorden trägt.

Der Augustiner.

Der Augustiner Orden.

Augustiner, ganz schwarz gekleid't,
Ihr Orden hält nicht viel Unterscheid.
Als man tausend fünfhundert Jahr
Dazu neunzehn — zählt fürwahr,
Allda aus ihrer Sect entstand
Martin Luther in Sachsenland.
Gottes Wort er uns wieder lehrt,
Des Papsts Reich hat er gar verheert.

4

Regulierte Kleriker.

Fast alle grossen Ereignisse haben sich aus unscheinbaren Anfängen entwickelt. Wenn wir daher die verschiedenen Richtungen der geistlichen Orden besonders hervorheben, so dürfen wir uns dieselben nicht so scharf geschieden denken, wie sie auf den ersten Blick aufzutreten scheinen. Von Einführung des Christentums an haben die Verhältnisse diese edle Frucht nur allmählich gezeitigt. Diesen verschiedenen Lebensbedingungen mussten seine Apostel sich anbequemen, wenn sie das hohe Ziel erreichen wollten. Es erklärt daher auch ein Carthäuser die Verschiedenheit der religiösen Orden aus den verschiedenen Neigungen der Menschen; „denn — sagt er — was dem einen gefällt, missfällt oft dem anderen, was dem einen wohlthut, thut dem andern wehe. Einige lieben die Einsamkeit, andere die Gesellschaft; der eine liebt ein beschauliches, der andere ein thätiges Leben und eben deshalb haben die frommen Väter so viele verschiedenen Lebensweisen eingerichtet, die alle zur Seligkeit führen.“ (Peter Sutores de vita Carthus Liber I cap. 12).

Mit Wort und That mussten meist die Benedictiner die segensreiche Heilslehre einführen; sie waren gleichzeitig Apostel des Christentums und Pioniere der Kultur. Durch Beispiel und Lehre suchten die Bettelmönche unter veränderten Zeiten gleiche Ziele zu erreichen; durch Erziehung eines geläuterten Lehrmaterials die regulierten Kleriker dem Verfall der Kirche

11*

entgegenzuwirken. Aber die Übergänge von einer Ordensrichtung zur anderen waren so allmählich, dass sie erst allgemein bekannt wurden, als sie mehr ihre charakteristischen Formen angenommen hatten. Auch dann finden wir immer noch zahlreiche Mittelglieder. Neue Orden knüpfen an alte an und geben somit die frühere Richtung nicht auf, während sie gleichzeitig eine neue verfolgen. So finden wir Orden regulierter Kleriker, welche zugleich Bettelorden waren und Bettelorden, welche schon den Übergang zur späteren Richtung bilden. Andererseits war auch in den alten Orden das Bedürfnis einer Reform erkannt. Überall regte sich neues Leben und was dazu nicht geringen Anstoss gab, war die Gefahr, welche der Kirche durch die Reformation zu drohen schien.

Den Anlass zu dieser gaben aber vor allem jene Missbräuche, die in der Kirche eingerissen und die zahlreichen Ausartungen, welche — von den einsichtsvolleren Leitern derselben längst erkannt, aber teilweise schon so eingewurzelt waren, dass es schwer hielt, sie so rasch zu beseitigen, wie dies im Interesse des wahren Glaubens hätte geschehen müssen.

Wir haben hier keinerlei Glaubensrichtung zu vertreten, müssen aber konstatieren, dass der Wurm, welcher an der Kirche nagte, nicht allein die Erschlaffung der Klosterzucht, sondern auch die sittliche Entwertung des ganzen Priesterstandes war. Mit Recht konnten hierüber Klagen erhoben und mit Leichtigkeit Stimmen geworben werden für Reform, welche dringend Not that. Hätte die Kirche selbst rechtzeitig und in richtiger Weise diese vorgenommen, so wäre es zu einem so grossen Schisma in derselben wahrscheinlich nicht gekommen. Zu spät entschloss man sich hierzu. Das Resultat war die Entstehung der Orden regulierter Kleriker und eine gründliche Revision und Einschärfung der älteren Ordensstatuten. Die Dämme waren aber inzwischen andererseits durchbrochen; der Protestantismus hatte wie ein Strom viel Land überschwemmt, als endlich die erwähnte Reform neue Schutzwälle aufzuwerfen bemüht war.

Diese neuen Orden stellten sich nun vor allem die Aufgabe, einen tüchtigen und achtbaren Klerus heranzuziehen, der die Klosterzucht wiederherzustellen, den vernachlässigten Volksunterricht kräftig in die Hand zu nehmen, die innere und äussere Mission mit Erfolg zu betreiben, Schismatiker durch zündende Worte wieder zu bekehren und durch Ausübung guter Werke in die Herzen des Volkes sich einzuführen vermöchte.

Um diese Ziele vollauf erreichen zu können, durften dieselben an mönchische Übungen und Formen nicht mehr gebunden sein. Ein gemeinsames Leben unter einer bestimmten Regel sollte sie aber vor einer Verweltlichung bewahren und befähigen, wahre Seelenhirten zu werden. Auf dieser Grundlage entstanden, teils älteren Stiftungen sich anschliessend, teils selbständig sich entwickelnd die nachstehend aufgeführten Kongregationen:

1. Theatiner oder Cajetaner, Kleriker von der göttlichen Providenz,

gestiftet 1521 von dem venetianischen Adeligen Cajetan von Thiene und Johann Peter von Caraffa, Bischof von Theate (als Papst Paul IV. 1555—59). Nach dem Ersten nannten sie sich Cajetaner, nach der Residenz des Letzteren Theatiner.

Ihr Zweck war: Reform der Klosterzucht, wie Sittenverbesserung des Klerus überhaupt; Verteidigung des katholischen Glaubens gegen die Angriffe seiner Gegner; Erteilung von Unterricht; Belebung der theologischen Studien; Seelsorge und Krankenpflege; ein weites Feld, dessen Bestellung sie sich mit heiligem Eifer zur Aufgabe machten. Sie gingen in ihrer Entsagung irdischen Genusses noch weiter, als die Bettelorden; denn sie wollten nicht nur besitzlos bleiben; nicht einmal erbetteln wollten sie die zur Bestreitung jener Berufsaufgaben erforderlichen Mittel, sondern alles dabei der Vorsehung anheimgeben. Dies verschaffte ihnen die Bezeichnung als

Kleriker von der göttlichen Providenz.

Die Stiftung war keine klösterliche, sondern nur ein religiöser Verein, dem Clemens VII. 1524 bei der Bestätigung die Augustinische Regel und das Recht gab, sich eigene Satzungen zu verfassen und alle drei Jahre einen Superior zu wählen.

Es war ein Unglück für diesen Orden, dass er schon 1527 bei der Erstürmung Roms durch das kaiserliche Heer sein erstes und einziges Haus verlor. Doch gelang es demselben bald in Venedig festen Fuss zu fassen und sich von hier aus über einen Teil Italiens zu verbreiten. Die Erhebung des Mitstifters Caraffa auf den päpstlichen Stuhl im Jahre 1555 kam ihnen dabei sehr zu statten. Nun kamen sie auch nach Frankreich und Deutschland und schickten sogar Missionen nach Asien und Amerika.

Ihre Satzungen waren nicht strenge, ihre schwarze Tracht nur durch weisse Strümpfe von den übrigen regulierten Klerikern unterschieden. Anfangs standen sie nur unter einem Superior, auf Anordnung Sixtus V. seit 1588 unter einem General.

Teils durch eigene Schuld, teils im Wettkampfe mit den gleiche Zwecke aber mit grösserer Energie und Konsequenz verfolgenden Jesuiten gingen sie allmählich wieder ein.

Ohne innere Beziehungen zu ihnen gab es

2. Theatinerinnen,

gestiftet von der Neapolitanerin Ursula Benincasa (geb. 1547 † 1618). Der gleiche Name war ihnen deshalb beigelegt worden, weil sie, wie die Theatiner, das Officium divinum und das der heiligen Jungfrau ohne Orgelbegleitung sangen.

Eigentümlich war die Zweiteilung dieser religiösen Gesellschaft in Schwestern, welche der heiligen Martha in Besorgung der weltlichen Geschäfte und Schwestern, welche der heiligen Maria nachahmten und nur der Beschauung und Andacht, strengen Kasteiungen und Abtötungen lebten.

Selbst nannten sie sich

„Kongregation von der unbefleckten Empfängnis Mariä“.

Sie kleideten sich in einen weissen Rock mit einem schwarzen Mantel und weissen Kopfschleier.

Es bestanden nur 2 Klöster dieses Ordens zu Neapel. Das zweite hatte dieselbe Stifterin für „Theatinerinnen von der Einsiedelei“ eingerichtet. Beide waren von Gregor XV. (1621 bis 1623), der sie der Aufsicht der Theatiner unterwarf, bestätigt worden, hatten aber keine weitere Nachahmung gefunden.

3. Somasker — Regulierte Kleriker vom heiligen Majolus,

gestiftet 1521 von dem venetianischen Edelmann Hieronymus Aemiliani

> „zur Übung der Werke der Barmherzigkeit, zur Pflege der Kranken, Erziehung von Waisen, überhaupt Unterstützung der Armen und Unglücklichen.“

Sie sollten ganz frommen Übungen leben. Ihren Namen Somasker entlehnten sie ihrem Hause Somaska, welches zwischen Pavia und Bergamo lag.

Päpstliche Bestätigung erhielt die Genossenschaft 1540 von Paul III., aber erst Pius IV. (1559—65) erhob sie zu einem Orden und gab ihnen die Augustinische Regel unter dem Namen der

„Regulierten Kleriker des heiligen Majolus“,

weil der heilige Karl Borromäus ihnen die Kirche vom heiligen Majolus († 1537) zu Pavia geschenkt hatte.

Paul V. (1605—21) erteilte ihnen die Privilegien der Bettelorden und eximierte sie von der bischöflichen Gerichtsbarkeit. Alexander III. teilte sie 1661 in die drei Provinzen Lombardei, Venedig und Rom, wo sie ihr Haupthaus hatten, zu denen später noch Frankreich hinzukam.

Die Kleidung dieses wenig ausgebreiteten Ordens war einfach schwarz.

4. Barnabiten — Pauliner — Paulaner,
Regulierte Kleriker der Kongregation vom heiligen Paulus,

gestiftet um 1532 vom Arzt und Priester Zacharia von Cremona und zwei Mailändern, dem Rechtsgelehrten Bartholomäus Ferrari und dem Mathematiker Jakob Anton Morigia; bestätigt 1532 von Clemens VII. und 1533 in Mailand begründet,

> „um die Geistlichen zu grösserer Sittenstrenge und den Werken der christlichen Liebe und Barmherzigkeit zu ermahnen und das Volk zur Bussfertigkeit anzuregen, die Jugend in der Gottesfurcht zu erziehen, im Beichtstuhl und auf der Kanzel durch die Rede auf das Volk zu wirken und in Missionen den christlichen Glauben zu verbreiten."

Sie begnügten sich nicht damit, mit dem Kruzifix in der Hand das Volk in den Strassen zur Busse zu ermahnen, sie legten sich vor dessen Augen auch selbst Busse auf, indem sie mit einem schweren Kreuz auf den Schultern in den Kirchen Gottes Barmherzigkeit anflehten, mit einem Strick um den Hals zu den niedrigsten Diensten sich anboten und in den ärmlichsten Kleidern für die Armut um Almosen baten. Paul III. (1534—49) unterstellte sie unmittelbar dem heiligen Stuhle und erteilte ihnen die Erlaubnis, zu Ehren ihres Patrons, des enthaupteten Paulus, eine Kirche su erbauen. Daher wurden sie ursprünglich

Pauliner oder Paulaner[1])

genannt. Erst nach der ihnen 1545 geschenkten Kirche des heiligen Barnabas zu Mailand nannten sie sich

Barnabiten.

Übrigens bestand schon ein älterer geistlicher Orden dieses Namens, welchen der Bischof Peter von Eugubio 1331 nach der Augustinischen Regel gestiftet hatte. Damit war ein 1408 zu Pavia entstandener, 1474 von Sixtus IV. begünstigter weiblicher Zweig verbunden.

Diese älteren Barnabiten, auch Ambrosianer genannt, vereinigten sich 1589 mit den neueren, welche 1579 von ihrem Protektor, dem heiligen Karl Borromäus, neue von Papst

---

[1]) Nicht zu verwechseln mit den Antitrinitarischen Häretikern, welche Paulianer heissen und mit der gnostischen Sekte der Paulicianer im Kaukasus und auf der Balkanhalbinsel, namentlich im 7—12. Jahrhundert.

Gregor XIII. bestätigte Satzungen und eine festere Einrichtung erhielten. An ihrer Spitze stand ein General-Vorsteher oder Superior.

Ihre Kleidung bestand aus einem langen Priesterrock von schwarzem Tuch.

Nur auf besonderen Befehl des Papstes durften sie sich um eine kirchliche Würde ausserhalb ihrer Kongregation bewerben. Ihre Häuser heissen nicht Klöster, sondern Kollegien.

Die Barnabiten standen in grossem Ansehen und verbreiteten sich über ganz Italien, Frankreich, Spanien und Österreich, würden auch noch weitere Ausbreitung erlangt haben, hätten sie nicht gleich den Theatinern die Konkurrenz mit den gewandteren Jesuiten zu bestehen gehabt. Gleichwohl waren ihnen an mehreren Universitäten Lehrstühle eingeräumt. Wie wir oben sahen, haben die Angeliken sich bald nach ihrer Entstehung mit ihnen vereinigt.

5. Jesuiten — Gesellschaft Jesu — Societas Jesu — Loyoliten, gestiftet 1540 von Ignatius von Loyola, geboren in der biscayschen Provinz Guipuzcoa † 1556, heilig gesprochen von Gregor XV. (1621—23), bis 1521 Offizier und Lebemann, infolge Verwundung bei Pompeluna zu längerer Zurückgezogenheit genötigt und durch Lektüre von Heiligenlegenden zu dem Entschluss gekommen, sich ganz einer christlichen Ritterschaft zu widmen, nach einjähriger Vorbereitung durch Bussübungen und Kasteiungen im Kloster von Manresa[1]) nach Jerusalem gepilgert.

[1]) Manresa ist eine kleine aber gewerbsame Stadt in der spanischen Provinz Barcelona (Fürstentum Catalonien = Principado de Cataluna) im Gebiete des Flusses Llobregat. Nahe derselben liegt die geognostisch durch ihre schroffen und bizarren Formen, historisch durch ihre zahlreichen Ansiedelungen frommer Männer weltberühmte, 3937 Fuss hohe Gebirgspyramide Montserrat = der zersägte Berg. An der Mitte dieses Berges liegt in einer weiten Thalmulde das gleichnamige Benedictinerkloster, in der Ausdehnung seiner zahlreichen Gebäude einer kleinen Stadt ähnlich, mit einer Wallfahrtskirche, welche ein wunderthätiges, hölzernes Marien-

Er wollte dort bei den Mohammedanern als Missionar auftreten, ward daran aber von dem Hüter des heiligen Grabes, dem Franziskaner-Provinzial wegen seines ungenügenden Wissens und rücksichtslosen Auftretens verhindert. Nach Spanien zurückgekehrt, suchte er durch eifrige Studien das in letzterer Beziehung Versäumte nachzuholen und zwar 1528 zuletzt in Paris, hatte hierbei jedoch infolge seines absonderlichen Benehmens viele Unannehmlichkeiten zu erdulden. Darauf verband er sich mit einigen Studiengenossen Franz Xaver, Jakob Lainez, Nikolaus Bobadilla, Alfons Salmeron (Spanier) Peter Faber (Pierre le Févre) (Savoyarde) und Rodriguez (Portugiese) zu einem

„Verein freiwilliger Armut, der Bekehrung von Ungläubigen und einer Pilgerfahrt nach Jerusalem".

Diesen Bestimmungsort erreichten sie aber nicht wegen des Türkenkrieges, lernten jedoch 1537 in Venedig den von Kardinal Caraffa neuerrichteten Theatinerorden kennen und stifteten nach dessen Vorbilde die

„Kompagnie oder Gesellschaft Jesu Christi".[1])

---

bild aus dem 9. Jahrhundert enthält. Das Merkwürdigste sind aber die zu diesem Kloster gehörigen 13 Einsiedeleien, welche auf ebenso viele Felsenspitzen verteilt und schwer zugänglich sind. Nach diesem Kloster begab sich der heilige Ignatius, als er den Beschluss gefasst hatte, der Welt zu entsagen. Nach Ablegung einer Generalbeichte vertauschte er vor dem erwähnten Marienbilde seine reichen Kleider mit einem Bettlergewand, hing seine Rüstung vor demselben auf und hielt mit dem Pilgerstabe in der Hand die altherkömmliche Ritterwacht. Darauf ging er nach Manresa, wo er teils im dortigen Dominikanerkloster, teils in einer benachbarten Höhle den härtesten Bussübungen oblag.

1) Wir finden in den zahlreichen Geschichtsquellen, auch in Aschbach's Allgemeinen Kirchenlexikon, das Wort Societas Jesu — Compagnia de Jesu mit „Streitgenossenschaft für Jesus Christus" übersetzt. Dies kann leicht zu bedenklichen Missverständnissen Anlass geben. Man muss dafür entweder: Genossenschaft oder noch bezeichnender Gesellschaft Jesu Christi setzen d. h. im Sinne des Beigeselltseins. Ignatius wollte nämlich, seine Ordensleute sollten Jesu beigesellt sein. Das Leben des Heiligen enthält auch eine hierauf bezügliche Vision, in der Jesus versichert: die Jesuiten sollten immer seine Leidensgefährten sein.

In Rom legten sie 1539 dem Papst Paul III. (1534—49) die dafür entworfenen Statuten, in welche sie ausser den drei Klostergelübden, die Verpflichtung zur auswärtigen Missionsthätigkeit nach den Befehlen ihrer Oberen, aufgenommen hatten, zur Bestätigung vor.[1]) Diese erfolgte durch

Bulle vom 27. September 1540.

Im folgenden Jahre ward Loyola zum ersten Ordensgeneral und Rom zur Ordensresidenz gewählt. Von hieraus sandte der Orden, welcher weder klösterliche Einrichtung, noch besondere Ordenstracht erhielt, Missionen in alle Lande.

Die Mitglieder sollten nicht vom Kloster aus, wie die meisten anderen Ordensgeistlichen, sondern mitten im Leben selbst durch ihren Lebenswandel, durch Kanzelpredigt, Beichtstuhlermahnung, durch Volks- und höheren Unterricht wirken. Von gleichzeitiger Übernahme der Krankenpflege ward statutenmässig abgesehen, obwohl dieselbe später in Notfällen dennoch erfolgte.

Die Zeit der Stiftung dieses Ordens fiel mit den ersten und heftigsten Reformationsstürmen zusammen. Hieraus erklärt sich die grosse Ausdehnung der Privilegien, welche die Päpste ihnen als Gegenwehr erteilten.

Er erhielt alle Privilegien der Bettelmönche und der Weltgeistlichen; sollte mit allen seinen Gütern von jeder bischöflichen und weltlichen Gerichtsbarkeit, Aufsicht und Besteurung frei und in dieser Beziehung nur seinem Ordensoberen und dem Papste unterworfen sein; durfte geistliche Funktionen jeder Art, auch während eines Interdikts, ausüben; von allen Sünden

---

[1]) Dieses Gelübde ward jedoch nur von den Professen abgelegt. Irrtümlich ist die Ansicht, dass die Jesuiten dem Papst oder ihren Oberen zu unbedingtem, sogen. blindem Gehorsam verpflichtet waren. Ihre bezügliche Verpflichtung unterschied sich in keiner Weise von der aller sonstigen Ordensleute. Es war den Jesuiten, ebensowohl wie diesen, Vorstellungen gegen höhere Befehle gestattet, die ihnen mit ihrer Gewissensüberzeugung oder ihrem Verständnis unerträglich schienen, ein Recht, welches beispielsweise einem Soldaten gegen die Befehle seiner Vorgesetzten nicht eingeräumt ist.

und Kirchenstrafen eigenmächtig absolvieren; Gelübde der Laien in andere gute Werke umwandeln; ohne besondere päpstliche Bestätigung überall Klöster und Güter erwerben; Ordenshäuser anlegen und nach Befund sich selbst von der Abwartung der canonischen Stunden, von Fasten und Speiseverboten, ja vom Gebrauche des Breviers dispensieren. Sein General konnte über alle Güter des Ordens unumschränkt verfügen, dessen Mitglieder senden, wohin er wollte, dieselben ohne Untersuchung ausstossen, eximieren oder sonst bestrafen. Er konnte ihnen Lehrstühle übertragen und sie mit akademischen Würden bekleiden. Er hat das inappellable Recht auf blinden Gehorsam und darf sogar einzelne Ordensregeln beliebig abändern. Dies „Alles zur grösseren Ehre Gottes“ (omnia ad majorem Dei gloriam, abgekürzt: O. A. M. D. G.)[1])

Die ausgezeichnete Organisation des Ordens, auf die wir später zurückkommen, die Vielseitigkeit seiner segensreichen Zwecke und die geschickte Weise ihrer Verfolgung trugen zu einer fast unglaublich raschen Verbreitung desselben bei, sodass er beim Tode des Loyola (1556), schon 1000 Mitglieder in 12 Provinzen zählte. Die erste dieser Provinzen war Portugal, wo Xaver und Rodriguez schon 1540 auf Einladung des

---

[1]) Diese Privilegien, welche die religio clericorum Societas Jesu juxta pium eorum institutum (so nennt das Concil von Trient sess. 25 cap. 16 de Ref. den Jesuitenorden) erhielt, unterschieden sich im wesentlichen nicht von den Privilegien der alten Orden und die grosse Errungenschaft der Gesellschaft Jesu nach ihrer Gründung durch den heiligen Ignatius bestand eben darin, dass ihr die Privilegia Regularium, d. h. die Privilegien der Ordensgeistlichen von den Päpsten verliehen wurden, obschon das Institut seiner Verfassung und Zweckbestimmung nach kein Mönchsorden nach den hergebrachten Begriffen war; diese erforderte vor allem das gemeinsame Chorgebet und gerade dieses schloss die Gesellschaft Jesu aus, weil es sich mit ihren Zwecken nicht verträgt und weil sie mehr einer Kongregation von Weltpriestern ähnelt, als einem Monastikal-Orden. Behält man dies im Auge, so verlieren jene namhaft gemachten Privilegien alles Auffallende, weil sie grossenteils keine wirklich exceptionelle, andererseits aber durch die Natur der Ordensgesellschaft Jesu bedingte waren.

Königs Johann III. (1521—57) Kollegien angelegt hatten (zu Coimbra und Goa in Ostindien). Dann folgten Italien und Spanien, namentlich unterstützt vom Herzog Franz Borgia. Vom katholischen Deutschland waren es hauptsächlich Österreich und Bayern, welche demselben in jeder Weise entgegenkamen. Es fielen ihm u. a. die Universitäten: Wien, Prag und Ingolstadt zu. Bald gelangten die Jesuiten-Missionen auch nach Cochinchina, Malakka, Japan, Brasilien, Äthiopien, Nord- und Südamerika, wo sie namentlich in Paraguay und Uruguay jahrhundertelang in völlig herrschender Stellung sich behaupteten. Nur in Afrika konnten sie anfänglich nur schwer festen Fuss fassen; (im Westen wollte man überhaupt nichts von ihnen wissen, im Osten wurden sie von den Kopten vertrieben und in Abyssinien als Hochverräter hingerichtet) in jüngerer Zeit haben sie aber in Südafrika mit Erfolg eine grosse Anzahl von Missionen gegründet. cf. Spillmann: Vom Kap zum Sambesi, Freiburg 1880; Charleroix: Histoire de Paraguay, Vienne 1830.

In Frankreich traten anfangs die Weltgeistlichkeit, die Pariser Universität und das Parlament feindlich gegen sie auf. In Belgien und am Niederrhein fanden sie dagegen willige Aufnahme. Im protestantischen Teile Norddeutschlands wollte man sie nicht zulassen, nur in Preussen begünstigte sie Friedrich der Grosse, weil er, obwohl selbst Protestant, ihre für das Volkswohl nützlichen Eigenschaften zu schätzen wusste. Aber sogar in dem protestantischen Schweden war es ihnen gelungen, ein Kollegium zu gründen.

Erst der zweite Ordensgeneral indes, Jakob Lainez (1556—65), gab dem Orden jene Gestaltung, welche denselben eine Zeitlang sozusagen zu einem weltherrschenden machte. Loyola war noch zu subjektiv gewesen und hatte dem Orden noch zu sehr das Siegel seiner persönlichen Schwärmerei aufgedrückt, um ihm allgemeinen Eingang zu sichern, den der staatskluge Lainez durch sein Anpassen an Zeit und Lebensverhältnisse so geschickt zu vermitteln verstand.

Durch Anlegung von Schulen suchte er auf die Jugend, durch persönlichen Verkehr, Beichtstuhl und Predigtamt auf die Erwachsenen zu wirken. Unter ihm erst lernte der Orden die ihm innewohnende Kraft kennen, sodass die mehr klösterliche Frömmigkeit des dritten Ordensgenerals Franz Borgia (1565—72) davon nichts abzuschwächen vermochte. Als daher die Päpste Paul IV. (1555—59) und Pius IV. (1559—65) den Orden zur Beobachtung der den übrigen geistlichen Orden obliegenden canonischen Stunden zurückbringen wollten, weigerte derselbe sich dessen, unter Bezugnahme auf die ihm zugestandenen Freiheiten.[1]) Dagegen fand Borgia gerechte Veranlassung, es scharf zu tadeln, dass manche Ordensmitglieder sich in die politischen Angelegenheiten mischten, und über den Studien der Wissenschaften die Pflege des religiösen Sinnes vernachlässigten.

Der nächste Nachfolger des Franz Borgia war der Luxemburger Eberhard Mercurian (1573—81) welcher keine hervorragende Rolle spielte. Um so bedeutender erscheint der fünfte Ordensgeneral, der Neapolitaner Claudius Aquaviva (1581 bis 1615). Er war der eigentliche Schöpfer der Macht des Ordens, indem er dessen innere Einrichtungen fester begründete und auch die Jesuitenschulen ins Leben rief. Die 1588 von ihm unterworfene „Ratio et institutio studiorum societatis Jesu“ enthält die Erziehungs- und Unterrichtsgrundsätze, welche in Zukunft beim Schulunterricht massgebend sein sollten. Der Eifer, mit dem die Jesuiten sich der Schulen annahmen, fand um so mehr Anerkennung, als der Jugendunterricht in den katholischen Ländern verfallen war, in den protestantischen dagegen sich gehoben hatte. Die Katholiken ergriffen daher mit Freuden die Gelegenheit sich der Jesuitenschulen zu bedienen. Diese unterschieden sich in Studia inferiora (Gymnasien) und Studia superiora (Lyceen), welche in einer Anstalt vereinigt

---

[1]) Wir haben hierin einen klaren Beweis unserer obigen Behauptung, dass der Orden keineswegs zu unbedingtem Gehorsam verpflichtet war.

waren. Nach einer systematischen Vorbereitung in den drei unteren Gymnasialklassen, folgte in den beiden oberen der Unterricht in der Beredtsamkeit. Die Studia superiora umfassten den zwei- bis dreijährigen philosophischen und theologischen Kursus. Hierdurch erzog der Orden sich selbst mittelbar und unmittelbar seine Mitglieder und Gehilfen.

Eine der Hauptaufgaben der Jesuiten erscheint von nun an die Bekämpfung des Protestantismus, wie sie sagten: „zur Wiederherstellung der päpstlichen Autorität“, im Grunde aber wohl nicht weniger „zur Begründung ihrer eigenen“; denn das ist die schwächste Seite des Jesuitenordens: „im Gefühl seiner Leistungsfähigkeit sich auch der dadurch bedingten Macht erfreuen zu wollen“. Hiefür boten ihm aber gerade die Jesuitenschulen die beste Stufenleiter.

Zum vollen Verständnis der Mittel, über welche dieser mächtige Orden verfügte, bedarf es vor Allem einer näheren Kenntnis seiner inneren Organisation.

Diese entspricht derjenigen einer unumschränkten Monarchie. Der in Rom residierende General ist niemandem ausser dem Papste unterworfen und vereinigt in seiner Person die ganze Macht des Ordens. Sein Amt ist lebenslänglich, während alle übrigen Würden nur dreijährige Dauer haben und wenn auch dem Orden formell das Recht zusteht, einen unwürdigen General abzusetzen, so ist ein derartiger Fall doch nie vorgekommen, auch wohl faktisch unmöglich gewesen.

Man unterscheidet demnächst Ordensklassen und Ordensbeamte.

Die Novizen bilden nur eine Vorklasse und sind nicht wirkliche Ordensmitglieder. Nur die talentvollsten, gebildetsten Männer und Jünglinge, ohne Ansehen von Stand und Verhältnissen, werden als solche angenommen. Sie werden zwei Jahre lang in besonderen Noviziathäusern auf Selbstverläugnung und Gehorsam geprüft. Die weitere Ausbildung in Kollegien erfordert dann noch neun Jahre, worauf sie ein letztes Jahr im Noviziat zu verbringen haben. Nun erst kann die Aufnahme in den Orden unter Ablegung der eigentlichen Gelübde erfolgen.

Die unterste Ordensklasse ist die der weltlichen Koadjutoren, sogen. Affiliierten[1]) oder Indifferenten. Sie legen kein Gelübde ab und dienen dem Orden als Untergebene und Gehilfen der Glieder höherer Grade, oder nur als Verbündete. Es gehören hierzu oft vornehme Weltleute, Staatsbeamte und andere einflussreiche Personen, oft sogar fürstlichen Ranges.

Eine höhere Klasse in zwei Stufen bildeten die Scholastiker und geistlichen Koadjutoren. Sie mussten gelehrte Kenntnisse besitzen, ordnungsmässig geprüft sein, die gewöhnlichen Klostergelübde ablegen und in der Stufe der Scholastiker, welche den Jugendunterricht in den Jesuitenschulen zu leiten hatten, sich ausdrücklich zur Erteilung von Unterricht verpflichten. Der geistlichen Koadjutoren bediente man sich als Professoren, Prediger, Rektoren der Kollegien, Superioren, Hofmeister und Gewissensräte in den Familien, sowie als Gehilfen in der Mission.

Es folgt sodann die höchste Klasse, die der Professen oder eigentlichen Jesuiten, welche ausser den drei

[1]) Übrigens haben fast alle Orden Affiliierte, namentlich die Bettelorden. Dieser Bezeichnung ist auch in der öffentlichen Meinung eine viel zu grosse Bedeutung beigelegt. Es wird darunter nur eine Gebetsgemeinschaft verstanden und geht damit, wie mit so vielen Einrichtungen, die aus einer früheren Zeit auf uns überkommen sind, und nun in einer Weise ausgelegt werden, wie sie unter ähnlichen Bezeichnungen in Vereinen und Verbrüderungen der Gegenwart bestehen z. B. in Ritterorden, Logen, Innungen u. dergl. Der Jesuitenorden stand nun aber, trotz aller Anfeindungen bei den meisten Gläubigen wegen seiner heiligen Zwecke in solchem Ansehen, dass sogar Ludwig XIV. in seinem Alter es sich zur besonderen Ehre anrechnete, unter die „Affilierten" desselben aufgenommen zu werden. Besteht doch noch jetzt ein ähnliches Herkommen in England, wo die angesehensten Lords sich „pro forma" in Innungen oder Gilden aufnehmen lassen, ohne damit für wirklich thätige Innungsmitglieder gehalten zu werden. Dass beim Jesuitenorden, wie überall, Ausnahmen vorkommen, d. h. dass einzelne Affiliierte aus freien Stücken thätigen Anteil an der Förderung der Ordens-Interessen nehmen, soll gar nicht geleugnet werden, kann aber niemals als Beweis dienen für das Bestehen einer derartigen Verpflichtung.

Klostergelübden, zur Übernahme von Missionen aller Art sich eidlich verbindlich machen. Sie wohnen in eigenen, sog. Professhäusern, wo sie von Almosen leben sollen, während Scholastiker und geistliche Koadjutoren gemeinschaftliche, wenn auch nur von Professen zu verwaltende, Einkünfte haben dürfen. Ausgenommen von dieser Wohnpflicht sind die Missionare unter den Heiden, die Regenten der Kolonien in fernen Weltteilen, die Beichtväter der Fürsten und die sogen. Residenten an Orten, wo es keine Kollegien gibt.

Diese Klasse ist vom Jugendunterricht völlig befreit. Aus derselben werden ausschliesslich die Ordensgenerale und höheren Ordensbeamten gewählt. Von den

Ordensbeamten

stehen dem General zunächst die Vorsteher der Provinzen: Provinzialen, welche dort die nämliche Gewalt ausüben, wie jener über das Ganze. Ihnen folgen die Oberen = Superioren (Praesides — Praepositi) der Professhäuser, die Rektoren der Kollegien und die Superioren der Residenzen od. Filialen der Kollegien, sowie die Novizenmeister.

Der General hat einen Beirat, welcher aus einem Admonitor und fünf Konsultatoren (Räten oder Assistenten) die die fünf Hauptnationen (Zungen): Italiener, Deutsche, Franzosen, Spanier und Portugiesen repräsentieren sollen, besteht. Derselbe ist dazu bestimmt, ihm in der Beaufsichtigung der Provinzialen und sonstigen Beamten behülflich zu sein. Er hat nur eine beratende Stimme.

Monatlich mussten die Provinzialen, vierteljährlich die Rektoren der Kollegien, die Superioren der Professhäuser und die Noviziatsmeister über merkwürdige Ordensangelegenheiten, über politische Ereignisse, wie über den Charakter, die Fähigkeiten und Verdienste aller einzelnen Glieder an den General Bericht erstatten, sodass schon dadurch alle Fäden in dessen Hand zu liegen kamen.

Es kam nun aber vor allem darauf an, für die Ausführung einer solchen Organisation, namentlich für Deutschland, wo die Reformation die weiteste Verbreitung gefunden, die geeigneten Persönlichkeiten zu gewinnen. Zu diesem Zweck errichtete Papst Gregor XIII. am 6. August 1573 das sogen. deutsche Kolleg in Rom, wofür er die Minderzahl von 100 Zöglingen aus allen Teilen des Reichs festsetzte, indem er die neue Stiftung glänzend dotierte.

Ausser einer Summe von 10000 Scudis überliess er demselben den Palast S. Apollinare, das Kloster Santa Saba und die Einkünfte von St. Stephan auf dem Monte Celio.

In dieser Anstalt sollten die jungen Leute drei Jahre in der Philosophie und vier Jahre in der Theologie unterrichtet werden, um demnächst in Deutschland als Seelsorger, geistliche Räte der Bischöfe, fürstliche Hofprediger, ja gelegentlich auch als Bischöfe und Erzbischöfe Verwendung zu finden. Sie waren jedoch nicht genötigt, deshalb in den Jesuitenorden einzutreten; da sie aber nur von Jesuiten unterrichtet wurden, war es natürlich, dass ihrer ganzen Ausbildung deren Ansichten zu Grunde lagen. Unleugbar übten dieselben indes, auch abgesehen hiervon, einen äusserst günstigen Einfluss aus auf die beabsichtigte Reform des katholischen Priesterstandes. Dieser war zu jener Zeit tief gesunken, wie wir schon eingangs bemerkten; es war sogar so weit gekommen, dass weltliche Herren vornehmen Standes lediglich mit geistlichen Titeln, im übrigen aber ohne alles Verständnis ihres Berufs, ja ohne allen sittlichen Halt, oft sogar anstössigen Wandels, die Stellen von Kapitularen deutscher Stifte einnahmen. Dies kam sogar in den wichtigsten deutschen Bistümern vor, wie Köln, Mainz, Strassburg, Würzburg u. a. Hierin trat nun Wandel ein. Der katholische Adel ergriff mit Freuden die Gelegenheit, seine für den geistlichen Stand bestimmten (jüngeren) Söhne in das deutsche Kolleg zu Rom zu senden. Streng erzogen und wissenschaftlich gebildet kehrten dieselben zurück, wurden selbstredend bei Besetzung neuer Domherrenstellen allen übrigen vorgezogen und verdrängten so allmählich jene unfähigen und unwürdigen Nichtsthuer. Die Stifter wurden reorganisiert; den Bischöfen in ihrem segensreichen Wirkungskreise standen tüchtige Geistliche zur Seite, das Volk erhielt wieder eine gediegene priesterliche Führung. Die Geistlichkeit stieg in seiner Achtung und dem Katholizismus wurden viele erhalten, welche sonst abgefallen wären, dem Protestantismus viele entzogen, welche sich demselben schon zugewandt hatten. Hierzu trug, wie selbst protestantische Geistliche klagend zugestehen, die grosse Menschenfreundlichkeit jener frommen Männer bei, welche sich nicht damit begnügten, die geistliche Seelsorge in die Hand zu nehmen, sondern für das leibliche Wohl ihrer Pflegebefohlenen sorgten, Kranke mit Gefahr ihres Lebens pflegten, und Arme unterstützten, obwohl sie dieserhalb von den Protestanten heftige Verfolgungen zu erleiden hatten.

Dies waren aber nur Zöglinge der Jesuiten — Resultate der Jesuitenschulen, die nach dem römischen Muster u. a. zu Braunsberg, Dillingen, Fulda, Prag und Wien von den Päpsten gegründet und ausreichend dotiert wurden. Um so eifriger unterzogen deren Lehrer und Vorsteher — die Jesuiten selbst, sich diesen opferreichen Aufgaben. Sie glaubten dabei Christo selbst zu dienen, wenn sie mit Lebensgefahr an dem Bette von Pestkranken warteten und pflegten. „Während alle Welt von Sinnen, kleinmütig und furchtsamen Herzens war“ sagte der protestantische Prediger Heinrich Lauber mit Bezug auf ihre treue Pflege der Pestkranken in Constanz, „haben sie sich als mutvolle Helfer der Armen dargethan, wofür sie zu loben sind; mag man sie sonst auch bestreiten“. Zahlreich fielen sie als Opfer ihrer Menschenliebe.

Auch während des 30jährigen Krieges haben sie keine Mühe, keine Gefahr gescheut, nicht nur Verwundeten hilfreiche Hand zu leisten, sondern auch Bedrohte vor Grausamkeiten zu schützen, indem sie bei den Kriegführenden als Vermittler auftraten.

Kein anderer Orden hat ferner, früher oder später erfolgreicher gewirkt für die Christianisierung der Heiden, wie die

Jesuiten, wenn wir nicht etwa die Benedictiner ausnehmen wollen, deren Wirksamkeit aber auf Europa beschränkt blieb, während die Jesuiten in den drei grossen Weltteilen Asien, Amerika und Afrika Ausserordentliches leisteten. Fragen wir nach der Ursache ihrer grossen Erfolge, so sind dieselben nicht zum wenigsten ihrer musterhaften Organisation zu danken. Sie zeichneten sich aber auch dadurch vor den übrigen aus, dass sie mit grosser Menschenkenntnis auf alle Verhältnisse des staatlichen und bürgerlichen Verkehrs Rücksicht nahmen, anstatt wie jene mit hohenpriesterlicher Strenge dem Gefühls- und Geistesleben der zu Bekehrenden schroff entgegenzutreten.

Der Gedanke, welcher ihr ganzes Walten belebte, war ein erhabener, gleich einem unerreichten Ideale: aus den beschränkten Verhältnissen des Familienlebens und des Staates zu der höheren Stufe des geistigen christlichen Lebens sich zu erheben; den Ordenszwecken Familie, Vaterland, Nation, kurz alles, woran der Alltagsmensch zu hängen pflegt, zu opfern, und ihm allein alle Kräfte und Neigungen zu widmen. Der Ausdruck dagegen, welchen sie diesem Gedanken zu geben verstanden, war in jeder Beziehung ein praktischer. Wären sie daher ihrem Ideale treu geblieben, hätten sie sich streng an ihre ursprüngliche Gesetzgebung gehalten, so würden sie wohl angefeindet, aber nie besiegt worden sein.

Hiernach durften zunächst gebrechliche, schwache, geistesbeschränkte, lasterhafte, bigotte (indiscretae devotionis) Personen in den Orden überhaupt nicht aufgenommen und zum Professgrade nur gelehrte, fähige, strengsittliche Männer nach der sorgfältigsten Prüfung zugelassen werden. Die Annahme von Ämtern und Würden ausser dem Orden war ebensowohl verboten, wie Betrieb von Landwirtschaft, Handel oder sonstigen bürgerlichen Gewerben. Die strengsten Vorschriften bestanden aber namentlich hinsichtlich der Beziehungen der Ordensbrüder zu den Fürsten und ihrer Beteiligung an Staatsgeschäften.

Der Ordensgeneral Franz Borgia verfügte sogar in Übereinstimmung mit dem berühmten Ordensprovinzial für Deutschland, späteren päpstlichen Nuntius, Canisius (geb. 1521 zu Nimwegen, † 1597, Verfasser des besten katholischen Katechismus): „sie sollten mit den Fürsten umgehen, wie eine kluge Hand mit Nattern“, damit sie nicht vom höfischen Sinn angesteckt würden. Ganz in demselben Sinne sprach sich der nachfolgende Ordensgeneral Mercurian darüber aus.

Der Nachfolger des Canisius im Provinzialamte, Hoffaeus (1569), warnte aufs Eindringlichste vor jeder Einmischung in staatliche Angelegenheiten. „Schon Vater Ignatius, sagt er, habe vorausgesehen, dass der Gesellschaft viel Unheil entstehen könne, durch Verwickelungen in weltliche Geschäfte, weil dieselben nur gewaltig zerstreuten und sie in ihren Ordensobliegenheiten behinderten, diesen auch meistens verhasst machten und dadurch der Früchte ihrer Arbeit bei ihren Nächsten beraubten. Sehr gewichtige Beispiele und Erfahrungen hätten gelehrt, dass Gott in solchen Geschäften nicht mit ihnen sei; auch hätten die Sachen in allen Fällen einen schlechten Ausgang genommen, und niemals zu Erbauung gereicht.“ Solche Einmischung in die Angelegenheiten, in die Fürsten und Staaten, um die Welt gleichsam nach ihren Meinungen zu regieren, habe auch der gegenwärtige Papst (Clemens VIII. 1592—1605) scharf gerügt. Deshalb hat denn auch die letzte General-Versammlung (die fünfte — 1593) die strengsten Befehle erlassen: dass die Jesuiten sich von derartigen Geschäften fern halten sollten.

Es war darin nämlich — nach ausführlicher Motivierung — allen Ordensgenossen streng verboten worden, sich in derlei öffentliche Geschäfte irgendwie einzumischen. Ausserdem hatte die Kongregation die Definitoren beauftragt, sich über die kräftigsten Heilmittel gegen diese Krankheit zu einigen und nachdem Paul V. (1605—21) diesen Beschlüssen seine besondere Bestätigung erteilt hatte, erliessen die Definitoren nachstehendes Dekret:

„Allen Ordensgenossen wird in Kraft des heiligen Gehorsams und bei Strafe der Unfähigkeit zu allen Ämtern und Würden und des Verlustes des aktiven und passiven Stimmrechts, befohlen, dass sie das 63. Dekret befolgen: dass nämlich keiner es wage oder sich herausnehme, in die öffentlichen weltlichen Geschäfte der Fürsten, die sogen. Staatsgeschäfte, irgendwie sich einzumischen und die Besorgung derartiger politischer Angelegenheiten zu übernehmen, mag er auch noch so dringend und von wem immer dazu aufgefordert oder darum gebeten werden. Und den Oberen wird ernstlich ans Herz gelegt, nicht zu gestatten, dass die Unserigen in derlei Händel irgendwie sich verwickeln. Bemerken sie, dass ein Untergebener dazu geneigt ist, so sollen sie sobald als möglich ihren Provinzial darauf aufmerksam machen, damit er denselben versetze, wenn für ihn an demselben Orte Gelegenheit oder Gefahr besteht, in solche Verwickelungen sich zu verstricken."

Hieraus erkennen wir unwiderleglich, welches Vertrauen die Fürsten und Bischöfe in die Jesuiten setzten, indem sie dieselben vielfach für ihre Dienste zu gewinnen und zu verwenden suchten. Dies konnte für den Orden und den Ordensgeist grosse Gefahren zur Folge haben. Daher suchten dessen Oberen schon frühzeitig hiergegen einzuschreiten.

Doch auch in anderer Weise konnten viele Ordensglieder Einfluss auf die Handlungen der Fürsten gewinnen. Eine verlockende Veranlassung hierzu gab ihnen namentlich die häufige Heranziehung als Beichtväter derselben. Der genannte Provinzial sprach sich daher auch hiergegen ablehnend aus. Ganz liess sich dies zwar nicht vermeiden, um es nicht mit den Landesfürsten zu verderben, aber schon die zweite Generalversammlung des Ordens erhob 1565 die Bestimmung zum Beschluss:

„dass weder für den Fürsten, noch für andere weltliche und geistliche Herren ein Ordensmitglied bestimmt werden dürfe, welches sich an den Höfen aufhalte, um die Stelle eines Beichtvaters oder eines

Theologen, oder irgend ein anderes Amt zu versehen. Nur für eine kurze Zeit — etwa für einen Monat, oder zwei — dürfe ein Verweilen am Hofe gestattet werden.“

Nachdem darauf der Ordensgeneral Aquaviva im Jahre 1600 den Oberen der Ordenshäuser eine ausführliche Instruktion erteilt hatte, wie sie sich in solchen Fällen verhalten sollten, erliess derselbe 1602 eine „Verordnung über die Fürstenbeichtväter“. Darin heisst es wörtlich:

„Muss man sich nun einmal auch diesem Amte unterziehen, so soll man darauf sehen, dass aus demselben dem Fürsten geistlicher Nutzen, dem Volke Erbauung, dem Orden kein Nachteil erwachse. Darum müssen diese Beichtväter im Ordenshause, nicht am Hofe wohnen. Selbst wenn sie den Fürsten auf einer Reise begleiten, sollen sie, wo möglich, nicht in dessen Herberge übernachten, sondern in einem Kloster, oder bei einem würdigen Priester. Auch soll stets ein Ordensgenosse sie begleiten. Geld und andere Geschenke dürfen von ihnen nicht angenommen oder ausgeteilt werden.

Einmischung in die Politik ist ihm (dem Beichtvater) strenge untersagt. Überhaupt gehe er nicht an den Hof, ohne gerufen worden zu sein; es sei denn, dass eine Notwendigkeit ihn dazu drängt. In keinerlei Weise gebe er sich dazu her, jemandem durch seine Verwendung beim Fürsten einen Gnadenbeweis, ein Amt u. dgl. zu verschaffen.

Der Beichtvater hüte sich auch, den Beamten des Fürsten diese oder jene Angelegenheit zu empfehlen, oder etwa gar im Namen des Fürsten ihnen Ermahnungen oder Verweise zu geben. Sollte der Fürst derartiges ihm zumuten, so weise er ihn unumwunden ab.

Diese Anweisung muss jedem Fürsten unterbreitet werden, der einen Jesuiten zum Beichtvater wünscht. Dabei ist ihm zugleich zu erklären, dass es jederzeit in der Gewalt des Provinzials stehen müsse, den Hofbeichtvater zu einem anderen Amte abzuberufen. cf. Ordinationes Generalium, cap. 11, Institutum Societatis 2. 225—226.

Wir ersehen hieraus, dass der Orden für einzelne Ausschreitungen seiner Ordensglieder in keiner Weise verantwortlich gemacht werden kann, diesen vielmehr überall mit Energie entgegentrat; zugleich aber, dass für die wissenschaftlich hochgebildeten, geistig nicht weniger begabten und in Weltklugheit erfahrenen Männer dieses Ordens die Versuchung jederzeit gross gewesen sein mag, eine bevorzugte Stellung in ihrem persönlichen Interesse und vielleicht zum Nachteil des allgemeinen Wohls zu missbrauchen.

Dies führte bei ihren Grundsätzen völliger Ablösung von Nation und Vaterland selbstredend zu gefährlichen Konsequenzen und man kann es daher den einzelnen Staatsregierungen nicht verdenken, wenn sie einem Orden mit Misstrauen begegneten, dessen Zwecke leicht die ihrigen durchkreuzen konnten. Eine weitere Gefahr liegt darin, dass der Schwerpunkt des Ordens sich in einer Person konzentriert, welche durch ihren Aufenthalt ausserhalb der Landesgrenzen sich aller Kontrole und Beeinflussung durch die Staatsregierungen entzieht, dem in Rom residierenden Jesuiten-General. Wenn dies nominell auch bei den meisten anderen Ordensgesellschaften der Fall ist, so besteht doch faktisch bei keiner eine so grosse Abhängigkeit von ihrem obersten Leiter. Diese Erwägung hat auch mehr, wie konfessionelle Bedenken, welche ja auch nur in protestantischen Ländern vorliegen können, zur Ausweisung derselben aus den meisten Ländern Veranlassung gegeben.

Bevor wir hierauf näher eingehen, wollen wir die Geschichte des Ordens weiter verfolgen, aus welcher dis Richtigkeit des Gesagten hervorgeht.

Unter dem General Marius Vitteleschi (Römer, 1615—45), dem unmittelbaren Nachfolger des Aquaviva, feierte der Orden das hundertjährige Jubiläum seines Bestehens. Fast überall in Europa, mit Ausnahme einiger wenigen Staaten, war es ihm gelungen, feste Niederlassungen zu begründen. In Schweden war zwar zu Stockholm ein Kollegium errichtet, die Jesuiten hatten aber während der Revolution von 1607 mit den übrigen Katholiken das Land wieder verlassen müssen. Aus England hatte Königin Elisabeth 1602 den Orden verbannt. Schon 1588 war ihnen von dem siebenbürgischen Fürsten Christoph Bathory der Aufenthalt in seinem Lande versagt. Aus Russland wurden sie zunächst 1606, nach dem Sturze des ihnen wohlgesinnten falschen Demetrius, zugleich mit den Polen vertrieben. In Frankreich hatten sie nur durch Gunst des Hofes 1562 unter dem veränderten Namen der „Väter des Kollegiums von Clermont“ und unter Verzichtleistung auf den Gebrauch ihrer wichtigsten Freiheiten, Zulass erlangen können und waren schon 1595 von Heinrich IV. auf Antrag der Pariser Universität und des Parlaments, „wegen angeblicher Begünstigung des Königsmords“ wieder verbannt, auch 1604 auf päpstliche Verwendung nochmals zugelassen worden. In Venedig trat 1607 gelegentlich der Streitigkeiten der Republik mit dem Papst Paul V. der oben angedeutete Fall ein. Sie hatten den päpstlichen Befehlen mehr gehorcht, als denen der Republik. Erst unter Papst Alexander VII. (1655—67) ward ihnen das damals verschlossene Gebiet wieder eröffnet.

So lagen die Verhältnisse zur Zeit ihres hundertjährigen Jubiläums. Trotz verschiedener Einbussen hatten sie doch ihre höchste Blüte erreicht. Sie besassen in 30 Provinzen 21 Professhäuser und an 300 Kollegien mit im ganzen 14000 Mitgliedern.

Die Zahl ihrer Feinde war indes schon damals nicht gering und beständig im Wachsen. Die nicht jesuitische Geistlichkeit wurde durch ihre grössere Gewandheit und folgeweise Beliebtheit in den Schatten gestellt, den Bischöfen und Universitäten standen sie durch ihre ausgedehnten Vorrechte im Wege. Den, ähnliche Zwecke verfolgenden, Mönchsorden machten sie überall erfolgreiche Konkurrenz. Staatsbeamte und Juristen jeglicher Stellung beneideten ihre Bevorzugung an den Höfen und hassten ihre mehrfache Einmischung in die Staatsangelegenheiten.

In Frankreich gerieten sie darauf in ärgerliche Streitigkeiten mit den Jansenisten. Aus Portugal wurden sie am 3. September 1759 „wegen behaupteter“, aber nicht erwiesener Teilnahme an einem Hochverrate ausgewiesen, in Frankreich 1764 infolge der Differenzen mit der Regierung wegen ihrer, unerachtet entgegenstehender Verbote des Papstes und der Ordensoberen, auf Martinique betriebenen Handelsgeschäfte, als politische Gesellschaft aufgehoben. 1767 mussten sie Spanien, Neapel, Parma, Malta verlassen und am 21. Juli 1773 sprach Papst Clemens XIV. in der Bulle: „Dominus ac redemtor noster“ die völlige Aufhebung der fast überall in Misskredit gekommenen Gesellschaft Jesu in allen Staaten der Christenheit aus. Sie mussten ihre Häuser verlassen, ihr Ordenskleid ablegen, die gegenseitigen Verbindungen aufgeben und entweder unter andere Orden, oder unter Aufsicht der Diözesan-Bischöfe treten. Ihre Güter wurden überall eingezogen und ihre Einnahmen auf Jahrgelder beschränkt, welche Portugal ihnen sogar verweigerte. In Spanien wollte man sie gar nicht, in den übrigen Staaten nur als Privatpersonen dulden. Nur Friedrich der Grosse von Preussen gestattete ihnen, sich in Schlesien als „Priester des Königlichen Schulinstituts“ dem Jugendunterricht zu widmen. Diese Anstalt hob Friedrich Wilhelm II. indes auf.

Aus Russland hatte Peter der Grosse die Jesuiten zwar 1719 wieder vertrieben, mit dem östlichen Teile Polens wurden jedoch 1772 mehrere Häuser diesem Lande nochmals einverleibt. Wohl weniger aus Vorliebe für die Jesuiten, als in Opposition gegen die aufhebende Massregel des heiligen Stuhls, behielt es dieselben bei und gestattete ihnen 1782 sogar, sich einen Generalvikar zu wählen, womit Pius VI. sich gleichwohl einverstanden erklärte, weil er persönlich den Jesuiten nicht abgeneigt war.[1])

Mit der Aufhebung des Ordens war indes selbst in Rom dem Papst die Ausrottung der Jesuiten nicht gelungen und als Clemens XIV. ausserdem 1774 mit Tode abging, besserten sich ihre Aussichten auf Wiederherstellung schon unter dessen nächsten Nachfolger Pius VII. (1775—99). Wurde dieses Ziel auch nicht sofort erreicht, so bevorzugte man doch die Exjesuiten bei Besetzung vieler wichtiger Lehr- und Kirchenämter.

---

[1]) Es hält sehr schwer, ein allgemein verbreitetes Vorurteil zu bekämpfen. Der Geschichtsschreiber darf aber von dem Odium eines solchen Versuchs, auch bei einer befürchteten Erfolglosigkeit, nicht zurückschrecken. Erreicht er nur so viel, dass die Sache einmal von einer anderen Seite beleuchtet wird, so ist dies schon ein Gewinn; es ist der erste Schritt zu einer weniger parteiischen Auffassung. So auch beim Jesuitenorden. Lust zu herrschen und sich Geltung zu verschaffen, haben zu allen Zeiten nicht blos die Jesuiten — und zwar nicht als solche, sondern lediglich als oft sehr hoch begabte und wohl zum Herrschen veranlagte Männer — gehabt. Die Versuchung, Schwingen zu entfalten, welche man besitzt, anstatt auf dem Boden zu kriechen, liegt jedem nahe, und dieser Versuchung haben auch einzelne Jesuiten nicht widerstanden. Keineswegs war dies aber ihr Ordenszweck. Wenn die Fürsten Mitglieder dieses Ordens wegen ihrer vorzüglichen Befähigung zu ihren höchsten Ratgebern machten, so trugen sie selbst die Schuld, wo dies zu Missständen führte. Der Orden hat dies, wie wir oben nachwiesen, stets gemissbilligt, und nur, äusserem Drucke nachgebend, ausnahmsweise gestattet. Gehen wir auf die Quellen der zahlreichen Anklagen gegen die Jesuiten wegen ihrer behaupteten Einmischung in Staatsgeschäfte zurück, so finden wir dieselben hauptsächlich im 18. Jahrhundert und zwar an den lüderlichen bourbonischen Höfen mit ihren nichtsnutzigen Ministern. In Deutschland, Polen und Ungarn sind sie von berechtigter Seite nie ausgesprochen worden.

Wie von König Friedrich II. von Preussen sind die Jesuiten in allen deutschen Territorien mit Liebe behandelt und als Lehrer beibehalten worden, beispielsweise auch in Hadamar durch den Prinzen von Oranien. Hatten doch Maria Theresia und fast alle katholischen Reichsfürsten den Papst dringend gebeten: den Jesuitenorden in Deutschland fortbestehen zu lassen, weil seine Unterdrückung durch nichts motiviert und für das katholische Religionswesen höchst schädlich sei. Aber Clemens XIV. liess sich durch die Bourbonen einschüchtern.

Eine ähnliche Begünstigung erfuhren sie in Bayern. Nachweislich hat es übrigens auch nach der Aufhebung ausserhalb Italiens noch 900 Exjesuiten gegeben, welche mit ihren früheren Oberen in geheimer Verbindung verblieben waren. Zur Zeit der Aufhebung selbst zählte der Orden an 23000 Mitglieder, darunter 12000 Priester, die in 39 Provinzen, 24 Professhäusern, 669 Kollegien, 61 Noviziaten, 176 Seminarien, 335 Residenzen und 273 Missionen verteilt waren.

Da sich in Folge ihres legalen Fortbestandes in einem Teile Russlands die Zahl der Jesuiten dort sehr ansehnlich vermehrte, so stellte Pius VII. sie durch Bulle vom 7. März 1801 für Westrussland und Lithauen wieder her.

Verschiedene Versuche, sie in Frankreich, Deutschland und Italien wieder einzuführen, misslangen. Dies sollte u. a. 1787 zu Rom unter dem Namen „Vincentiner" geschehen, in Belgien seitens der französischen Jesuiten als „Gesellschaft des Herzens Jesu" (Congrégation du sacré coeur). Von dort mussten sie aber während des Krieges nach Deutschland flüchten, wo sie erst bei Augsburg, dann in Göppingen sich niederliessen; vergebens Verbindung mit den russischen Jesuiten nachsuchten; darauf, weiter verfolgt, sich 1796 nach Naudorf bei Wien, zuletzt nach Hagenbrunn zurückzogen, von dem Wiener Erzbischof und der Herzogin Maria, Schwester des Kaisers Franz, in Schutz genommen und auch von Pius VI. nicht ungünstig beurteilt wurden. Obwohl sie aber in allen Stücken die Jesuiten zum Muster nahmen, wurden sie doch von diesen nicht anerkannt. Mehr Erfolg hatte die in Italien von Nikolaus Paccanari bei Spalato aus Exjesuiten gegründete und gleichfalls von Pius VI. begünstigte „Gesellschaft des Glaubens." Doch wollten die Einzelregierungen Italiens sie nicht gelten lassen. Die meisten Mitglieder begaben sich daher auf Rat des Papstes nach Wien, wo sie sich 1799 mit der Gesellschaft vom Herzen Jesu vereinigten und nach ihrem Stifter „Paccanaristen" auch: „Väter des Glaubens" nannten. Von Österreich und Bayern beschützt, wurden sie von den Franzosen heftig verfolgt und vermochten trotzdem selbst in Frankreich insgeheim Kollegien und Pensionate zu errichten, bis sie dort 1804 förmlich aufgehoben wurden. Andererseits drangen sie aber bis nach Holland und England vor. Papst Pius VII. war ihnen nicht gewogen, zumal sie einer Verbindung mit den russischen Jesuiten widerstrebten. Endlich liessen sie in ihrem Eifer nach, verliessen Paccanari und schlossen sich einzeln den Jesuiten wieder an. Der Rest löste sich auf, als der Papst am 31. Juli 1804 auf Wunsch des Königs Ferdinand im Königreich beider Sicilien den Jesuitenorden wiederherstellte. Gleichwohl hatten sie während ihres kurzen Bestehens 30 Kirchen gewonnen.

Nachdem der Jesuitenorden sich auf diese Weise allmählich faktisch wieder eingeführt hatte, ward derselbe durch die Bulle Pius VII. vom 7. August 1814 „Sollicitudo omnium ecclesiarum“ auch der Form nach wiederhergestellt, erhielt auch im Kirchenstaate, wie in einigen anderen italienischen Staaten seine meisten Güter zurück. Dies geschah auch in Spanien durch Ferdinand VII. Hier schien aber ein Unstern über ihnen zu walten. Während der Revolution von 1820 wurden sie vertrieben, nach der Restauration, 1822 wieder zugelassen, durch die Revolution von 1830 beschränkt, 1835 ausgewiesen. In Neapel, Sardinien und Modena ward ihnen der ganze Jugendunterricht übertragen. In Frankreich duldete man sie anfangs nur; 1822 stellte man sie wieder her, worauf sie sich auch dort des ganzen Jugendunterrichts bemächtigten und auf den gesamten Klerus grossen Einfluss ausübten. Da aber die Bevölkerung sie als vermeintliche Feinde der Freiheit mit Misstrauen betrachtete, wurden sie 1825 von der Regierung in ihren Rechten beschränkt und ihr Unterricht unter Aufsicht der Universität gestellt, auf deren Antrieb aber 1830 ganz untersagt. 1845 wurde endlich der Orden mit Zustimmung Gregor's XVI. als solcher in Frankreich für aufgehoben erklärt. Nur sofern dessen frühere Mitglieder Franzosen waren, durften sie fortan als Privatpersonen im Lande verbleiben. In Portugal vertrieb man sie 1833 aufs Neue. In Brasilien wurden sie gar nicht wieder zugelassen.

Freiburg in der Schweiz ward nun ihr Hauptsitz. Es ward dort 1818 ein Kolleg errichtet, welches rasch aufblühte. Von hieraus verbreitete der Orden sich über Wallis und die Urkantone. In Luzern ward er erst 1845 unter einigem Widerstande eingeführt und später mit oder ohne Schuld in die Streitigkeiten des Sonderbundes verwickelt. Bis auf Böhmen fanden die Jesuiten in allen österreichischen Staaten bereite Aufnahme, im übrigen Deutschland wollte man sie nicht; nur Anhalt-Köthen machte kurze Zeit hierin eine Ausnahme. England und Irland liessen die inländischen Jesuiten zu. In Amerika und Ostindien besitzen sie noch einige Kollegien. Aus Petersburg und Moskau wurden die Jesuiten 1815 wegen angeblicher Proselytenmacherei, aus ganz Russland 1820 verbannt.

Im allgemeinen kann man sagen, dass eine sehr weit verbreitete und starke Antipathie gegen die Jesuiten besteht und dass das Vorurteil gegen sie die Anerkennung ihrer Verdienste vielfach überwiegt. Was von ihrer angeblichen Herrschsucht und Neigung, sich in Staatsverhältnisse zu mischen, zu halten ist, haben wir oben eingehend besprochen.

Will man dem Orden deshalb Vorwürfe machen, weil er eine „internationale“ Genossenschaft ist, so übersieht man, dass er hierin nur den Charakter des Christentums, oder jeder anderen universellen Glaubenslehre, trägt. Er bildet dadurch allerdings eine Art von Weltstaat, in dem es weder Nation, noch Landesgrenze gibt; dieser Staat ist aber ein rein geistiger, welcher an sich zu weltlichen Staatsverhältnissen in gar keiner Beziehung steht.

Was man den Jesuiten in anderer Beziehung zur Last legt, trifft weniger den Orden und seine Tendenzen, als einzelne ausgeartete Mitglieder desselben und ist anderenteils unwahre Beschuldigung, oder geradezu Missverständnis. Ersteres lässt sich unwiderleglich nachweisen, zu Letzteren haben die Jesuiten selbst wiederholt Anlass gegeben, indem sie in zahlreichen Schriften sich in casuistische Streitigkeiten einliessen, welche später zu Auslegungen führten, an welche sie in keiner

Weise gedacht hatten. Auch in dieser Beziehung haben sie von ihren Oberen unzählige Male strenge Zurechtweisungen erfahren, was freilich nur selten in die Öffentlichkeit drang, oder wo dies geschah, oft absichtlich totgeschwiegen ward.

Zeit und Raum gestatten hier keine weitere Ausführungen. Wer sich hierüber belehren lassen will, findet dazu reichlich Gelegenheit. Wir verweisen u. a. auf Johann Jansen's: Geschichte des Deutschen Volks seit dem Ausgange des Mittelalters, Freiburg 1886 Band V. Über die charitative Wirksamkeit der Jesuiten Seite 193 ff. Dallas (Protestant) hist. of the Jesuits.

6. Jesuitinnen — Jesuiten-Nonnen,

gestiftet etwa 1540 von Jsabella Rosella von Barcellona, nach der Ordensverfassung der Jesuiten und mit den nämlichen vier Ordensgelübden als

religiöse Kongregation der Jesuitinnen,

welcher Paul III. (1534—49) jedoch die Bestätigung versagte, was zur Folge hatte, dass sie eigentlich nur in den Niederlanden Aufnahme fanden. Auf Veranlassung der Jesuiten hob Urban VIII. (1623—44) diese Kongregation förmlich auf. Seitdem kamen sie nur zerstreut hier und dort vor.

7. Kongregation des heiligen Herzens oder des Glaubens, Kongregation du sacré coeur,

nannte man einen, freilich erst im 19. Jahrhundert, aber nach dem Muster der vorerwähnten männlichen Kongregation dieses Namens (cf. Nr. 5) in Frankreich errichteten weiblichen Verein, deren Mitglieder auch Jesuitinnen genannt wurden,

„zur Pflege des Unterrichts und Verbreitung des religiösen Sinnes in den Städten.“

Sie unterhielten Pensionate für Kinder reicher Familien, Freischulen für arme Kinder, Wohnungen für Damen, welche sich zu grösserer Erbauung von der Welt zurückziehen wollten etc. und haben namentlich in Belgien, Italien, Schweiz, den vereinigten Staaten von Amerika und Algier Verbreitung gefunden.

8. Regulierte Kleriker der Mutter Gottes zu Lucca,

1574 gestiftet von Johann Leonardi, aber erst 1621 von Papst Gregor XV. zu einem förmlichen Verein regulierter Kleriker erhoben.

Ihr Haupthaus war in Rom. Über Italien kamen sie nicht hinaus. Ihre Hauptthätigkeit bestand im Unterricht der Armen.

9. Regulierte Kleriker für den Krankendienst, Väter des guten Strebens, sogen. Krankendiener,

1586 gestiftet vom Neapolitaner Camillus von Lellis, bestätigt im nämlichen Jahre von Sixtus V.

Sie verpflichten sich Kranke bis zum Tode zu pflegen und selbst in der Pestzeit ihren Dienst nicht zu versagen.

Camillus von Lellis, der in früheren Jahren abwechselnd ein wüstes Soldatenleben geführt und resp. als Kranker und Krankendiener in Spitälern zugebracht, ward auch ihr erster Superior.

Ihre schwarze Kleidung unterschied sich von derjenigen der übrigen Kleriker durch ein auf der Brust getragenes feuerrotes Kreuz.

Sie verbreiteten sich bald über ganz Italien und wurden von Gregor XIV. (1590—93) zum Orden erhoben. Ihrem Ordensgeneral standen 4 Räte (Konsultatores) zur Seite. Die Mitglieder unterschieden sich in Priester, Laienbrüder und Oblaten, ihre Ordenshäuser in Profess-, Novizen- und Krankenhäuser.

10. Regulierte niedere Kleriker sogen. Minores, Marianische Kongregation,

1588 gestiftet vom Genueser Johann Augustia Adorna, und den Neapolitanern Franz und Augustin Carracioli, bestätigt von Sixtus V. (1585—90) unter der Bezeichnung

„Minores.“

Weil sie aber die heilige Jungfrau zu ihrer Schutzpatronin gewählt hatten, nannten sie sich auch

„Marianische Kongregation.“

Ihr Zweck bestand in der Führung eines thätigen und beschaulichen Lebens. Zu den drei Klostergelübden kam die Versicherung: „keine Würde in und ausser dem Orden anstreben zu wollen“, und zu den allgemeinen frommen Übungen als Besonderheit das „Cirkulargebet und die Cirkularbusse“, so benannt, weil diese fromme Übung durch die ganze Kongregation ging.

Eigentümlich ist auch die Einteilung ihrer Häuser in 1. Übungshäuser, in denen sie Armen und Bedrängten Beistand leisten; 2. Noviziate zur Erziehung ihrer Novizen; 3. Kollegien, in denen öffentliche Vorlesungen gehalten werden; 4. Einsiedeleien, d. h. Aufenthaltshäuser für die strengen ascetischen Übungen.

Ausser ihrem Haupthaus in Rom sollen sie noch 60 andere Häuser in Italien, Spanien und Portugal besitzen.

11. Piaristen — Clerici regulares scholarum piarum,

1617 gestiftet als Kongregation von Joseph Calasanza (Calasanctius) aus einer adeligen arragonesischen Familie (geb. 1556 † 1648) welcher, nach verschiedenartigen Studien auf spanischen Universitäten, sich schliesslich ganz der Theologie zuwandte; später Beichtvater und Generalvikar des Bischofs von Lerda ward, dann nach Rom ging, sich dort unermüdlich durch gute Werke und fromme Übungen auszeichnete, in Kirchen und auf Märkten predigte, sich namentlich aber des Unterrichts des verwahrlosten Landvolks und armer verwaister Kinder in den Wahrheiten der christlichen Religion annahm.

Die Stiftung hatte einen unscheinbaren Anfang. Calasanza erteilte armen Kindern eines römischen Stadtviertels nicht nur unentgeltlichen Religionsunterricht in einem gemieteten Hause, sondern versah sie auch mit den nötigen Büchern und Schreibmaterialien. Als der Andrang seine Kräfte überstieg, nahm er einige Priester zu Hilfe und mietete ein geräumiges Haus, wo er zugleich mit den übrigen Lehrern ein gemeinschaftliches Leben führte. Clemens VIII. (1592—1605) nahm diese Gesellschaft 1600 in seinen besonderen Schutz. Paul V. erhob sie zu einer Kongregation und erlaubte ihren Mitgliedern das einfache Gelübde abzulegen. Gregor XV. ernannte sie 1621 zu einem Orden, unter dem Namen der

„regulierten Kleriker der Armen“

unter dem Schutze der „Mutter Gottes zu den frommen Schulen“ und bestätigte endlich 1622 die Satzungen des Joseph Calasanza, den er zum Generalprobst des Ordens erhob.

Die Genossenschaft erhielt alle Privilegien der Bettelorden, verpflichtete sich durch ein viertes Gelübde dazu: unentgeltlich der Jugend Unterricht erteilen zu wollen. Sie verbreitete sich ihres praktischen Zweckes wegen rasch über Italien, Deutschland, Polen und Ungarn.

Die Piaristen teilten ihre Schulen in Volks- und gelehrte Schulen. Dadurch gerieten sie aber bald mit den Jesuiten in Wettstreit, in dem sie unterlagen.

Papst Innocenz X. (1644—55) verbot den Piaristen die Annahme von Novizen und gestattete ihnen in andere Orden überzutreten. Alexander VII. (1655—67) enthob sie der feierlichen Gelübde, zwang sie aber in der Kongregation zu bleiben. Clemens IX. (1667—69) führte 1669 die Ableistung der Gelübde wieder ein. Der Orden hat noch gegenwärtig an 1500 Mitglieder in Italien, Polen und Österreich, wo man ihm vorzugsweise den Unterricht überliess.

12. Lazaristen oder Missionspriester,

1624 gestiftet von Vincenz von Paula, unter Mitwirkung der gräflichen Familie Gondi, zu dem Zweck, ihre Thätigkeit dem Seelenheil der niederen Landbevölkerung zu widmen. Als

„Gesellschaft von Missionspriestern“

wurden sie von Ludwig XIII. von Frankreich (1610—43) anerkannt und 1632 von Urban VIII. zu einer

religiösen Kongregation

erhoben.

Von dem Kollegium St. Lazarus zu Paris, welches sie noch in demselben Jahre bezogen, erhielten sie den Namen „Lazaristen."

Vincenz übertrug ihnen die Leitung mehrerer Seminarien, welche er zur Anziehung eines guten Klerus ausserhalb Paris errichtete. Bald besass die Kongregation zahlreiche Seminarien auch ausserhalb Frankreichs, (zu Piemont, Italien, Spanien, Portugal, Polen). Ihre Missionen verbreiteten sich aber über alle Weltteile mit dem segensreichsten Erfolge.

Bemerkenswert ist, dass auch Laien sich an den wöchentlich abgehaltenen religiösen Konferenzen der Missionspriester beteiligen konnten.

13. Passionisten — Passions- oder Leidensbrüder

1724 und 1745 gestiftet von Franz von Kreuz.

14. Redemptoristen-Kongregation des heiligsten Erlösers, Liguoristen — Liguorianer,

1732 gestiftet vom heiligen Alphons Maria von Liguori zu Scala im Bezirke von Benevent.

Wohl kaum war je ein Orden in seinem ganzen Wesen so eng mit der Persönlichkeit seines Stifters verwachsen und dabei in seiner späteren Entwickelung den ursprünglichen Intensionen desselben so treu geblieben, wie dieser. Die Stifter der meisten übrigen Orden haben zu denselben nur den Grund gelegt und späteren Zeiten die weitere Ausführung ihrer Gedanken überlassen. So beispielsweise der heilige Benedict und Ignatius von Loyola. Dem heiligen Alphons war es vorbehalten, der Welt einen vollendeten Bau zu hinterlassen, welcher seitdem nur wenig Abänderungen erfahren und daher Zeit gehabt hat, von Anfang an seine Zwecke unentwegt zu verfolgen. Die Lebensgeschichte des Stifters bildet daher Vorwort und Schlüssel für die Geschichte des Ordens.

Abstammend aus einer neapolitanischen Patrizierfamilie, welche bei Marinella begütert war, ward Alphons Maria von

Liguori am 27. November 1696 geboren. Seine spätere Frömmigkeit dankte er der Erziehung seiner gleichgesinnten Mutter, seine zeitweise Neigung zu weltlichen Zerstreuungen seinem eitlen und ehrgeizigen Vater; seine höhere geistige Ausbildung und religiöse Richtung den italienischen Oratorianern. Schon mit neun Jahren ward er Mitglied einer von diesen in Neapel gegründeten „Bruderschaft adeliger Jünglinge“, während geschickte Hauslehrer ihn in Sprachen, Wissenschaften und schönen Künsten unterrichteten. Darauf wandte er sich so eifrig dem Rechtsstudium zu, dass er schon 1713 mit 17. Jahren Doktor der Rechte geworden war und eine Advokatur übernehmen konnte. Zwei Jahr später trat er in die „Oratorianer-Bruderschaft der Doktoren“ ein und gab sich nun frommen Übungen und leiblichen Abtötungen hin, indem er gleichzeitig den Kranken in den Hospitälern Trost zu spenden suchte. Da seinem weltlich gesinnten Vater diese Richtung missfiel, verlobte er sich mit der ebenso schönen, wie reichen Prinzessin Presiccio. Diese trat zwar 1719 vor der Heirat in ein Kloster, wo sie, sehr betrauert von ihrem Verlobten, 1724 starb. Alphons hatte aber inzwischen am Weltleben Geschmack gefunden, ward jedoch plötzlich durch einen Jugendfreund bestimmt, die frommen Übungen früherer Jahre wieder aufzunehmen und der Welt zu entsagen. Hierin ward er noch mehr bestärkt, als er infolge eines kleinen Versehens einen wichtigen Prozess verlor und daraus das Eitle alles menschlichen Wissens erkannte. Seinem Wunsche, sich unter die Oratorianer aufnehmen zu lassen, trat jedoch sein Vater entgegen, welcher ihm nur mit Widerstreben und unter der Bedingung gestattete, den geistlichen Stand zu ergreifen, dass er das elterliche Haus nicht verlasse und nicht zu den Oratorianern übertrete.

Dies geschah darauf am 27. Oktober 1723. Im Dezember 1724 erhielt er die Tonsur, 1725 die niederen Weihen und das Subdiakonat und wurde als solcher Mitglied der Missionsgesellschaft, an deren Arbeiten er sich in der Umgegend von Neapel eifrig beteiligte. 1726 ward er Diakon und bald darauf

Presbyter. Nun übertrug ihm der Kardinalbischof von Neapel die Abhaltung der geistlichen Übungen für die Stadtklerisei. Dieser Aufgabe unterzog er sich so glänzend, dass er bald von allen Kirchen und Klöstern Neapels ersucht ward, auch bei ihnen die Leitung dieser Übungen zu übernehmen. Gleichzeitig wurde er als Prediger und Beichtvater hoch geschätzt. Hierdurch erkannte er die religiöse und sittliche Verwahrlosung, in welcher das gemeine Land- und Stadtvolk lebte und entbrannte von heiligem Eifer, dasselbe für ein christliches Leben zu erziehen. In Vereinigung mit einigen Gesinnungsgenossen unternahm er es daher, in den verschiedenen Kapellen und Bethäusern der Stadt religiösen Unterricht, — den noch bestehenden sogen. „Kapellenunterricht" zu erteilen.

1728 verliess er endlich das elterliche Haus und trat als Pensionär in das neu gegründete „chinesische Kollegium", um seinen Bussübungen ungestörter obliegen zu können; aber erst die traurigen Erfahrungen während des Jahres 1731, wo Apulien von einem furchtbaren Erdbeben heimgesucht ward, reiften in ihm den Entschluss, selbst einen Missionsverein für die unteren Volksklassen (innere Mission) zu gründen.

Unter grossen Schwierigkeiten rief er am 8. November 1732 zu Scala im Bezirk von Benevent mit 12 Genossen die

„Kongregation unsers allerheiligsten Erlösers"

ins Leben. Die Wahl seiner Mitarbeiter war aber keine sehr glückliche gewesen. Sie konnten sich über die Obliegenheiten und die innere Einrichtung der Kongregation nicht einigen. Die Mehrzahl bestand auf Heranziehung des „Unterrichts in den Wissenschaften" unter die Aufgaben des Vereins. Liguori stellte aber den Unterricht in der Religion als den einzigen Zweck auf und liess sich davon nicht abbringen. Die Folge war, dass alle Genossen bis auf zwei ihn verliessen und eine eigene

„Kongregation vom allerheiligsten Sakramente"

gründeten, welche den „wissenschaftlichen Unterricht" als Hauptzweck betrachten wollten.

Auf die später vorgeschlagene Wiedervereinigung ging Liguori nicht ein. Er sammelte vielmehr neue Gefährten und hielt an seinem ursprünglichen Plane fest. Schon 1735 zählte seine Genossenschaft 3 Häuser und am 21. Juli 1742 konnten die Ordensglieder sich schon auf die von Liguori und einigen anderen frommen Männern entworfene Regel verpflichten.

Als viertes Gelübde hatte man die Verpflichtung aufgenommen, dass die Mitglieder der Kongregation Würden, Ämter und Pfründen ausserhalb derselben nur auf ausdrücklichen Befehl des Papstes oder Ordenshauptes annehmen dürften, und bis zum Tode in der Kongregation verbleiben wollten. Liguori ward zum Ober-Rektor (rector major) der Kongregation auf Lebenszeit gewählt. 1747 konnte Liguori das erste Noviziat errichten. Den ihm vom Könige von Neapel angebotenen erzbischöflichen Stuhl von Neapel wollte er, seiner Ordensregel getreu, nicht besteigen.

Am 25. Februar 1749 bestätigte Benedict XIV. die Regel und Anstalt des Liguori, veranlasste aber zugleich seine Genossenschaft, sich zum Unterschiede von den „Canonikern des heiligen Erlösers“ (del santissimo salvatore)

„Redemptoristen“

(congregazione del santissimo redentore) zu nennen.

Noch in demselben Jahre erfolgte die Errichtung von Studienhäusern (Studenda) für die jungen Ordensglieder. 1752 genehmigte der König die Kongregation zwar nicht als solche aber als

„Priester-Verein unter Leitung des Alphons Liguori“,

um damit zu verhüten, dass der Orden als solcher Güter erwürbe.

Da Liguori auf Wunsch der Bischöfe die Mission überall persönlich leitete, wirkte er nicht nur überall mit dem grössten Erfolg, sondern verhütete auch, dass keinerlei Abweichungen von der Regel vorkamen. Er musste es sich aber gefallen lassen, dass Clemens XIII. ihn 1762 zum Bischof von St. Agatha der Gothen ernannte, und für die laufenden Geschäfte des Ordens einen Generalvikar bestellen.

Die Aufhebung des Jesuiten-Ordens (1772) blieb nicht ohne verderbliche Rückwirkung auf seine Genossenschaft, welche man für einen Zweig desselben hielt. Die Verfolgungen, welche die Jesuiten trafen, erstreckten sich daher auch auf diese und zwar auf Sicilien in so hohem Grade, dass Liguori sich veranlasst sah, die Mitglieder seines Ordens von dort zurückzurufen und seine Entlassung als Bischof nachzusuchen, um sich ausschliesslieh den Angelegenheiten seines bedrängten Ordens widmen zu können. Erst wiederholter Bitte gab Pius VI. 1775 hierin nach, worauf Liguori sich nach Nocera zurückzog. Nun verdoppelte jene Verfolgung sich aber im Jahre 1779, sodass er den Orden auch in Neapel für gefährdet halten musste und daran dachte, dessen Hauptsitz nach den päpstlichen Staaten zu verlegen. Dies liess aber der König von Neapel nicht zu, welcher die grossen Wohlthaten zu schätzen wusste, welche die Redemptoristen seinem Lande erwiesen. Es war vielleicht ein Missgriff, dass der heilige Alphons sich dadurch verleiten liess, zur vermeintlich grössern Sicherheit des Ordens, nun auch die förmliche Bestätigung desselben als Kongregation nachzusuchen, welche, wie bemerkt worden, vordem versagt war. Denn zwar ging der König darauf ein, verband aber mit der 1780 erfolgten Bestätigung eine Menge von Beschränkungen und Abänderungen der Regel. Liguori hatte — selbst behindert — die desfälligen Verhandlungen mit der neapolitanischen Regierung einem Ordensgliede übertragen, welches, sein Vertrauen missbrauchend, dies alles zugestand. Es half nichts, dass Liguori später hiergegen protestierte. Die Regierung berief sich auf die von ihm ausgestellte Vollmacht und bestand auf die strenge Durchführung der Vereinbarung.

Dies hatte zunächst eine Spaltung im Orden selbst zur Folge, — die Häuser der päpstlichen Staaten sonderten sich von den übrigen ab; — was aber schlimmer war; — der sonst dem Orden und Liguori so wohlgesinnte Papst Pius VI. erklärte die Häuser des Königreichs Neapel nunmehr für ausgeschlossen von der Kongregation, enthob Liguori seiner Würde als deren Ober-Rektor und ernannte für die Häuser des Kirchenstaats einen eigenen Superior.

Liguori unterwarf sich demütig dieser Anordnung; aber unter den neapolitanischen Ordensmitgliedern entstand grosse Verwirrung, indem einige Häuser die päpstliche Verfügung anerkannten, andere sie nicht gelten lassen wollten. Um einer völligen Auflösung vorzubeugen, gab der König von Neapel endlich nach: Die dadurch angebahnte Wiedervereinigung beider Ordensteile kam jedoch erst 1790 zu Stande, als Pius VI. im Einverständnis mit dem Könige hierzu die Genehmigung erteilt hatte, nachdem von letzterem durch Dekret vom 29. Oktober die ursprüngliche Bestätigungsbulle Benedicts XIV. vom 25. Februar 1749 anerkannt worden war.

Liguori war indes schon am 1. August 1785 von seinen langjährigen irdischen Leiden erlöst worden. Sechzehn volle Jahre (seit 1769) hatte schwere Krankheit seinen Körper derartig erschüttert, dass er sein Haupt bis auf die Brust gebeugt tragen musste und nicht einmal bei der Feier der Messe den Kelch zum Munde führen konnte. (Er bediente sich dabei eines silbernen Röhrchens, welches noch aufbewahrt wird.) Daher vermochte er auch weder den Missionen persönlich beizuwohnen, noch seine Diözese zu bereisen. Hieraus erklärt sich auch, weshalb er nicht selbst imstande gewesen war, die Verhandlungen mit der neapolitanischen Regierung zu leiten. Doch auch vom Krankenlager aus belebte sein reger Geist bis zum letzten Augenblicke alle Handlungen der Kongregation. Sein persönlicher Wirkungskreis blieb zwar auf Italien beschränkt; aber die Keime, welche er dort gelegt, wuchsen nach seinem Tode zu gewaltigen Bäumen, welche lange nachher ihre segensreichen Schatten über weite Länder warfen, und wenn vielleicht einst der Orden als solcher längst nicht mehr besteht, werden seine heiligen Schriften zur frommen Erbauung aller Gläubigen dienen.

Nur aus einer völligen Unkenntnis der wahren Verhältnisse erklärt sich die häufige Verwechslung der Redemptoristen mit den Jesuiten, zu denen sie in gar keiner Beziehung standen. Während diese nämlich ihr Hauptaugenmerk auf die Belehrung der höheren Stände über christliches Streben, auf äussere Mission und insbesondere auf die Befestigung des Papsttums richteten, wandten jene sich ausschliesslich an das niedere Volk und hielten sich von Fürsten und Vornehmen grundsätzlich fern. Niemals auch haben dieselben an eine Einmischung in Staatsangelegenheiten gedacht, welche man den Jesuiten in erster Reihe zur Last legte. Will man aber positive Beweise, so beachte man wohl, dass der König von Neapel sich als ein geschworener Feind der Jesuiten zeigte, dagegen in jeder Weise die Redemptoristen begünstigte, was er gewiss nicht gethan haben würde, wenn er sie für einen Zweig oder eine Neugeburt derselben gehalten hätte.

Der Ruf von dem segensreichen Einflusse des Redemptoristen-Ordens auf die Bevölkerung war auch nach Deutschland gedrungen und hatte zwei fromme Männer:

Johann Clemens Maria Hofbauer (geb. zu Tesswitz in Mähren 1751 † 1820) und Franz Hübel, welche sich in Wien kennen lernten, zu dem Entschluss gebracht, sich in das 1751 von Pius VI. zu Rom errichtete Redemptoristen-Hospiz aufnehmen zu lassen. Nachdem sie in Frosinone ihr Noviziat gemacht, das Ordensgelübde abgelegt und die Priesterweihe erhalten, liess der General-Superior sie nach Deutschland zurückkehren, um dort für Ausbreitung der Kongregation zu wirken. Als in Wien sich dazu keine Aussicht bot, begaben sie sich zum König Stanislaus nach Polen, der ihnen die deutsche Kirche St. Benno in Warschau samt einem Hause überwies. Es traten bald dortige Priester in die Genossenschaft ein, welche in deutscher, polnischer und französischer Sprache predigten. Man errichtete ein Priester-Seminar und nannte dessen Schüler nach jener Kirche vom heiligen Benno

„Bennoniten“,

welche sogar bis nach Kurland hinein ihre seelsorgerische Wirksamkeit erstreckten. 1799 besass das Warschauer Kollegium schon 25 Mitglieder.

Im Jahre 1804 versuchte Hofbauer in Baden auf dem sog. Berge Tabor bei Jestetten eine Niederlassung zu gründen. Der Generalvikar Wessenberg von Constanz berief ihn aber schon nach Jahresfrist nach Babenhausen auf die Güter des Fürsten Fugger. Kaum hatte er seine Genossen dort eingerichtet, so wurden dieselben, während er selbst nach Warschau gegangen war, wieder ausgewiesen. Auch in Graubündten und Wallis wollte man sie nicht. Im Kanton Freiburg liess man sie 1818 zu. Mittlerweile hatten die Franzosen sie 1808 aus Warschau vertrieben und auch Kurland hatten sie verlassen müssen. In Wien hatten sie mehr Glück. Hofbauer war Beichtvater der Ursulinerinnen geworden. Als sich darauf viele junge Leute zur Aufnahme in die Genossenschaft bei ihm meldeten, suchte er 1819 beim Kaiser die Genehmigung des Ordens nach, welche auch 1820, einen Monat nach seinem Tode, erfolgte. In Wien bezogen die Redemptoristen zuerst das ehemalige Franziskanerhaus, erwarben dann aber durch Kauf die grosse Kirche Maria Stiegen und den anstossenden Passauer Hof. P. Passerat, der schon die Ordensabteilung zu Babenhausen geleitet hatte, ward nun vom Ober-Rektor zum

„Generalvikar des Ordens diesseits der Berge“

ernannt. Von Wien aus verbreitete der Orden sich über Steyermark, Tyrol, Ober-Österreich, Belgien (1831), Bayern und Amerika; — von Freiburg aus in den Elsass, wo er ein Noviziat im Wallfahrtsorte Bischenberg erwarb. Dieses ward jedoch während der Revolution von 1830 wieder geschlossen. 1832 kamen die Redemptoristen zuerst nach Amerika. König Ludwig I. berief sie nach dem bayrischen Wallfahrtsorte Altötting in der Diözese Passau. Vergebens suchte man sie in Bulgarien einzuführen, und in Portugal hatten ihre Niederlassungen keinen Bestand.

Seit 1841 war der Orden in 6 Provinzen geteilt: 3 transalpinische (die neapolitanische, die päpstliche und sicilianische und 3 cisalpinische (die österreichische, mit Bayern und Amerika, die belgische und schweizerische). In diesen lediglich zur Erleichterung der inneren Leitung angeordneten Einteilungen haben später der veränderten Verhältnisse halber verschiedene Änderungen getroffen werden müssen. Nach Aufhebung des Ordens in Österreich im Jahre 1848 trat an die Stelle der österreichischen eine deutsche; nach dem Sturz der Kongregation in der Schweiz, an Stelle der schweizerischen eine französische Provinz, und zu der belgischen ward ausser Belgien, England, Holland und Amerika geschlagen.

15. Redemptoristinnen

nennt man Klosterfrauen, deren Zweck lediglich in der Führung eines beschaulichen Lebens und dem Beten des heil. Officiums besteht. Man kann den heiligen Alphons gleichfalls als ihren Stifter bezeichnen, weil er ihnen in Gemeinschaft mit dem Bischof Falcoja von Castelamara eine Regel gegeben hat. Der Orden hat niemals grosse Bedeutung erlangt, obwohl er auch nach Österreich kam. Als er 1848 von dort vertrieben ward, flüchtete er sich nach dem holländischen Limburg.

Charakteristisch ist die Kleidung, welche aus einem roten Gewande, einem Scapulier mit einem Christusbilde und einem himmelblauen Mantel mit faltenreicher Guimpe besteht. Sie tragen dabei eine weisse Stirnhülle nebst einem weissen und einem schwarzen Schleier; am Finger einen goldenen Ring mit 2 verschlungenen Händen und der Inschrift: ego te sponsabo; endlich: Schuhe und weisse Strümpfe; bei der Einkleidung einen Dornenkranz, bei der Professlegung einen Kranz von Rosen. Aspirantinnen unterscheiden sich durch ein Kleid von hellbrauner Farbe und ein Halstuch von Mousselin oder weissem Tüll.

Alle diese religiösen Genossenschaften waren nicht das Resultat sorgfältiger Berechnung, gelegentlicher Erfindung oder willkürlicher Anordnung. Es waren sämtlich Ausströmungen eines allgewaltigen Urquells der göttlichen Liebe. Durch das Leben und den Opfertod des Herrn kam diese zum Verständnis der Welt. Seine Jünger wurden die Sendboten der christlichen Wahrheit. Begeistert durch seine Worte, erleuchtet durch sein Leben, gestärkt durch seinen Tod zogen sie aus und lehreten alle Völker. Dies sagt uns die Bibel, aber sie sagt uns noch mehr. Obwohl den untersten Stufen der gesellschaftlichen Rangleiter entnommen und durchgängig so wenig gebildet, dass die Mehrzahl kaum schreiben konnte, verfuhren sie dabei nicht planlos. Nach Gaben und Verhältnissen bestimmten sie jedem seinen Wirkungskreis. Auf diese Weise kam Petrus nach Rom. Er war vom Herrn zum Stellvertreter eingesetzt, weil er in ihm die grösste Thatkraft erkannte.[1]) Rom aber war damals der civilisatorische Mittelpunkt der Welt. Dort vereinigten sich alle Fäden irdischer Macht. Dort musste daher auch der Mittelpunkt des Christentums sein. Klein und unscheinbar blieb jedoch lange dieser christliche Staat neben der mächtigen Herrschaft der römischen Kaiser. Schutz- und machtlos stand hier der Bischof seinen Feinden gegenüber, aber die Treue der Gläubigen, die Opferwilligkeit und ruhige Ausdauer ihres bescheidenen Führers, erwies sich allmählich siegreicher, als jene äussere Macht, welche auf Sand gebaut war und im Sande unterging.

---

[1]) Matth. 16. 18. Du bist Petrus und auf diesen Felsen werde ich bauen meine Gemeine, und die Pforten der Hölle sollen sie nicht überwältigen. Und ich will dir des Himmelreichs Schlüssel übergeben. Alles was du auf Erden binden wirst, soll auch im Himmel gebunden sein und alles, was du auf Erden lösen wirst, soll auch im Himmel los sein.

So ward der Presbyter der römischen Gemeinde zum Papst. Allein hätte dieser aber nicht jene gewaltige Aufgabe zu lösen vermocht. Später ward er freilich Mittelpunkt der christlichen Weltherrschaft. Damals war er nur der edelste Zweig eines Baumes, den der Herr gepflanzt. Auch andere Zweige waren demselben entsprossen, welche nun ihrerseits Wurzeln schlugen. Das waren die übrigen Apostel und deren Schüler, die sich über Asien, Europa und das nördliche Afrika ausgebreitet hatten. Überall entstanden neue Pflanzstätten, bildeten sich Gruppen, Genossenschaften, Vereine zur Verbreitung des Christentums. Diese festen Punkte unterhielten aber durch Sendboten eine innere Verbindung und führten bei aller Freiheit im einzelnen zu einer gewissen Gleichmässigkeit, woraus sich mit dem steigenden Bedürfnis eine gesetzliche Ordnung nach bestimmten Regeln entwickelte. Hierin erkennen wir schon die Anfänge der Hierarchie, welche die Notwendigkeit einer allgemeinen Oberleitung würdigte, und der verschiedenen klösterlichen Vereine und Genossenschaften, von denen jede auf ihre Weise das hohe Endziel alles Strebens verfolgte.

Es würde daher unrecht sein zu behaupten, dass eine Genossenschaft vor einer anderen moralisch den Vorzug verdiene; denn jede sucht ihre Pflicht zu thun, jede mit Menschen und Umständen zu rechnen. Leugnen aber lässt sich nicht, dass der praktische Nutzen für das politische und bürgerliche Gemeinwohl bei einigen stärker hervortritt, wie bei anderen. Eine Genossenschaft, welche sich auf Selbsterbauung beschränkt, vermag zwar den christlichen Sinn ihrer Umgebung durch ihr frommes Beispiel zu heben; deren leibliches Wohl wird aber durch eine andere besser gefördert werden, welche ihr beispielsweise zeigt, wie man Wälder rodet, Moore trocknet, Felder und Gärten bestellt; — oder, die sich der Armen und Waisen erbarmt, die Kranken pflegt, die Leidenden tröstet, Kinder unterrichtet. Mit der fortschreitenden Civilisation werden aber höhere geistige Ansprüche erhoben. Mit dem Bedürfnis der äusseren Mission, das sich immer weiter hinausschiebt in die

Urwälder tropischer Gegenden, in die Sand- und Steinwüsten der neuen Weltteile, auf die einsamen Inseln der Südsee, schwindet nicht, wächst sogar die Notwendigkeit der inneren.

So finden wir denn in den drei Hauptrichtungen der geistlichen Genossenschaften, denen die weltlichen sich zeitgemäss anschliessen, nicht schroffe Übergänge vom Alten zum Neuen. Sie zeigen uns nur die natürliche Entwickelung des geistigen Baus, welcher aus der christlichen Grundlage hervorging. Keine derselben ist daher auch an sich, sondern nur beziehungsweise als abgeschlossen zu betrachten.

Manches, welches dabei dem Kulturmenschen der Gegenwart unverstanden bleibt, erhält bei näherer Erwägung seine hohe Bedeutung. Dazu gehört beispielsweise die anscheinend übergrosse Strenge mancher Klosterregeln, die Abschliessung von der Welt, das viele Beten, die Bussübung. Wir dedenken dabei aber nicht, dass diejenigen, welche eine solche Lebensweise für Bedürfnis halten, auch ausser dem Kloster zu dem allgemeinen Wohlbefinden ihrer Mitmenschen höchst wahrscheinlich nur wenig beitragen und vielleicht umgekehrt den Weltgelüsten noch weniger widerstehen würden, wie ihre Umgebung. Ihr Verkehr mit den Genossen trägt somit wesentlich dazu bei, sie zu wahrhaft guten und gläubigen Menschen zu machen.

Das Vorurteil, welches noch vielfach gegen klösterliche Vereine besteht, lässt sich weniger durch Belehrung, als durch Selbsterkenntnis beseitigen. Wir brauchen damit nicht alles zu billigen, was uns nach unserer Auffassung, nach unserer konfessionellen Stellung nicht zeitgemäss erscheint; wir sollen nur unbefangen prüfen, ob nicht vieles davon sich trotzdem mit diesen Ansichten vereinigen lässt, wenn wir Vorteile und Nachteile gegeneinander abwägen.

Den Katholiken wird es vielleicht befremdlich erscheinen, dass ein Protestant es sich zur Aufgabe machte, katholischen Genossenschaften das Wort zu reden, meinen Glaubensgenossen gegenüber wohl gar Anstoss erregen.

Wie ich aber eingangs bemerkte, macht meine kleine Schrift keinen Anspruch darauf, nach irgend einer Richtung eine konfessionelle zu sein. Ich will nur der Wahrheit die Ehre geben und das Lügengewebe zerreissen, welches Werke der Liebe und Opferfreudigkeit aus missverstandenem Glaubenseifer zu verhüllen sucht; und wenn ich dabei andererseits getadelt werden sollte, dass ich nicht eindringlich genug die Vorzüge der Orden erörterte, so appelliere ich hierin an

Papst Leo den Gerechten!